JN115391

ジーファーの記憶

沖縄の簪と職人たち

今村 治華

南方新社

若い細工職人たちは、古木の芽吹き。
彼らがつくるジーファーや指輪が、
手にしたいと願う方々に、
これからも、届きますように。
先達たちの歩みと思いと共に――。

ジーファーの姿と各部位の呼称

Aの方向より撮影

Bの方向より撮影

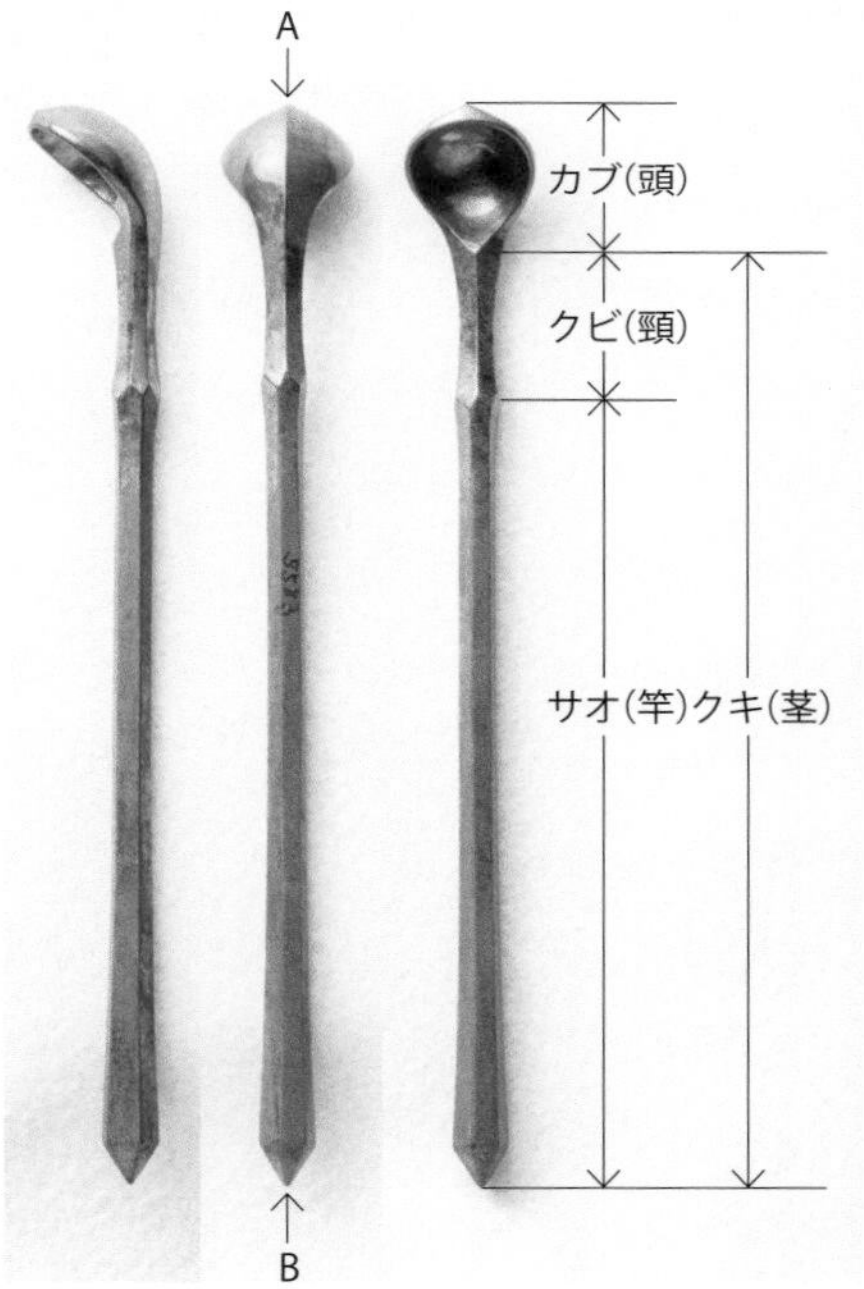

写真は沖縄県立博物館・美術館所蔵、1978年購入の又吉誠睦氏作のジーファー。

一本のジーファー（資料名：那覇打簪）を、異なる角度から撮影。（撮影：川畑公平）

各部位の呼称は粟国恭子「金属文化の素描〜神女の簪について（1）〜」『首里城研究№5』（首里城研究会、2000年）、宮里朝光「金銀細工」『那覇市史　資料篇　第3巻7　那覇の民俗』（那覇市企画部市史編集室、昭和54年）、および、「金細工またよし」での呼称に倣う。金属製のジーファーのクキはクビとサオからなり、共に六角形。ジーファーとは異なる形の神女の簪（装飾部分が半球状〔本書328頁に鎌倉芳太郎氏によるスケッチを掲載〕）では、クビとサオのあいだにムディと呼ばれる螺旋状の部位が加わる。また「金細工またよし」で四寸ジーファーという場合は、クキの長さが四寸という意味。

①鼈甲簪。長さ 27.5cm、重さ 49 g。『沖縄大百科事典（上）』（沖縄タイムス社）には、「百姓は木簪（キージーファー）であるが、貴族に仕える者および富者は、礼装時にはべっ甲簪（カーミナクージーファー）をさす（795 頁）」とある　②長さ 25.7cm　③台帳には「1955 年寄贈。ベッテルハイム夫婦の所持品と思われる」と記載。重さ 43 g　④台帳には「1971 年に検察庁から移管、与那国の古墓より」とある　⑤重さ 6 g　⑥長さ 7cm、重さ 9 g　⑦台帳には「真鍮鋳造」　⑧台帳には「昔、知念氏の祖先の娘が御前米拾いに召されたときに拝命したものと思われる（寄贈者説明）」とある　⑨長さ 18.2cm、重さ 19 g。カブが薄い　⑩サオに刻印　⑪重さ 47 g　⑫⑬ジーファー（⑬）と側差（⑫）。台帳には「首里打簪。1978 年、又吉誠睦氏より購入」。沖縄タイムス社『沖縄大百科事典（上）』によれば「女子は本簪のジーファーをさし、士女以上は正装時にさらに副簪の側差をさす（794 頁）」。

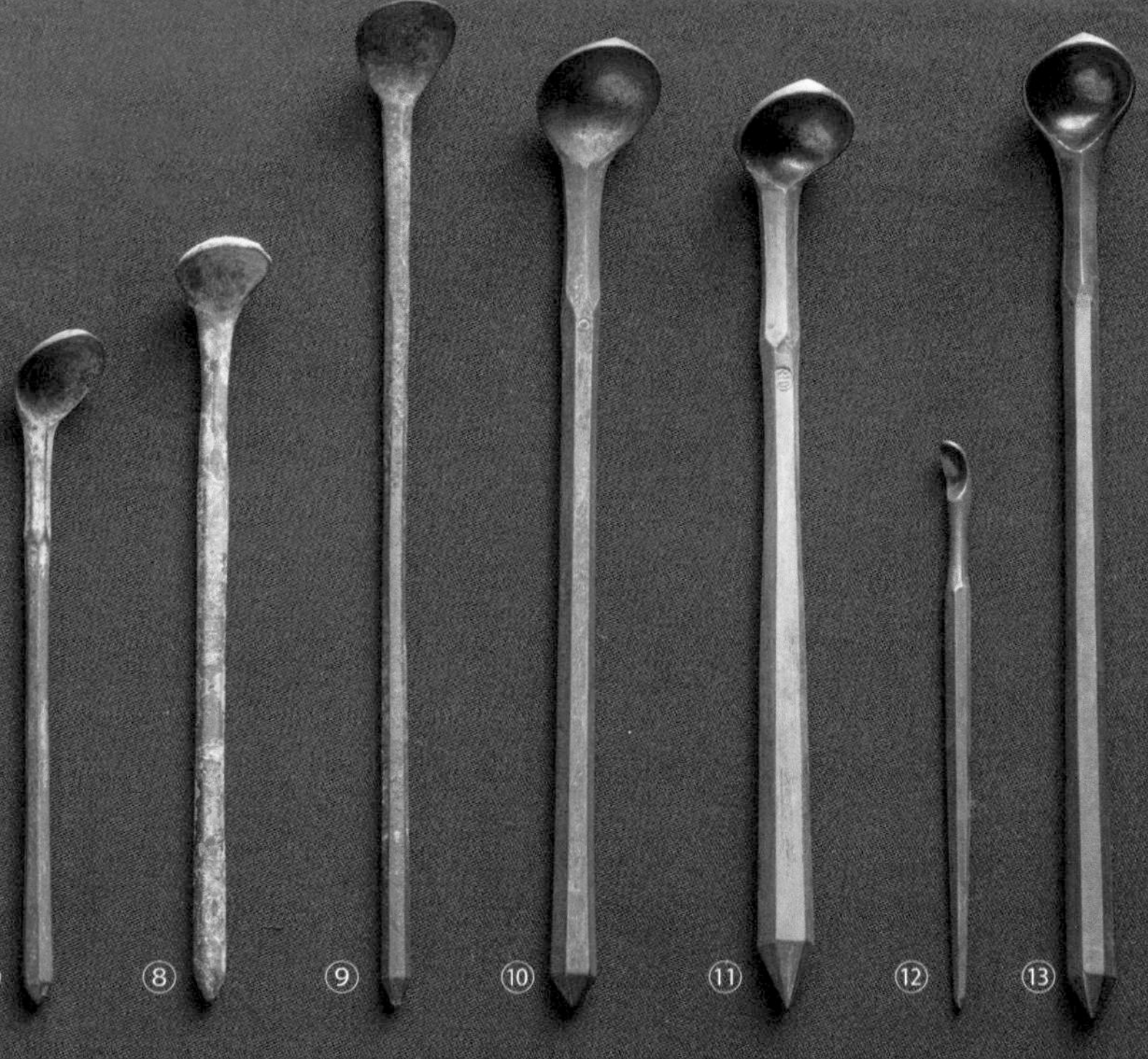

沖縄県立博物館・美術館所蔵のジーファーに見る多様性

※長さや重さはおよその数値。（撮影：川畑公平）

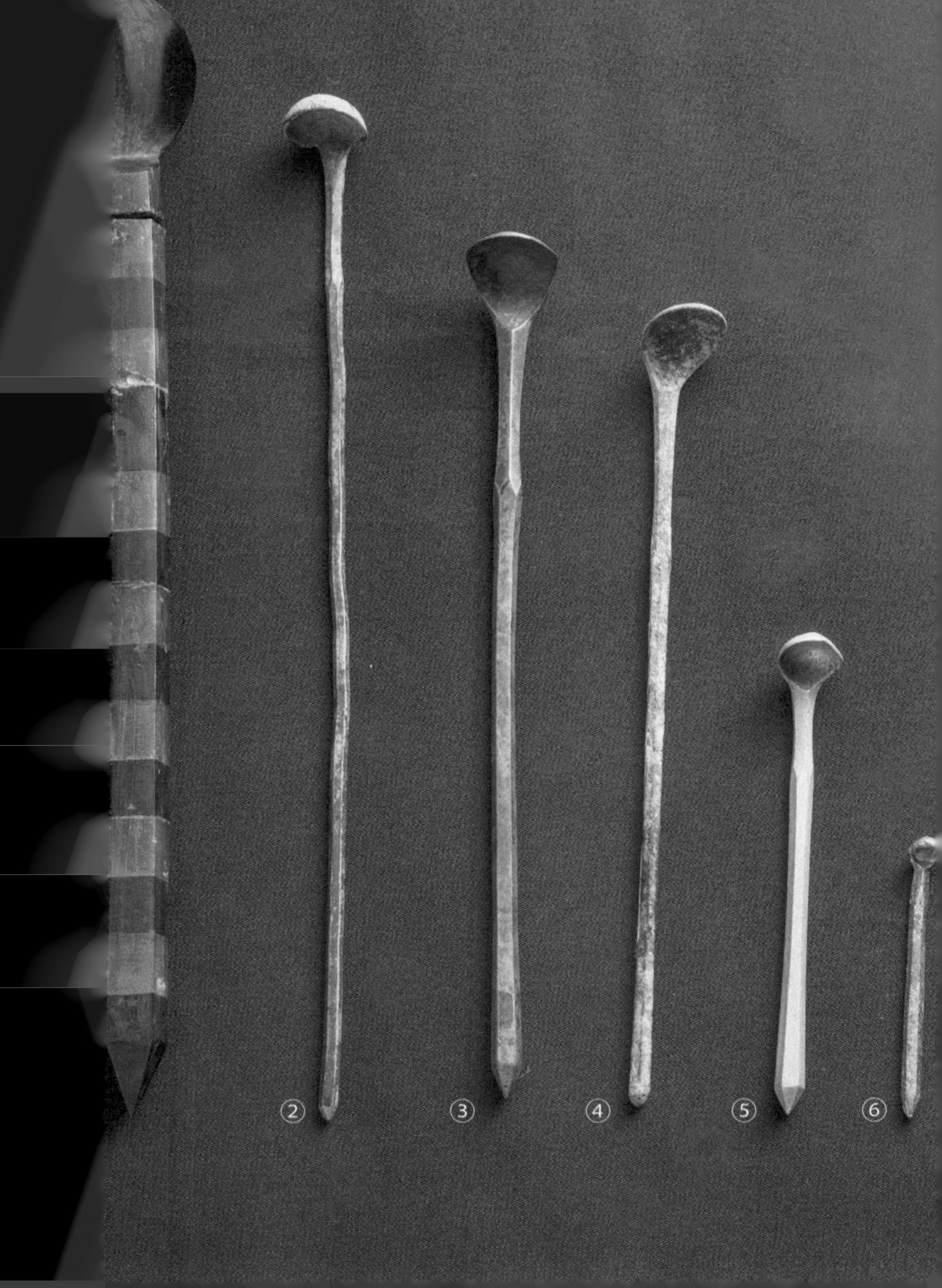

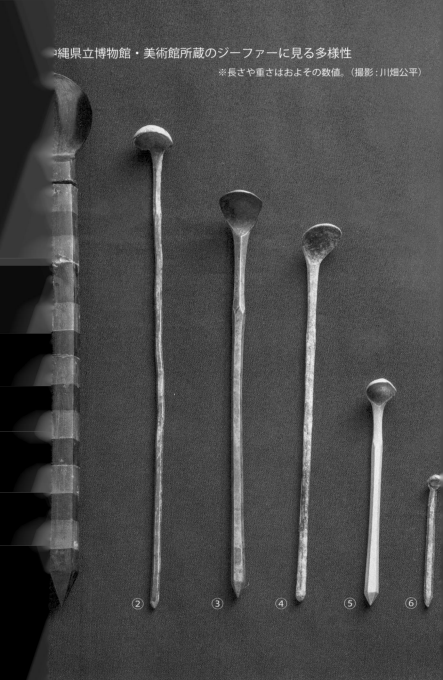

から出てきたと持ってきた」又吉健次郎氏談。⑤女優・平良トミ氏（故人）のジーファー。⑥琉球料理研究家・山本彩香氏寄贈のギキチャー（月橘）製の木ジーファー。ギキチャーには呪力があると信じられている。明治生まれで昭和期の琉球舞踊家で書家でもある故・島袋光裕氏、大正生まれの組踊道具製作者で、組踊音楽太鼓演奏の人間国宝、故・島袋光史氏らの作と伝わる。⑦白い木ジーファーは「木漆工とけし」の渡慶次弘幸氏作。

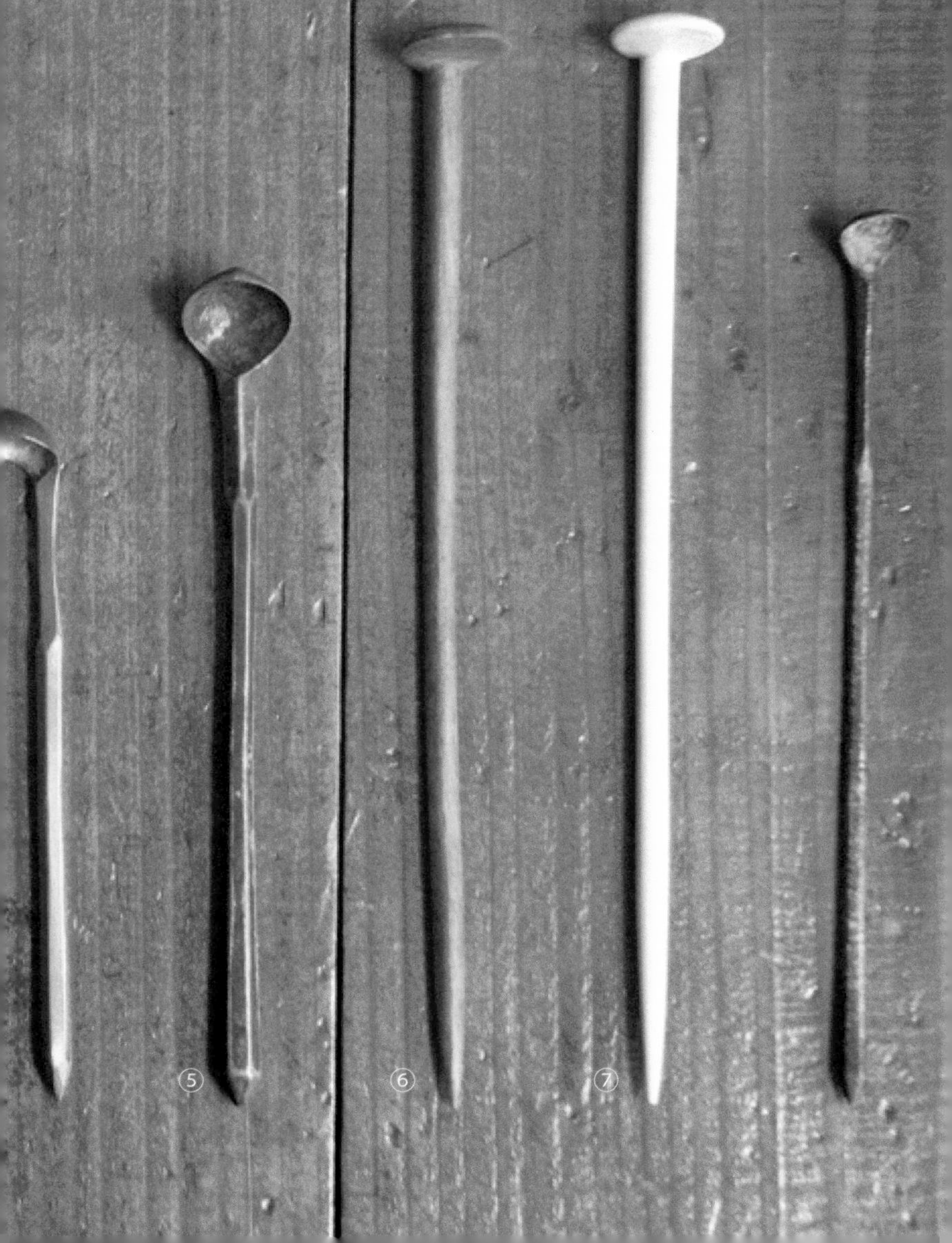

「金細工またよし」所蔵のジーファー

①先端が平ら。お客からの注文に応えたのだろうか？②100年ほど前に沖縄から関東へ嫁がれた方（1956年没）のジーファー。県外から来られたお孫さんが工房でジーファーを知り、自宅の鉛筆立てにあるのはジーファーと気付き、後日寄贈。③今帰仁朝一氏寄贈、琉球国王尚泰の弟、今帰仁王子朝敷御元服前の簪。④長さ5.5cm。「ハルサー（農夫）が畑

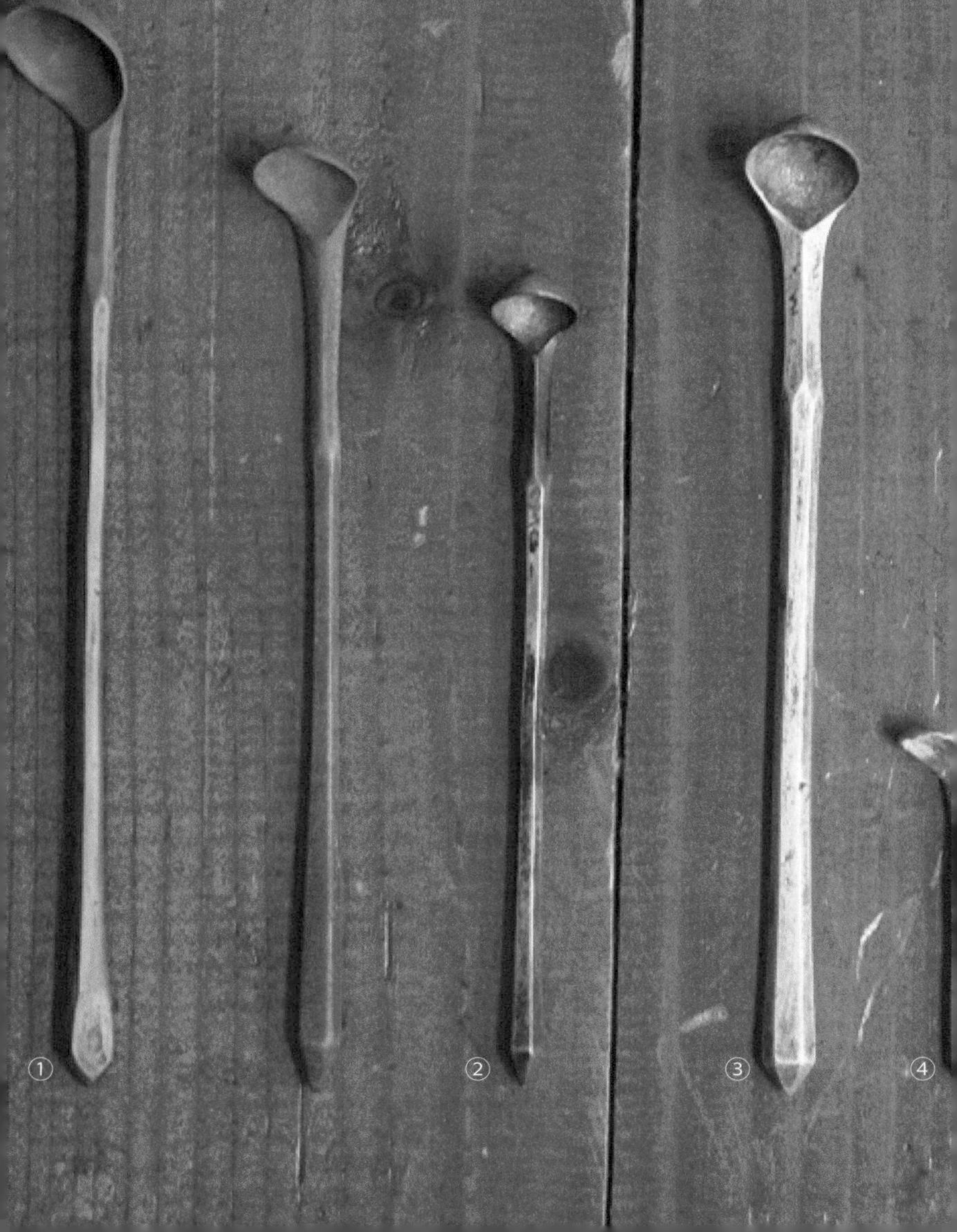

①

②

③

④

2012年9月5日「金細工またよし」七代目又吉健次郎氏。
ジーファーにする銀を打つ。

2012 年 1 月 18 日　切り株の金床を前に玄翁で銀をひたすら叩き形を整える又吉健次郎氏

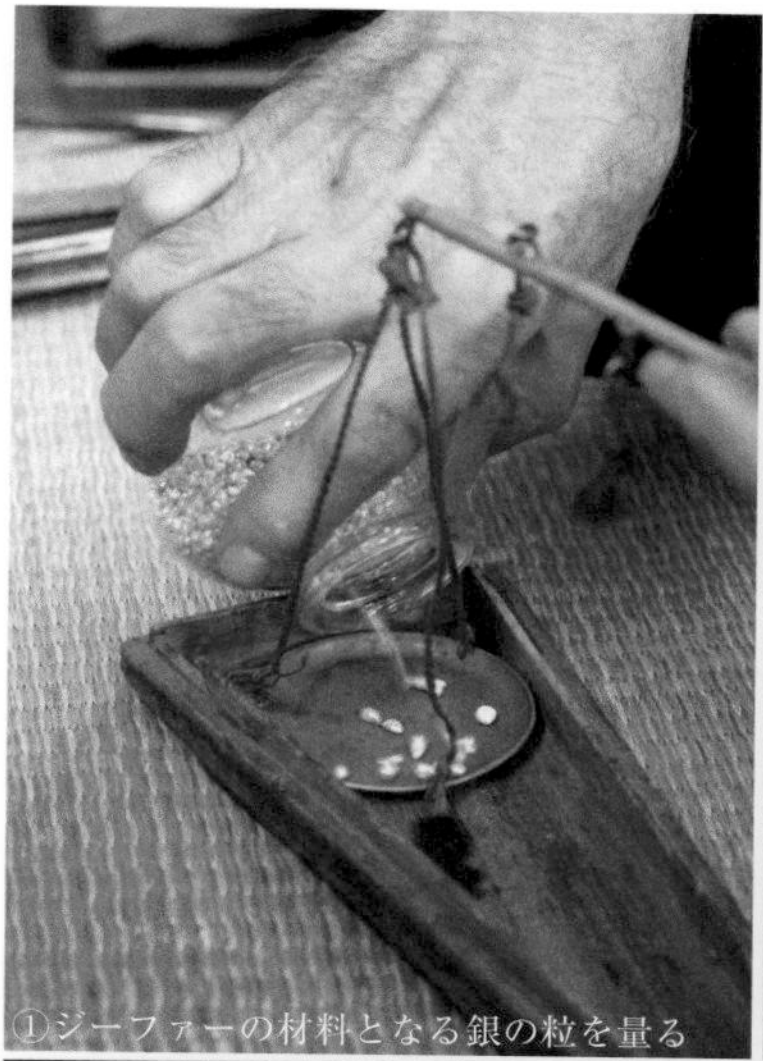

①ジーファーの材料となる銀の粒を量る

②坩堝《るつぼ》に入れた銀の粒を溶かす

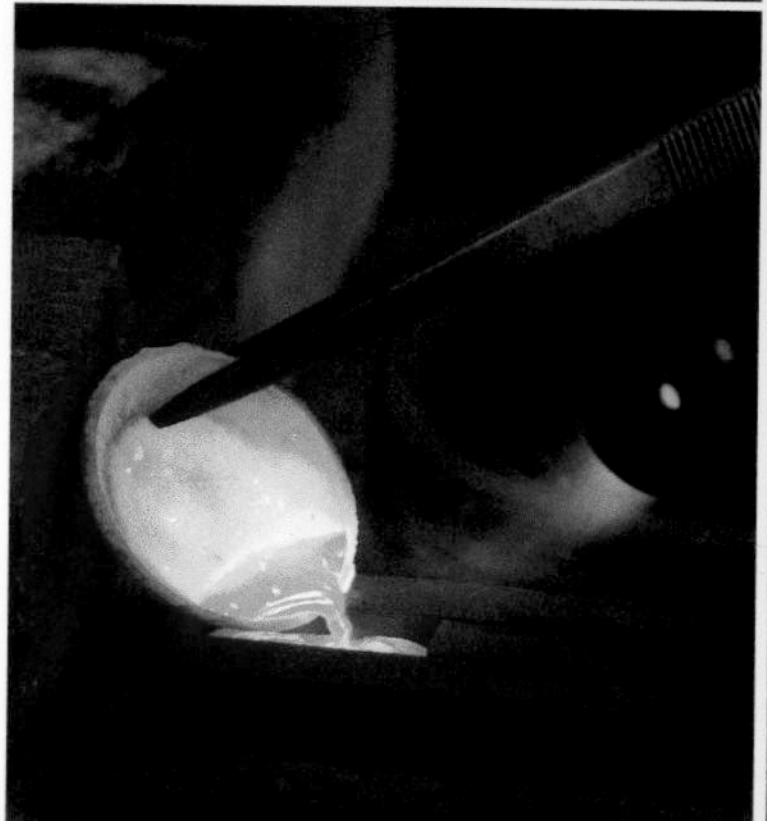

③溶かした銀を型に流し込む

④型から取り出した銀の棒。これを打ちジーファーに

「金細工またよし」のジーファー。この女性は、自分の髪で作ったイリガンを足し手際よく髪を結い上げた。

2011 年 8 月 17 日　ジーファーの先端部分の仕上げに入る又吉健次郎氏

2012月2月11日　旧暦1月20日の辻の二十日正月。これから、群舞「ジュリ馬」を奉納

2013年3月1日　辻の二十日正月は神事。
里の繁栄と五穀豊穣を祈る祭祀を司る女性の結い上げた髪にもジーファーが輝く。

USCAR 広報局写真資料。1968 年 6 月 10 日撮影。
公文書館注記：アンガー高等弁務官が伊平屋村島尻地区公民館建設資金として高等弁務官資金を交付。歓迎の踊りを披露するおばあちゃん。伊平屋村（沖縄県公文書館蔵）

2013 年 1 月 10 日　「金細工またよし」。仕事を終え、静けさに包まれた道具たち

ジーファーの記憶

沖縄の簪と職人たち

この本について

本書は、ジーファーと歩く時間旅行のモノ語り。夏休みの自由研究みたいに、ただただジーファーが気になりジーファーに魅かれ追いかけていたら、いつのまにか映画のフィルムがまわり始めるかのように、沖縄の過去を歩く日々が始まった、その旅の記録。

時空を超える魔法の絨毯《じゅうたん》は、ふたつ。

ひとつ目は、紙資料。ペリー提督はじめイギリス人やロシア人が記した琉球滞在記、戦前の絵はがき、昭和十年代の新聞など。これらをじっと見つめ読むうちに、フッと瞬間移動して、すぐそこに投錨《とうびょう》する異国船を眺める群衆の中に身を置いたり、大金を呑み込んだまま閉じた金庫の口を金銀細工職人(クガニゼーク)が見事開け、歓声あがる現場に立ち会ったり。累々と積まれた何千本ものジーファーを目の当たりにもする。

もう一枚の絨毯は、言葉。それぞれの胸にある記憶から紡《つむ》がれた言葉に耳を傾け、身を委《ゆだ》ねれば、たとえば、自身も銀細工職人一家の一員として、戦中から戦後をどうすれば家族が食べていけるかを模索しながら生きることになる。また、ときには六歳児になり戦前の赤瓦屋根を駆け、別の日には戦後を生きる母となり、稼いだお金でジーファーを買ったりもする。

手に触れるジーファーのぬくもりを灯《ともしび》に、目の前の闇に一歩を踏み出せば、そこは少し昔の沖縄。この島々の過去を漂い、旅をする。

ジーファーとは

沖縄の女たちが結い上げた髷《まげ》に挿す簡素な簪《かんざし》のこと。匙《さじ》状と表現されることもあるが、その佇まいは、女の立ち姿を表わしているとも言われている。

材は金や銀、真鍮《しんちゅう》等の金属、べっ甲、水牛の角、木など。

沖縄ではジーファー、奄美大島ではギファ、喜界島ではギィファーと呼ばれる。(*)

なお、この南の島々が琉球というひとつの国であった時代には、男児も、五歳から、十代で元服を迎える前までは、髷に（男用の本簪のカミサシではなく）ジーファーを挿すことがあったという。(**)

＊　沖縄県教育庁文化課編集『沖縄県史料調査シリーズ第4集　沖縄県文化財調査報告書第１４６集　沖縄の金工品関係資料調査報告書』沖縄県教育委員会、二〇〇八年、「装身具」（執筆／佐伯信之）、二七～四四頁。

＊＊那覇市企画部市史編集室編集・発行『那覇市史　資料篇　第2巻7　那覇の民俗』昭和五十四年、「第二章　衣食住」一八三、一八四頁、「第三章　生業」三八四頁、「第七章　人生儀礼」五六五頁。

ジーファーの記憶　沖縄の簪と職人たち

【目次】

編集・装丁　大内喜来

第1章　記憶の舟に乗る

I 「金細工またよし」を訪ね、旅が始まる

首里城近くで七代続く工房という前知識から敷居の高さを覚え、道中からもう緊張していた私は、場の空気を乱さぬよう、そしてできれば行儀がいい人間と思われたくて、そうっと敷居をまたごうとした。なのに、工房の玄関の引き戸は右へ動かそうとすると、盛大にガタガタと音を立てた。なんてことをしてくれるのだと慌てていると、又吉さんは顔を上げ、拍子抜けするような朗らかな笑顔で、招き入れてくれた。

慌てて靴を脱ぎ、上がった。

玄関すぐから、飴色の板の間が続く仕事場の四隅のひとつに、昭和六年生まれの又吉健次郎《またよしけんじろう》氏は、小さくあぐらをかき、八方を仕事道具に囲まれ、座していた。

又吉さんが、ガラスの小瓶をそっと傾ける。銀の白い粒が、乾いた音を立てて金属製の小皿にこぼれ出た。又吉さんのごつごつした指先が華奢《きゃしゃ》な匁秤《もんめばかり》（竿秤《さおばかり》）をひょいと摘みあげ、小さな分銅《ふんどう》の位置を動かして左右のバランスをとり、量る。それから灰色の器、坩堝《るつぼ》に親指を添え、こぼさぬよう、銀の粒をそっと移し替えた。

マッチを擦り、カセットボンベを装着したバーナーに火をつけると、噴出する炎の轟音と共に、辺

又吉健次郎氏の仕事風景。2012年10月25日撮影

りは熱気をはらんだ。レンガで囲った隙間には、銀を盛った坩堝。噴き出る炎を当てられると、坩堝の縁はオレンジ色に発光。やがて火に包まれた坩堝の上の銀は、ひと粒、またひと粒と艶やかに照り輝き、まもなく我慢しきれなくなったかのように、ぷっぷっと弾け、ひとつにまとまった。坩堝の中は燃える夕陽色の海となり、ぷっくりと膨らんだその朱色の銀の海は生き物みたいに蠢き始めた。こうしてじっくりと溶かした銀の液体を、直方体の型へとろりと流しこむ。と、すぐに白くなる。こうして箸置きくらいの大きさにかたまった銀塊を、ピンセットで摘み、すぐそこの水甕に、ザブリ。ジュッという音が弾け、白い蒸気が立ち昇った。

又吉さんの背後には、玄翁《げんのう》（小ぶりの金槌）が並ぶ。木の柄はどれも、艶やかだった。

向こうでは、私の興奮をよそに、静謐な空気のなかで、お弟子さんがまるで紙を切るかのようにするすると、銀板から糸鋸《いとのこ》で、小さな魚やザクロを切り出している。沖縄に伝わる房指輪《ふさゆびわ》の飾りだ。も

「金細工またよし」工房の風景。2011 年 11 月 16 日撮影

うひとりのお弟子さんは、銀線で作る結《むす》び指輪《ゆびわ》と向き合っていた。

白いペンキで塗られた木枠のガラス窓のあちらには、大人の背丈よりも高く茂ったバナナが、たっぷりとした大きな葉を噴水のように広げていた。

又吉健次郎氏のように、銀や金、真鍮などの金属で、簪《かんざし》や指輪のような細工物を作る職人のことを、沖縄では、クガニゼークとかカンゼークと呼ぶ。(1)

少し前まで、那覇の街には何人かのこういう細工職人が、たしかにいたという。

けれども、いまはもう、代々続く工房といえば七代目又吉健次郎が守る「金細工《くがにぜーく》またよし」だけ。

翌日、工房の光景にすっかり魅了されてしまった私は、半ば興奮気味に図書館へ行き、沖縄の簪や銀細工の歴史的背景、これらを作る職人たちについて記された書物を探した。すぐにいくつもの資料が見つかり、読めばすっかり分かると甘く考えていたのだが、痒いところにぴしりと手が届く本には出会えなかった。それどころか図書館へ通えば通うほどに、自分の、琉球国と沖縄県への歴史認識の浅さも手伝い、どんどん膨らむ知りたい気持ちに反比例して、なにがなんだか、分からなくなっていった。

やがて、ご縁をいただき、一〇三本の簪を見る機会を得た。

「金細工またよし」のお弟子さん方と共に見せていただいたのは、「沖縄県立博物館・美術館」所蔵のジーファーやカミサシ！　沖縄の、女ものや、男ものの簪だった。

学芸員が机に置いてくださる簪たちは、一本ずつ、幾重にも重ねられた薄紙に包まれていて、産着《うぶぎ》に包まれた赤ちゃんのようだった。ゆるりとかけられた紙縒《こよ》りをほどき、包みを開く……。

沖縄はかつて、琉球《りゅうきゅう》というひとつの国だった。

そしてここ琉球には、「簪《かんざし》の制《せい》」(2)なる決め事があった。

「簪の制」の存在を確認できる最古の史料は、一五〇九年に、首里城正殿前（当時の正殿の屋根は板葺きだった）を縁取る石造りの欄干《らんかん》に刻まれていたという百浦添欄干之銘《ももうらそえらんかんのめい》(3)。欄干は現存していないのだが、そこには中央集権的な支配体制を整えた尚真王《しょうしんおう》（在位期間一四七七―一五二六）の業績を讃える十一項が、漢文で刻まれていたという。そしてこの五つ目に、「ハチマキ（琉球王国の役人が頭にかぶる布製の冠のようなもの）の色と、簪の金銀により、身分の上下を明らかにした」という功績、つまり「『簪の制』を設けたこと」が、挙げられていた。

この「簪の制」は、改定を重ねながら、以降三百七十年間にわたり使われ続けた。

そうして一八七九年（明治十二年）、日本国による琉球処分の断行に伴い、首里城からは王が消え、沖縄県が設置。「簪の制」も消滅した。(4)

長きにわたり機能したこの「簪の制」は、簡単に記すと、髷《まげ》に挿す簪のデザインと材とを区別することで、その人の社会的身分を明らかにする制度だった。たとえば材にだけ注目すると、国王や王妃たちは黄金、下に続く身分の者たちの材は銀に真鍮、木、べっ甲、角《つの》となる。(5)

なお身分が高い男は本簪と副簪の二本挿すのだが、カミサシと呼ばれる本簪は、髷の前に現れる部分の意匠にも凝り、獅子や水仙と、身分ごとに、材のみならずデザインも区別された。

だから、首里城に王がいた時代、琉球ではカミサシを見れば、一目でその男の身分が分かった。

では、女たちの簪はといえば、材は、男簪と同じく身分により金、銀、木、べっ甲などと区別。でもデザインにだけ注目すると、王妃や神女のそれは別として、女たちが結い上げた髪に挿すのは、そのほとんどが、ジーファーと呼ばれる細長い匙《さじ》（スプーン）のような形の、簪だった。

くわえて不思議なのは、激しい抵抗があったとはいえ、(6)(7)琉球王国瓦解後、男たちの頭からはじわりじわりと髷とカミサシが消えたのに対して、女たちはといえば、そのずっとあと、というよりもわりとごく最近まで、日々の暮らしの中でジーファーを髪に挿し続けた女たちがいたということ。

先日も、「懐かしいです。自分のお婆さんも髪を結って、ジーファーを挿していました」という青年や、「おばあちゃんは自分のお店に立つときはいつもべっ甲とか木の簪を挿していて、銀のジーファーは、親族の大切な行事があるときに挿していた」とおっしゃる女性にお会いする機会があった。

日常のジーファーは、沖縄の女たちのジーファーは、つい最近まで、たしかに、女たちの髪の中に、その姿があった。

ところで、琉球の首里城の欄干に百浦添欄干之銘が刻まれた一五〇九年といえば、日本は室町時代。室町時代の日本の女たちには、髪を結い上げて髷を作り、そこに簪を挿すという習慣はない。

日本の上流社会の女たちは、平安時代に入り遣唐使が廃止（八九四年）されて以降、主にあの、十二単に合う長い垂らし髪姿となった。続く鎌倉、室町時代も、普段は短めではあるものの、やはり垂らし髪姿。そしてときに背の中央辺りで結ぶという具合。

では庶民はといえば、専門の職業を持つ女たちが増えるなか、彼女たちは働きやすさを求め、垂らし髪を後ろで結び、束ねるようにはなった。けれど結い上げた髪を丸めて髷として、ここに簪の類を挿すようになるのは、まだ先のこと。江戸時代、それも、元禄文化が花開く江戸中期以降（一七〇〇年代）のことだった。

だから大雑把にいうと、平安から江戸中期までの約八百年間、日本の女たちには、日常的に簪を挿す習慣はなかった、ということになる。[8]

一方で琉球や沖縄には、仮に、一五〇九年をジーファーを挿す習慣の始まりとした場合でも、ここから約五百年間、（挿さない女もいたにせよ、）最近まで、日々、髪にジーファーを挿す女がい続けた、ということになる。

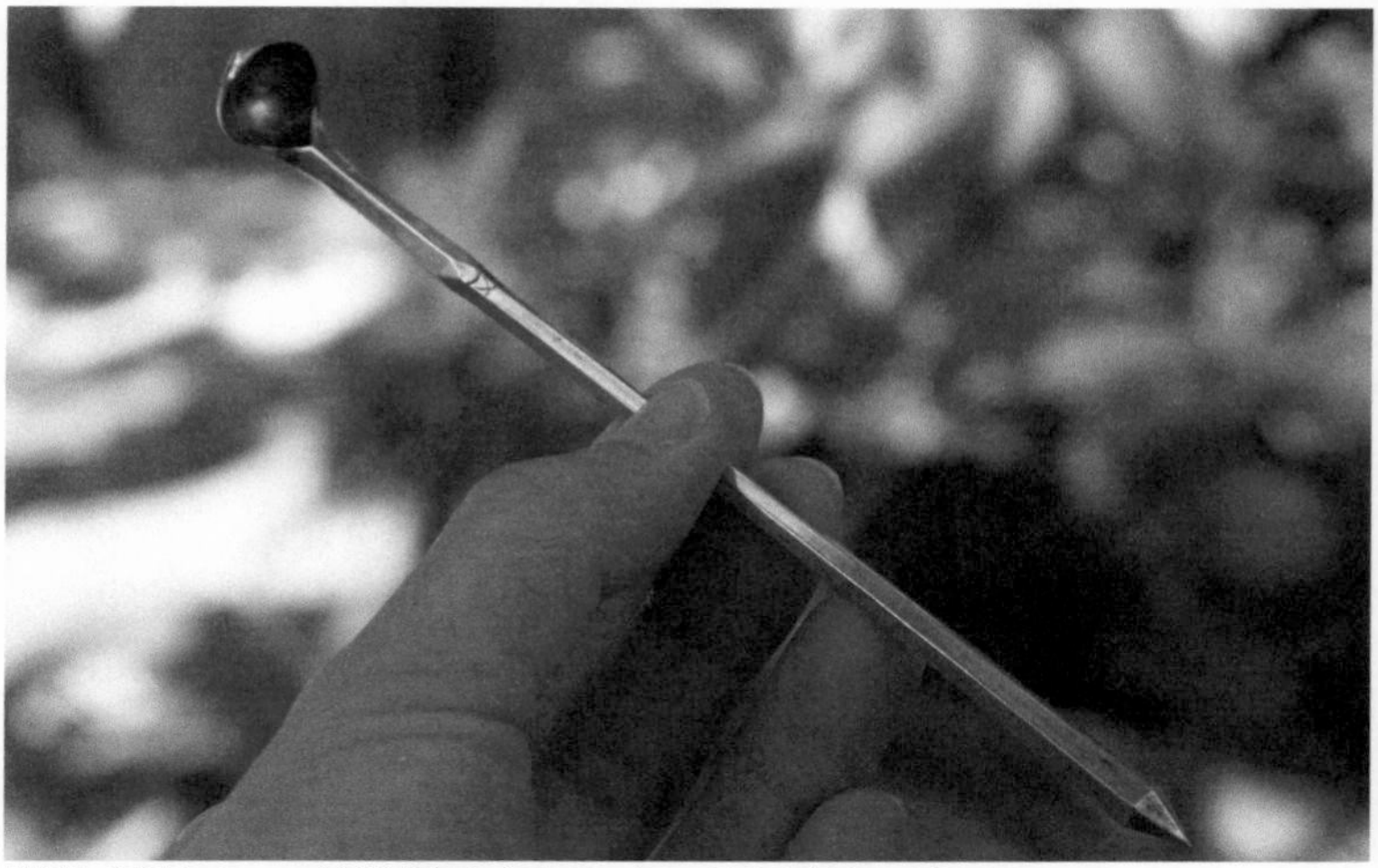

「茶処 真壁ちなー」（糸満市）に伝わる、ほっそりと美しいジーファー

しかも、沖縄の女たちのジーファーの挿し方は潔い。沖縄の女たちは、朱塗りの丸い櫛と組み合わせたり、異なる形の簪と組み合わせたり、ジーファーを四本、六本と一度に挿してみたりは、しなかった。（上流階級の女性こそ、側差《そばざし》と呼ばれる細い金属製の副簪を、もう一本挿すことはあったけれど、）ジーファー（柄《え》の長い匙《さじ》に似た女性用の主簪）は、いつも女の髪の中で、ただ一本だった。

ジーファーをひとつ、手にとってみる。

頭、首、しなやかな体、つま先……。「金細工またよし」の又吉健次郎氏はジーファーの形を、女性の立ち姿、と表現する。そしていつの頃からなのか、ジーファーのこれらに該当する部位は、上から順番に、カブ（頭）、クビ（頸）、サオ（竿）と呼ばれているという。(9)

女の、頭に該当する部分がカブ。カブは匙状に整えられ、くっと窪んでいる。だからその後頭部は、ふっくらと膨らみをもつ。

顔の輪郭は顎先でひとつに結ばれ、ここから始まる稜線は六面体の短いクビへと延び、肩甲骨の間にすとんと落ちる。これに続くのが、髪に挿せばほぼ隠れてしまうサオと呼ばれる長い棒状の部分。ここも、六面体に仕上げられている。

しかもクビとサオは共に六面体だけれども、双方はずらして配されている。だからクビは正面に稜線が延びるも、サオの胸元には面が配され平らかに延び、いかにも人の姿となっている。

しなやかに延びるサオは足先へ向けほんのりと広がり、やがて、六つの面はパタリと折れて閉じ、六角錐となり、終わる。

とはいえ、これは、あくまである一本のジーファーの姿。

博物館で眠るジーファーの包みをほどくと、木製であったり、水玉や縞模様の斬新なデザインのべっ甲製、それから材質の違いだろうか、青く腐食していたり、斑《まだら》に赤みが差していたり、黄金色《こがねいろ》だったりと、様々な色味の金属製のジーファーが次々に姿を現した。

人に個性があるように、ジーファーたちの印象も、威風堂々、堅固、華やか、可憐と、様々だった。

長さひとつとっても短いものは七センチ、長いものは二五センチ以上もある。

匙状のカブに注目すれば、扁平気味だったり、窪みが深かったりとこれまた色々。ちなみにカブがうつむき気味のジーファーは那覇の女たち用、顎をくっと持ち上げているものは首里に住まう女たち用、とは、よく聞く話。

サオも、ただただ細いもの、がっちりと太く末広がりに仕上げられているものと様々。先端（足先）

にしても、短く丸みを帯びているかと思えば、恐ろしいほどに鋭利なものもある。

この、ちびた鉛筆のようなジーファーを髪に挿していたのは、どの島の、どの地域に暮らす、どのような暮らしぶりの女性だったのか？　菜箸みたいに長いこのジーファーを手にした女は、これをどんな按配に挿したのか？

そして、これらのジーファーを彼女たちは、どこで、誰から、買ったのか？

……一本、また一本と、ジーファーに触れていくうちに、ひんやりと冷たい簪の向こうから、工房に燃え上がる炎の唸り声が聞こえてくるような錯覚を覚えた。熱した銀を水に浸けた瞬間に立ち昇る水蒸気の弾ける音。カンカカン、カンカンカンと反復する玄翁が奏でる軽やかな音。工房で耳にする、いつもの音たちが聞こえ始め、ジーファーを打ち作る職人たちの仕事の風景がぼんやりと見えるようだった。

ジーファー作りの職人たちが生み出す音。家族たちが交わす言葉。いつの時代もなかなかに強かったであろうジーファーの使い手である、沖縄の女たちが発する言葉。これらの音たちが、闇の向こうから、かすかに、かすかに聞こえてきて、冷たいジーファーの向こうに、ぽっと、ぬくもりが灯るようだった。


どうしようもなく、魅了された。

ジーファーの向こうに響き始めた、いまはもうこの世にいない人たちに、会いたいと思った。

そして私は、呼ばれるがままに、動き始めた。

注

（1）クガニゼーク、カンゼーク。これらは沖縄における、女物の簪のジーファーや指輪、男物の簪のカミサシなどを金や銀などで作る職人の呼称。ただし、この呼称は文献資料やインタビューにおいては様々だった。この例として、本書第2章Ⅱ八六・九一・九六頁、第3章Ⅰ一一四頁、第5章Ⅳ二七四頁等を挙げる。また発音は沖縄言語研究センターHPを参照とすると、クガニゼークはカタカナ表記にするとクガニジェークーとなる。

本書ではジーファーや指輪を作る職人のことを、話者の表現はそのままに、そして私は彼らのことを、敬意を込めて「クガニゼーク」と呼ばせていただいたことを記しておく。

なお錫細工職人はシルカニゼークと呼ばれている。

（2）「簪の制」については『沖縄大百科事典　上巻』沖縄タイムス社、一九八三年、「簪」（執筆／真栄平房敬）七九四、七九五頁や、「簪の制」（執筆／真栄平房敬）七九五頁を参考にすると、「この初見は一五〇九年の首里城正殿前の欄干に刻まれた銘文に見られること、幾たびの改定を経て十八世紀に同制度は安定した」とある。

他参考資料は左記。

琉球政府文化財保護委員会監修『沖縄文化史辞典』東京堂出版、昭和四十七年、簪についての記述は一〇九～一一一頁。

那覇市企画部文化振興課編『那覇市史　通史篇　第1巻（前近代史）』那覇市役所、昭和六十年、「第三章　生業、四金銀細工」（執筆／宮里朝光）、三八二～三八六頁。

久保智康『日本の美術№533　琉球の金工』ぎょうせい、二〇一〇年、「第七章　装身具」、六二～六九頁。

大石直正・高良倉吉・高橋公明『日本の歴史14　周縁から見た中世日本』講談社、二〇〇九年、二一六～二一八頁。

（3）百浦添欄干之銘《ももうらそえらんかんのめい》（百浦添は首里城のこと）については左記を参照した。

①百浦添欄干之銘

一五〇九年（尚真三十三）、首里城正殿前の欄干に刻された銘文。現存せず、撰者も不明だが、銘文は『琉球国碑文記』に記録されており、漢文である。その内容は尚真王の功業をたたえたもので十一項が列挙してある。（以下、略）。（『沖縄大百科事典』。執筆／島尻勝太郎）

②琉球国碑文記《りゅうきゅうこくひもんき》

沖縄県各地にある金石文を収録したもの。首里王府の編纂か。（中略）。編集年月日・編集者ともに不明であるが、『混効験集』（一七一一）に〈琉球国中碑文記…〉とあり、そのころすでに編集されていたものとみられる。（『沖縄大百科事典』。執筆／崎間麗進）

③沖縄県立図書館発行の、東恩納（甲）本『碑文記　全』（『琉球國碑文記〔写本〕〔複〕』）より該当部分を左に抜粋。

其五日千臣任官百僚分職定其位之貴賤上下以其帕之黄赤以其簪之金銀是後世尊卑之亀鏡也

（4）参考資料は、沖縄歴史教育委員会　新城俊昭『教養講座　琉球・沖縄史（改訂版）』二〇一九年、二〇七～二一一頁。

（5）木簪については、次のような記述があったので抜粋して紹介する。

木簪《かんざし》造　一般の百姓（平民）の既婚者の女は木簪《キージーファー》をさす。材料は「つげ」で、荒けずりの半成品を女が仕上げながら客をまち、鮫皮で磨きをかけて売った。

（那覇市企画部市史編集室編集・発行『那覇市史　資料篇　第2巻7　那覇の民俗』昭和五十四年、三三七頁）

その頃、「初髪結い」という儀式がおこなわれる。これはチージの娘にとって「成人式」のようなものであった。今まで三つ編みなどにしていた髪型から、琉球髷《カラジ》にかえるのである。（中略）

初髪結いの日、抱親は、当時の一円銀貨を何枚も鋳つぶして作らせた銀の簪《ジーファー》と付け髪を揃えてあげた。銀の簪は侏離のシンボルである。王府時代は身分制度の象徴として簪が用いられたが、庶民に許されたのは木か竹の簪だった。しかし、チージの侏離たちは高級士族と同様に銀の簪を使うことが許されていた。

明治時代にチージの親村であった西村の住民たちから侏儁が銀の簪を使用するのはけしからん、禁止せよと声があがったが、決して手放そうとはしなかったという。

（浅香怜子『琉球の花街　辻と侏儁の物語』榕樹書林、二〇一四年、三九頁）

（6）ジーファーは、男子も挿す。

男女とも髪を結い簪《かんざし》をさすが、男は元服すると髪差《カミサシ》と押差《ウシジャシ》をする。元服前は五歳から女と同じ長簪《ジーファー》をさす。（那覇市企画部市史編集室編集・発行『那覇市史　資料篇　第2巻7　那覇の民俗』昭和五十四年、三八四頁）

（7）十五歳で髷を切り落とされた少年が、目で見て、心に刻んだ記憶を書き留めた文章が、ここにある。

私は満五カ年の小学校生活を切り上げて明治二十四年の四月に、いよいよ中学に這入るようになった。

（中略）この時二年以上の生徒はおおかた断髪していたと覚えている。

ある日のこと、一時間目の授業が済むと、先生方が急に教場の入口に立ちふさがった。何だか形勢が不穏だと思っていると、教頭下国〔良之助〕先生がずかずかと教壇に上って、一場の演説を試みられた。その内容はよくは覚えてはいないが、アメリカインデアンの写真を見たが、生徒はいずれも断髪をして洋服を着ている。ところが日本帝国の中学の中で、まだ結髪をしてだらしのない風をしているところがあるのは、じつに歎かわしいことだ、今日皆さんは決心して断髪しろ、そうでなければ退校しろ、という意味の演説であったと思う。全級の生徒は真青になった。頑固党の子供らしい者が、一、二名叩頭をして出ていった。父兄に相談して来ます、といって出ていったものもあった。しばらくすると、数名の理髪師が入口に現われた。この一刹那に、先生方と上級生は手々に挟を持って教場に闖入し、手当り次第チョン髷を切落した。この混雑中に窓から飛んで逃げたものもいた。宮古島から来た一学生は切るのを拒んだ。何とかいう先生が無理矢理に切ろうとしたらこの男、簪《かんざし》を武器にして手ひどく抵抗した。あちらこちらですすり泣きの声も聞こえた。一、二時間経つと、沖縄の中学には、一人のチョン髷も見えないようになった。（中略）さて私の〔子供〕時分は、こういう悲劇のような喜劇で一段落を告げた。今から考えると、凡《まる》で夢のようである。読者諸君がこれによってわが沖縄の変遷を知ることが出来たら望外の望である。私はそのうち気が向いた時、私の青春時代の事を書いてみようと思う。（終り）〔大正一〇年〕

（伊波普猷『平凡社ライブラリー371　沖縄女性史』平凡社、二〇〇〇年、一五二〜一五四頁）

悲劇のような喜劇、と一連の出来事を振り返りこう記したのは、のちに〝沖縄学の父〟と称されることとなる伊波普猷（明治九年—昭和二十二年）。執筆は大正十年だから、髷を切られてから三十年ののち、四十五歳の頃の文章。

彼はこの日のことを、別の文章にこうも記す。親族は泣き、髷を切られた若者のうちには退学して、髪を再び伸ばす者、まれには死を選ぶ者もいた（伊波普猷『平凡社ライブラリー371　沖縄女性史』平凡社、二〇〇〇年、一三三頁）。男たちの髪形の変化は、決して穏やかなものではなかったようだ。

（8）日本の女性の髪形についての参考資料は左記。
露木宏編著、井上洋一・露木宏・関昭郎執筆『カラー版　日本装身具史　ジュエリーとアクセサリーの歩み』美術出版社、二〇〇八年。

大原梨恵子『黒髪の文化史』築地書館、一九八八年。

橋本澄子『日本の髪形と髪飾りの歴史』源流社、二〇〇三年。

展覧会監修、村田孝子執筆、細見美術館企画・編集『澤乃井　櫛かんざし美術館所蔵　櫛簪とおしゃれ—粋に華やかに、麗しく—』紫紅社、二〇一七年。

（9）クビ（頸）とサオ（竿）をあわせて、クキ（茎）とも呼ぶ。

Ⅱ　戦前の髪の記憶。三つの語り

「それ（着物）が乾くあいだに、自分たちが水浴びたり、髪を洗ったの」

語り・新垣宏子氏（昭和三年、久米島生まれ）

髪を洗うときはンチャ

戦前は、これは久米島での話ですけれども、髪を洗うのに使うものはンチャ、土。ンチャって言ったんですけどね、あれは採る場所があって。ちょっと遠いんですけどね、隣村《となりむら》の山まで出掛けて行って採ってくるんです。金づちで割って採って、袋に詰めて、頭に載せて持ち帰って。それから乾かして保管しましたよ。

髪を洗うときは、使う分だけ水に浸したら、きれいに溶けるんですよ。これに、シークヮーサー汁を混ぜて洗うと、髪がつるつるしてね。

芭蕉《ばしょう》の着物は少し硬いんですけれども、このシークヮーサー汁を使うと、しなやかに仕上がります。そういうこともしましたよ。

洗濯したいときは、川に行くんですよ。いっぱい洗濯物を持って川に行って、向こうで洗濯して。川岸の石や木にかけて干して、それが乾くあいだに、自分たちは水を浴びたり、髪を洗ったりしたの。シークヮーサーやバンシルー（グアバ）採りも、ときにはしましたよ。

髪の毛は川の中で洗って、そこで乾かして。ンチャも、川に持って行って、洗面器に入れて、ちょっと水入れておいたら、ふわーっとふやけるんですよね。

私は結い上げするくらいじゃなかったんだけど、ほとんどの人たちは、そういう長い髪していましたね。

洗濯物が乾いたら、それを持って帰って、畳んで。糊つけするんだったら、糊つけて。そういうことをしましたよ。一日かけて。

終戦になると、ンチャグワーをちゃんと砕いたものを、紙袋に入れて売ってましたね。でもお風呂場で使うと配水管が詰まるのが心配で、だから使わなくなりました。

母はジーファーを

ジーファーは、うちの母なんかも使ってましたもの。髪結ってましたからね。自分で結うんですよ。

＊採録日は二〇一三年七月十八日。沖縄本島糸満市のご自宅にて、息子の新垣元氏が同席。本書第４章Ⅰにも新垣宏子氏の語りを紹介しています。

「私のおばあちゃんは、首里から八重山に流れてきた人で。みんな、〝ハイカランメー〟って言ってからさ」

語り・大盛良子氏（昭和八年、石垣島の真栄里《まえざと》生まれ）

ンメーは簪をしてた

私のおばあちゃんは、（沖縄本島の）首里《しゅり》から八重山《やえやま》に（石垣島に）流れてきた人で。みんな、〝ハイカランメー〟って言ってからさ。ンメーってのは、首里の呼び方。「ばあちゃん」って呼んだら、「ンメーって言いなさい」って怒られた。着物なんかもね、きちーんと糊してね。アイロンもないさ。でも、ビシャーっと手で。

こうしてきちんと座って。ぴしゃっとしてね。だから、うちのンメーは、もうどんなことがあっても、いつでも、おうちでも、縫い物しとっても、どこであろうが、きちんとして、簪（ジーファー）をしてた。

……私は、若いとき、小学校のときは、もの凄くいっぱい毛がでてたんですよ。だから、ンメーが私を見て、自分の昔を思いだして、「お金がないときにこっちからこんなして、十円玉みたいにまん丸く、イリガン（入髪／髪を結うときに足す長い毛髪の束）作るために髪を切って、これを売ったら、もの凄く高く売れた」って。

それで、「良子は髪がいっぱいある。あれはけーぶーだよ。だからこの髪の毛で食べていけるよ。

良子は、髪がいっぱいもの凄く黒く生えてきてるからぁ、もう、あんたは食いはずしはないよー。こんなしてイリガンとって売ったら、食いはずしはないさ」って、いつも、ンメーから言われてたさ。

結局、一回もそうしたことはないけど。一年生のときに（昭和十四年頃）、よくンメーから言われたわけよ。

ンメーが禿《は》げてるの、よく見たさ、私。うちのンメーもこんなして、こっちに丸く十円玉みたいな禿げがあるから、これ（結ってお団子にした髪）をかぶせるんですよ。髪をくびってそれから丸いところ（髷《まげ》）を、ちゃんと毛のないところに乗せて。

ンメーは、自然に禿げたんじゃない、そうじゃない。ンメーからよく聞いたわけよ。ンメーが禿げてたのは、髪を、売ってるから。剃刀かなんか分からんけど生えてこないのよ。かならず真ん中から、頭の真ん中使わないと。こっちとか、あっちとかからは、髪をとれないわけさ。とったら隠しようがないさ。まん中なら、他から髪を持ってこれるさ。

イリガンってご存じかね？　うちの母なんかももう、やっぱり髪が薄くなってるんですけど、「ああ、もう自分はイリガン挿さないと、イリガン入れないと自分はもう市場にも行けない！」って。おうちにいるときはそのままだけど、石垣（ここでいう石垣は、石垣島の四ケ字《しかあざ》と呼ばれる、市場などがある中心地のこと。よってこの場合は話者が暮らす石垣島の真栄里《まえざと》から四ケ字の市場などへ行く意となる）とかどこか行くときには必ず母は、イリガン入れて、こんなしてカンプー結って、ジーファー挿して。

私なんかのときからは、だから戦後ですけど、石垣に行くときにはパーマさ。

ンメーが亡くなったのは何歳くらいかな？　分からんさー。戦争中は八重山にいました、それでマラリアに。山の中に疎開《そかい》させるんですよ、山小屋みたいの作って。ンメーは戦後マラリアで。戦後はみんな、ほとんどマラリアで。もう大変。私もマラリアにかかったことあるわけさ。四十二、三度の熱が二時間、三時間ずーっと続いて、人がこんなして押さえてくれてもガタガタ、ガタガタって、ずーっと震えて。どんなにかぶってもかぶっても、震えが止まらないんですよ。二、三時間したら自然によくなってくるけど……。

普通にあったジーファー

普通の人でも、女の方《かた》は、ジーファーはやってたよ。ジーファーは銀、しろ。石垣島もよ。うちのばあちゃんも持ってたのに。こんなして白いの、銀のね。ジーファーってのは髪に挿すだけではなくて、女の武器にも使われて。昔さ、……大昔の女の人は、男の人が寄ってきたらこれで刺して。武器にもなるって。だから女の人は、いつもこのジーファーを挿して歩かんといけないと、そういう話は、いつもおばあちゃんから聞かされたから。「ジーファーは、自分自身を守るものでもあるよー」って。

石垣島にジーファーを売る店があったかどうか、記憶はない。でも、どんな方でも挿していた。どこで買ったのかな？　ここまでは分からないですねー。

＊採録日は二〇一二年六月二日。ときおり雷雨。沖縄本島にて、娘の藤村三千代氏同席。本書第３章Ⅱにも大盛良子氏の語りを紹介しています。

昭和 19 年 6 月 3 日、伊差川縈子氏の結婚式集合写真

「私はとにかく髪切るのは嫌で、女は髪が命だからね」

語り・伊差川縈子氏（大正十年、与那国島生まれ）

前の方にカンプー

（結婚式の写真を手に）戦前、私は（沖縄）県庁に勤めていたの。文書課で、タイピストしていたの。和文タイプ、タイピスト。朝から晩までタイプ打ってた。

そしたらある日、宮崎の綾町出身の衛生課長って方《かた》がいらして、「漢那《かんな》（縈子氏の旧姓）君、あんたの免許が泣いてるからね、衛生課においで」って。そのとき私はすでに助産婦、保健師、看護師の免許は持っていたわけ。それで衛生課に。

（県庁に）お勤めしていたときは、おさげしたりね。規則はない。着物だったら袴《はかま》はいて。洋服着て。もうこれが（タイプを打つ所作をしながら）忙しいから。

それでね、県庁の裏の方に、県の工業指導所があったわけ。衛生課の課長さんが、古い日本刀の鞘《さや》の漆《うるし》のことを、彼（後に夫となる伊差川新《いさがわしん》氏のこと。昭和十八年、県立工業指導所漆工部主任に着任）に聞きに行って。そういうご縁で、ふたりは友達になったんでしょうね。それで私は、衛生課長から紹介されたはず、主人に。

夫は、東京美術学校（工芸学科漆工部）を（昭和十六年に）卒業して兵隊に行ってね。でも台湾で、「病弱で使いものにならないって沖縄に帰された」って。

昭和十九年の、六月三日に結婚しました。工業指導所の所長(1)から織物をもらったのに、それは大事にして、あのときはモンペで。「波上宮《なみのうえぐう》」で結婚式を挙げたの。

これが、結婚式の写真。みんなカンプー。

この人はハンシー（前頁掲載写真の二列目左から三番目の婦人）。私のおばあちゃん。ハンシーってったら、おばあちゃんの意味。ひとり子供産んで、あとは未亡人だったわけ。

那覇の人はね、前の方にカンプー（結い上げた髪の髷の部分）がきていた。結ってからこう、向きを変えるんじゃなかったかね。結うのはこう、ちゃんと結って、まわすんじゃないかね？　ここ（頭の真上）に結ったら、物を担ぐのが難しいでしょう。昔の人っていうのは、女は大抵頭の上に（荷物を）載せてたから。

ハンシーの髪の結い方は、ウンチョウビ、っていってね。普通の人とは結い方が違ってたよ。ウンチョウビって、敬い言葉。あはははは。ウンチョウビってカラジ（髪）のことだけど、ウンチョウビって言ってた。

写真の他のおばあちゃんたちは、（髪型が）ヤマト式になってるから、髪が、結う場所が少し後ろになっているでしょう。

（花嫁写真の、髪の羽根飾りは）簪みたいのがあったんじゃない？　美粧院でやってもらったんじゃない？

伊差川縈子氏と伊差川新氏、昭和 19 年の結婚写真

髪切るのは嫌

与那国島《よなぐにじま》の祖納《そない》で生まれて、小学校卒業の頃まではずっといましたから、与那国に。
タンメ（言葉の意味だけでいうと祖父の意味だが、ここでは父のこと）は垣花《かきのはな》、沖縄の人、那覇《なは》の人。与那国に行ったそうです。学校を造るために、
アンマ（母）は、もともとは那覇の人です。

あの時代はね、与那国から女学校行く人たちは八重山、宮古って渡って、やっと沖縄に着いて、学校をでていたから。私はそんなことしたくなかったから、だから台湾に。与那国から台湾は、近いんです。小学校六年の三学期の試験終わってから、台湾で試験がありますから、それに間に合わすように台湾へ行って。

それから台湾総督府立の病院で、看護婦見習いで働きながら看護の勉強やって卒業してそのまま。総督府立の病院に働いているときでも、髪はちゃんと結って、ナースキャップを被っていたの。ピンがあった。その頃から、ピンがでてきた。

お正月には日本髪結ってた。島田《しまだ》結ったり。……島田結う前に桃割《ももわ》れっていうのを結うの、結い慣らし。桃割れは台湾で。日本髪で写真撮っておけばよかった。いまになってとっても悔しい。日本髪はお正月だけ。髪結い屋に。

昭和十五年に台湾引き揚げて、与那国に戻ってきて産婆《さんば》して。それから那覇に。で、沖縄に帰ってきたら、ウチナーカンプー（琉球の髪型）も結ったり。

私はとにかく髪切るのは嫌で、女は髪が命だからね。小学校いる頃はずっとおさげでしたから。髪を結い上げたのは小学校卒業する頃。誰にも教わらない。自分で考えて結う。親に結ってもらったこともない。自分で。親がやっているのを見れば分かるから。

髪の長さも膝につくくらいで。重たいって感じはないもん、自分の髪だもの。

髪を洗うときは土、洗い粉、灰汁、豆腐湯

髪の手入れは、洗い粉があるでしょう。

でも本当だったら昔は（与那国にいた頃は）、自分でいい土を探して。これを洗い粉みたいにして髪を洗ってたの。いい土を見つけたら、そこは自分の場所だから大事にこう掘って。そうそう与那国でね。山手の方。普通の歩いている場所とは違う。子供の頃からここの常連になって。土を丸めておいたりはしない。あるとこは分かるから、そこに行って掘るだけ。

そのうち店に、洗い粉がだんだん出るようになって、土とは色も違うけどね。

小学校終わる頃には、袋に入った洗い粉っていうのが出ましたよ。あれは与那国に輸入されていたと思う。男の人でもそれで洗ったり。だんだん私も、仕事をするようになってからは、そういった袋詰めの売っているものを。

灰、灰汁《あくじる》で髪を洗う人もいたでしょうね、あの時分ね。灰汁っていうのは、灰《はい》を澄《す》まして使うんですよ。

それから豆腐湯《とうふゆ》とかねー。豆腐作るとき汁がでるでしょう。豆腐屋はこの豆腐の汁を使って。とにかくもう捨てるものとか、豚にあげるものとかね。

植物だったら芋の葉っぱね、芋の葉っぱ。芋の葉っぱをすってドロドロにして。そうそう。髪を洗う方法はいくらでもある。自然のものを利用したりして。

＊採録日は二〇一二年九月二十三日（日）、および二〇一二年十月十二日（金）。沖縄本島那覇市のご自宅にて、娘の大濱尚子氏同席。本書第3章Ⅱにも伊差川禁子氏（故人）と大濱尚子氏の語りを紹介しています。

注

（1）県の工業指導所の所長とは、安谷屋正量《あだにやせいりょう》氏（明治二十年～昭和五十六年）と思われる。『沖縄大百科事典（上）』（沖縄タイムス社、一九八三年）には伊差川新氏執筆の、安谷屋氏の項がある。これによると安谷屋氏は、東京高等工業学校を首席で卒業。昭和七年に沖縄県工業指導所所長に就任、当時衰退していた織物の改善に尽力。戦後は沖縄諮詢会委員、沖縄民政府工業部長に就いた。

Ⅲ　絵はがきに見る、明治から昭和の女たち

三人の女性が話してくださった戦前の髪の記憶は、石垣島でのほんのりと緊張感ある祖母と孫の会話、久米島の娘たちが川で洗濯する水しぶき、髪を洗うために与那国島の土を掘る音やその感触を甦らせ、いまはもう旅することができぬ風景を動かし始めた。

そしてそうなると今度は、もう少し昔の、ジーファーを髪に挿すことが日常であった時代を生きる彼女たちに会いたい、と思うようになった。でも、会えるわけがない。

だから私は、戦前に売られていたという、当時の暮らしが写された絵はがきに彼女たちの姿を探し始めた。

蠢く人、人、人。話し込む女たち。

数えれば、少なくとも百の人がそこには写っていた。これから売る品物だろうか、頭上に籠を載せ歩く女。いままさに、頭に籠を置こうとしているように見える女の姿もある。籠の中身は大根に笠、あれは芋だろうか。

彼女たちの着物から察するに季節は冬。ひとり、またひとりと動きを追いかけていると、ふっと、自分がこの雑踏に放り込まれ彷徨《さまよ》い歩いているような感覚にとらわれる。人々の動きがたてる土埃が

琉球風景

絵はがき「琉球風景　糸満町市場　坂元商店發行」

（坂元商店發行）　町市塲

匂い、肌にぺたりとまとわりついた。

左の建物の二階には着物が一枚。その下には、「仁丹《じんたん》」（明治三十八年発売開始）の看板がふたつ。店の壁には鼻緒付きの履物。手前の台に置かれているのは器や急須。

手にしたこの絵はがきには、「琉球風景　糸満町市場」との文字が添えられていた。

女たちは皆、髪を結い上げている。よくよく見れば、ずいぶんと太く長い簪《かんざし》で髪を留める女の姿が、ひとりふたり。

糸満《いとまん》の市場を写したこの絵はがきには、「坂元商店發行」との文字も入れられている。『沖縄大百科事典』を開くと、「坂元商店」は、「戦前、絵葉書の作成・販売および写真原料品販売をおこなっていた県内唯一の商店。那覇市天妃町の同市でもっともにぎやかな大門前（ウフージョーメー）通りと久米大通りの角にあり、ほかにも竹細工・画材・家具類・楽器・味噌・醤油などの販売など手びろく営業していた」とある。続けて「一九〇五年（明治三十八）鹿児島住吉町出身の坂元栄之丞《さかもとえいのじょう》の開業」とも。(1)

とすると、この写真が写されたのは、「坂元商店」が開業し、「仁丹」が発売された明治三十八年以降、となる。

さらに送り主が言葉を記す通信欄の面積、および宛名欄上部に印刷された「郵便はがき」の文字列から推すと、（シャッターが切られたのがいつなのかを知る術はないけれど、）この絵はがきが発行されたのは、明治四十年四月から大正七年三月のあいだのいつか、ということになる。(2)

もう一枚、推定発行年が同じ絵はがき「（琉球風俗）那覇の肉市場 Custom One of the Ryuku 沖縄小澤博愛堂發行」を手にとる。と、こちらを振り返る矍鑠《かくしゃく》たる立ち姿の老婦人と、目が合った。たっぷりと生地を使ったであろう上衣も優雅。結い上げた髪の艶やかな流れから、ただ結わえたというのではないこだわりが感じられる。そして、頭上に作られた髷《まげ》にはジーファーの先端が、ちらり。

絵はがきの中の肉市場を、いま自分が歩いているような心地にいざなう記述が、『那覇市史』にあった。

（前略）市場で売るのには木台において、客の希望により適当な大きさに切って斤ばかりで計って売る。ときには、客に強いられて、シーブンという量のサービスをすることもあった。包み紙がないのでンバシの葉（くわず芋の葉）に包んでくれた。（中略）「シシマチ」には、常時数匹の犬が集まって来て、主の目をぬすんでは肉を喰えていくので、怒った主に包丁を投げられ、そのため、これらの犬は、まるまると太っていたが、背中附近に傷のあるのが多かった。ことに売りじまいで掃除するときなど肉片が水で流されて来るので、これを目がけて数匹の犬が肉をうばい合う声はたいへん騒がしかった。

（那覇市企画部市史編集室編集・発行『那覇市史　資料篇　第2巻7　那覇の民俗』昭和五十四年、二八三頁下段）

なるほど、絵はがきの奥の方には、犬らしき動物の姿……。

腰に籠を押し当てながら、道の中央をこちらへとやって来る女は素足だろうか。隣の老婦人と比べると着物の丈が短く、髪型も異なる。頭上に籠を載せると邪魔になるからか、頭頂部に、髷は見えない。目が慣れてくると屋根の下に、白い歯がこぼれる笑顔の女の姿が見えてくる。カメラを構えている

絵はがき「琉球風俗　那覇の肉市場　沖縄小澤博愛堂發行」

沖縄小澤博愛堂發行　Custom One of the

人物が、声をかけ、笑わせているのだろうか。

同時期に発行された絵はがきが、もう一枚ある。「（琉球風俗）芋市場に於ける農夫 Custom of Ryukyu 沖縄小澤博愛堂發行」というこの絵はがきには男がひとり、写っている。大きく写る農夫の目じりには、笑い皺。頭には笠。髪型は見えそうで見えない。奥に写る女たちは皆、髪を結っている。ジーファーも、ちらほらと見える。左の子供の髪こそ乱れ気味だが、大人の女たちは皆、こざっぱりと髪を結い、中央で芋を売る女の髪は私より艶やか。絵はがきは商品。だからこれらの写真は、売れるよう意図して撮られた写真たち。だとしても、たしかにこのとき、絵はがきの中の女たちの髪には、ジーファーが挿されている。

ここまでに見てきた三枚の絵はがきが発行される数年前、明治三十七年に沖縄を訪ね、自分の目で見た沖縄の男たちの髪型を、しかと書き残した米国人男性がいる。歴史学教授で東洋史の専門家、かつ長崎の米国領事館副領事で、一流季刊誌の特派員というチャールズ・S・レブンウォースだ。

一九〇四年（明治三十七年）

簪には花飾りを象《かたど》ったもの、貴金属製耳掻きのようなもの、鉄道のレール用犬釘を小さくしたようなものがある。しかし、この簪の風習は、中国における弁髪と同じく、時代の進展、止まることのない進歩とともに、やがては廃れる運命にあるのだった。

絵はがき「琉球風俗　芋市場に於ける農夫　沖縄小澤博愛堂發行」

いまは琉球の青年たち、少年たちも日本人の流行に倣って髪を短くしている。高名な琉球の年輩者、あるいは中年の人々の中に、あの片髪や簪の、興味をひく風習を残している人たちが見られるだけだ。

（チャールズ・S・レブンウォース著、山口栄鉄・新川右近訳『琉球の島々　一九〇五』沖縄タイムス社、二〇〇五年、七五、七六頁）

レブンウォースは、沖縄の簪を中国の男たちの頭上から消えゆく弁髪《べんぱつ》に例えた。そして、簪を挿している髷を切り落とすことに対する、沖縄の男たちの身分や世代による反応の違いも書き留めた。そのうえで、沖縄の男たちのヘアースタイルが、このとき断髪《だんぱつ》の方向へと動いていたことを記した。

時計の針を、進めよう。

大正七年四月～昭和七年頃に発行されたと推定される次の絵はがきのタイトルは、「琉球名物ズリ馬行列 THE ZURIUMA DANCING IN RYŪKYŪ（アサヒ寫眞館發行）」。ズリ馬行列とは、いまに伝わる尾類馬《じゅりうま》行列のこと。旧暦の正月二十日に那覇の遊郭街で行われる、豊年祈願と商売繁盛の祈願祭で奉納される芸能のひとつ(3)。

選ばれた遊女たちが、板に馬首をかたどったジュリ馬を前帯に挟み、軽快に舞い踊りながら練り歩く尾類馬行列を写したこの写真には、居並ぶ家屋の屋根にまで見物人の姿がある。

行列を、一目見ようと集まる群衆の中にはハンチング帽姿の男がずいぶんといる。帽子の下に、男簪を挿した髷があるとは考えにくいから、この写真が撮られたときには、すでにかなりの男たちが、髷を切り落としていたのかもしれない。

ちなみにこれと同年代発行と推測される「沖縄風景　那覇反布市場（坂元商店發行）」という絵はがきには、はっきりと、短髪の男たちが写る。

一方で女たちは、おのおのの按配で髪を結い上げている。ジーファーで、留めていることがしっかりと見える方もいる。

絵はがき「琉球名物　ズリ馬行列　アサヒ寫眞館發行」

沖縄の夏の匂いも届けてくれる、「琉球風景　甘蔗市場85」と名付けられたこのはがきの推定発行年も、同じく大正七年四月〜昭和七年頃。

白い道に強く濃く、真下にまあるく落ちる傘の影。いま

絵はがき「沖縄風景　那覇反布市場　坂元商店發行」

絵はがき「琉球風景　甘蔗市場　85」

は、炎天下の昼なのだろうか。傘を斜めにさし歩く婦人は撮られたくなかったのか。それにしても、ここに写る女たちの光が透けるパリッとした夏衣をまとい歩く姿は、いかにも涼やかで、凛々しい。

軒下に整然と立て掛け売られているのは甘蔗（サトウキビ）。旧盆に帰ってこられたご先祖様が、あの世へお帰りになる際に使う杖にするための供物となる。

瓦の朱、漆喰の白、電柱の木肌、サトウキビの表皮の赤紫色、夏衣《なつごろも》の乳白色、眩しく白い道。白黒写真だけれども、カラーの映像を見ているかのようだ。

絵はがき「琉球美人　美３」

「琉球美人　美３」（推定発行年は右と同じ）と名付けられたこの絵はがきの中の彼女は、手に白百合。

　レンズを向けられても動じぬ度胸とこの風格。豊かな黒髪から突き出るジーファーの先端の長さと広がりが、いかにも華やかで、彼女によく似合っている。

そしてともかくも、昭和七年までに発行されたこれらの絵はがきの中にいる糸満や、肉や芋や布市場の女たちは、白百合を手にするあの娘さんは、少なくともシャッターが切られたこの時、たしかにやっぱり、髪に、ジーファーを挿していた！

注

（1）『沖縄大百科事典（中）』沖縄タイムス社、一九八三年、「坂元商店」（執筆／大城康洋）、一九〇、一九一頁。

（2）私製絵はがきの発行年の推定は、切手を貼り宛名を記す面に設けられた、通信欄の面積が指標になる。文章を記述する通信欄の広さは法で定められ、私製はがきが発行された当初は、写真や絵が刷られている面にしか、言葉は記せなかった。それが明治四十年四月から宛名面の三分の一、大正七年四月以降は二分の一と、段階を踏み広くなった。

もうひとつ、宛名面上部に横書きで記載される「郵便はがき」の文字、これも発行年推定のヒントとなる。たとえば昭和七年までは、はがきの表面上部に右から「郵便はかき」と印字。が、昭和八～十九年は右から「郵便はがき」となり、昭和二十年からは左から「郵便はがき」、と印刷。

このふたつの指標から、紹介した絵はがきには全て三分の一もしくは二分の一の通信欄があり、また全て右から「郵便はかき」と印刷されていることから、発行年は（写真の撮影年は不明で、法令の変更が各地で即遂行されたのかは確認できなかったが、おおよそ）明治四十年から昭和七年と推測される。

（3）ズリ馬行列は尾類馬行列とも記す。尾類はジュリと読み、遊女のこと。尾類馬行列については、以下参照のこと。

旧暦一月二十日の二十日正月におこなわれる辻遊郭の豊年祈願と商売繁盛の祈願祭。いつごろからおこなわれるようになったのかは定かではない。（中略）獅子とミルク（弥勒神）を先頭に、各楼から選ばれたジュ

リ（遊女）が板に馬首を象った「ジュリ馬」を前帯にはさみ、装いも美しく遊郭内を練り歩いた。（後略）

（『沖縄大百科事典』沖縄タイムス社、一九八三年、「ジュリ馬」（執筆／嘉手川重喜）、三八九、三九〇頁）

上原栄子氏が自身の人生を著した『新篇　辻の華』（時事通信社、二〇一〇年）の三二、三三頁に、尾類馬行列が行われる二十日正月を迎える女たちの気合と、町全体の興奮が立ち上がる記述がある。以下、その抜粋。

尾類馬行列の二～三日前から、離島や地方、さらに内地から、人びとが那覇に集まってきました。那覇中が沸き立ち、朝早くから銅鑼の音が鳴り響いて、辻の真ん中にはすでに旗頭が立てられ、風を呼んでいました。（中略）

辻のお姐さんたちにとっても当時は、上村渠《ウイーンダカリ》、前村渠《メーンダカリ》の競争というわけで、それぞれ我が方を誇示しようとして飾りますから、衣装はもちろん小物にいたるまで、よい品を、よい色をと選び抜くのです。辻三千の姐《おんな》たちがこのために使う金額は、那覇市の経済が左右されるほどと聞いたことがあります。辻姐たちはこの日ばかりは色とりどりに錦紗、縮緬と、上から下まで絹ものずくめでした。お化粧も、踊り歩く道中に顔がまだらにならぬように、と念を入れて何度も何度も上塗りして、ぬれタオルで上から押さえて、また塗りつけて取りのける作業は、ペンキの二度、三度塗りの比ではありません。桐の箱を燃やしてまゆ墨をつくり、盃のようなものにもられた口紅をつけて、日頃おとなしい辻の姐たちの裏面をのぞかせていました。変貌した姐たちを見て、別世界にいるような気がしたものです。

第2章　戦時下を生きたクガニゼークと女たち

Ⅰ　新聞が報じた簪献納の不協和音

＊本節は、琉球大学附属図書館のマイクロフィルムと、沖縄県立図書館の郷土資料室で閲覧した『琉球新報』と『沖縄日報』の、昭和十年から昭和十五年十二月までの新聞記事および、同年十二月の統廃合で誕生した『沖縄新報』の昭和二十年までの新聞記事から、クガニゼーク、ジーファー、指輪、髪型、簪献納などの関連記事を抽出することにより、生まれた。
なお、抜粋紹介した新聞記事中の判読不明の文字は、●印で表記。新聞記事は読みやすさを優先させ、旧字体は新字体に、旧かなづかいは現代読みに変え、傍点「、」ははずし、句読点を追加。行間を設け、段落替えも行った。

六六七〇本

簪の献納運動。

こういう運動が行われたことを知ったのは、堀場清子氏の『イナグヤ　ナナバチ―沖縄女性史を探る』（ドメス出版、一九九〇年）という本を手にしたときだった。ページを繰ると『さやうなら琉装・琉髪』という章があり、「琉髪《りゅうはつ》の簪献納《かんざしけんのう》」という言葉を見つけた。そこには、一九四〇年代初めに、宮古郡下地《しもじ》村の女子青年団は、同村国婦分会と協力して六〇〇〇本を、大日本婦人会那覇《なは》市支部は一〇四七本の簪を献納したことが、新聞で報じられている、とあった。(1)

本当だろうか。本当にここ沖縄で、簪の献納運動が行われていたのだろうか。自分の目で、記事を確かめたいと思った。

私が手に取ったのは、琉球大学附属図書館と沖縄県立図書館で閲覧できる昭和十年から昭和十五年十二月までの『琉球新報』と『沖縄日報』、これらが廃刊となり始まった統合紙『沖縄新報』の三紙。昭和十年から昭和二十年の記事には欠損している日付が多かったのだけれども、とにかく一枚ずつページを繰り、追いかけてみた。

結果、六六七〇本。

これが、『琉球新報』と『沖縄日報』が報じた、沖縄県民が国へ献納した簪の本数だった。新聞記事はたしかに、沖縄で女たちが髪に挿していた金属製の簪をお国のためにと献納する運動が起きていたことを報じていた。

なお六六七〇本というこの数字は、閲覧できた二紙からのみ拾ったもの。過酷な時代をくぐり抜けいまに残る当時の新聞には、日付の欠けが多いことを再度書き添えておく。

また、昭和十五年十二月に始まった『沖縄新報』には、同様の記事は見つけられなかった。

昭和十五年十二月――。

沖縄県は、当時発刊されていた『琉球新報』『沖縄日報』『沖縄朝日新聞』を廃刊とし、一紙にまとめる統廃合を実施。(2) 同月二十日、統合紙『沖縄新報』(朝刊六頁・月一円)がスタートした。(3) この統合紙『沖縄新報』には、現存しないものがとくに多い。

昭和二十年の紙面には、次のような記事があった。

昭和二十年一月十五日（月）（二）『沖縄新報』

兵器へ一役　古新聞紙回収

新聞紙も兵器だ。翼賛会県支部で県下各国民学校に呼びかけて、古新聞回収を実施。目下四万枚を目標に、県下の学●を●●することになり、各家庭、職場から眠れる兵器の回収に当たったが、首里市ではこれに先行、一万枚目標のものとに（原文ママ）この回収運動が展開されている。

新聞紙も、兵器として回収されていた。

なお、『沖縄新報』は、昭和二十年三月二十三日からの米軍による空襲、二十六日の慶良間《けらま》諸島上陸に次ぐ四月一日の本島上陸、北部占領に続き、「ありったけの地獄をまとめた戦場」(4)と米軍が形容した中部での戦闘ののちも、弾雨の降りそそぐなか、首里の壕から取材、発刊を継続。学徒からなる鉄血勤皇隊《てっけつきんのうたい》や警察の連絡員、翼賛《よくさん》壮年団員、兵隊により、戦線へ配達され続けたという。(5)やがて、首里城の地下一帯に造られた日本軍の司令部壕の放棄が決定。日本軍が、沖縄本島南部の摩文仁《まぶに》へ撤退する二日前の五月二十五日未明、最後となる新聞を出し、解散している。(6)

いま、図書館で目にすることができる終戦前に発行された地元紙の中には、沖縄県外で植物標本の押し花の吸い取り紙として利用されていたものが見つかり、近年我々の目に触れるようになったものもある。

かつて沖縄で発行された戦前の新聞は、幾多の人々の手により過去からふたたび送られてきた〝便り〟のようだった。

ずしりと簪五二キロ

それにしても本当に六六七〇本もの簪が、国に献納されたのだろうか。「はい、そうですか」とは、信じられなかった。

献納されたという六六七〇本のうち、六六二八本が、昭和十三年の新聞に掲載された簪だった。昭和十三年は、国家総動員法制定の年。翌年には第二次世界大戦が始まる。いったいこのとき、沖縄の人々の心の内にはどのような風が吹き、どのようなさざ波がたっていたのだろう。

簪の献納を報じる記事をひとつ、読んでみる。

昭和十三年四月七日（木）㈢『琉球新報』

銃後に奮い起つ女性！「かんざし」献納で服装改善へ

佐敷と読谷山の婦人会

銃後に奮い立つ婦人の簪献納と服装改善運動

×

佐敷村婦人会ならびに女子青年団では、去月十三日総会における決議により琉装用の婦人簪を全廃して、これを献納し、長期抗戦に備えて銃後の強化に邁進することになり、簪を各字で集めていたところ去月三十一日までに総計一千三百九十六本集まったので、これを村役場へ献納方手続きをとった。なお同時に服装改善として暫時和装へ改めることになった。

×

読谷山村字伊良皆及字喜納婦人会でも自発的に琉装改善に乗り出し琉装簪を廃し、和装へ暫時改正すべく当分は着衣の上に黒の割烹服を着け、頭髪は和風にし、他郡へ外出の時も絶対に簪を使用しないことを申し合わせ実行している。

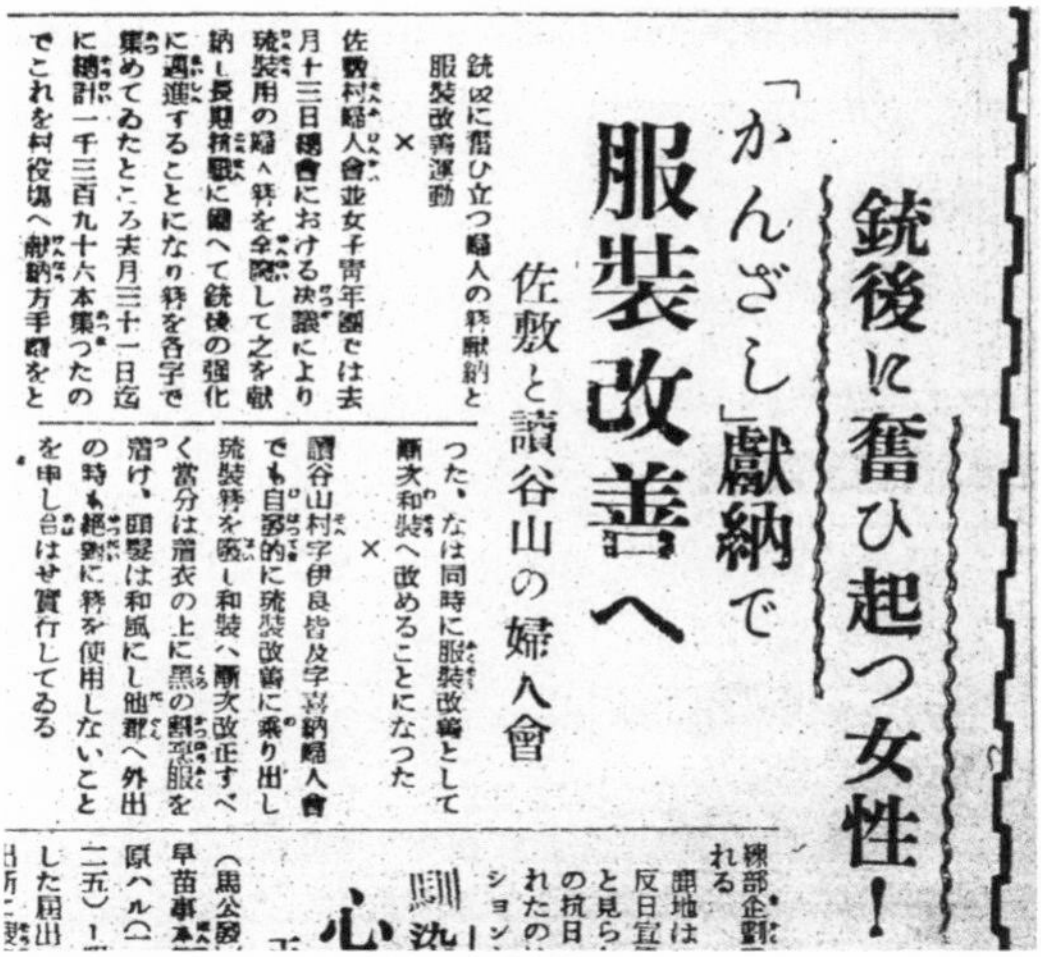
銃後に奮ひ起つ女性！
「かんざし」献納で
服装改善へ
佐敷と讀谷山の婦人會

銃後に奮ひ立つ婦人の簪献納と服装改善運動

×

佐敷村婦人會並女子青年團では去月十三日總會における決議により琉裝用の婦人簪を全廢して之を献納し長期抗戰に備へて銃後の強化に邁進することになり簪を各字で集めてゐたところ去月三十一日迄に總計一千三百九十六本集つたのでこれを村役場へ献納方手續をとつた、なほ同時に服裝改善として斷次和裝へ改めることになつた

×

讀谷山村字伊良皆及字喜納婦人會でも自發的に琉裝改善に乘り出し琉裝簪を廢し和裝へ斷次改正すべく當分は着衣の上に黒の割烹服を着け、頭髪は和風にし他郡へ外出の時も絶對に簪を使用しないことを申し合せ實行してゐる

昭和13年4月7日（木）琉球新報

そして同月二十四日の『琉球新報』には、国防婦人会南風原《はえばる》村分会が簪一六一二本を献金と載り、同年六月の『沖縄日報』には「和装奨励」という言葉と共に、二六四八本の簪の献納を報じる記事が載った。

ちなみにこれらが沖縄ならではのジーファーであったかどうかだが、先の抜粋記事には「琉装用の婦人簪」「琉装簪」とあるから、差し出されたのはジーファーやカミサシ等であろう。また後者の『沖縄日報』の記事には「和装奨励への第一歩として」とあり、地域に注目すれば「国頭郡《くにがみぐん》金武《きん》国防婦人会」「中頭郡《なかがみぐん》」「国防婦人会南風原村分会」と、県外出身者が多い那覇以外の団体であることから、記事の簪は、やはり沖縄ならではのものであったと読みとって差し支えはないだろう。

同様の記事を、もうひとつ。

昭和十三年五月十七日（火）（三）『琉球新報』

愛国献金品

長期戦に備えた銃後県民の支援は、各方面に顕著なものがあるが、相変わらず司令部へは献金品がもたらされている。

……石川小学校児童一八五名はこぞって学道修理をなしえた金を献金。……マーケット内店員十七名は我慢会を組織。毎月欠かさず献金し、肌身も離さぬ「簪」の献納もボンボンと増えて行く。（中略）

▲銀簪一本（辻町富●屋●●●●）

▲簪九七一本（浦添村国防婦人会員）

そしてここまでの四記事で、献納簪は六六二八本となった。

本数ではなく、総重量と古金商《ふるがねしょう》での公入札価格から、簪の献納を報じる記事も、新聞に載る。

昭和十三年五月十三日（金）（三）『琉球新報』

服装改善へ　北谷村《ちゃたん》久得《くどく》で婦人会動く

一本の簪　一片の錫《すず》　積もって二百余円

婦人方が永い間寸時も肌身を離さなかった簪が惜しげもなくポンポンと抜きとられ、いわゆる「愛国簪」となって司令部へ献納されたのは事変この方素晴らしい勢いであり、一方小学校の児童《こども》らは、お父さんやお兄さん方の吸いたての両切煙草から我先にと銀紙を抜きとっては「愛国錫」の献納を為してきたもんだが、司令部恤兵《じゅっぺい》係ではこれを恤兵金に換え、出征将兵の許へ送ろうというので、市内古金商の公入札に附したところ、簪八十八斤（百二円〇八銭）、錫紙五百二十二斤（百三十五円七十二銭）計二百三十七円八十銭という大金が転げ込んできたが、司令部では県民個々がそのつどつど持ち寄った一本の簪や一片の銀紙の中にこもる尊い愛国心のこの発露に痛く感激していた。

＊著者注釈　一斤＝一六〇匁＝六〇〇グラム

八八斤、つまり約五二キロのジーファーが、ずしりと献納されたという。

記事は、ジーファー五二キロ分が、一〇二円八銭になったとも伝えている。

当時の金銭感覚を掴みたく、昭和十三年三月二十日（日）の『琉球新報』に掲載された物価表を見ると、内地白米一等一〇〇斤（約四〇合、六〇キロ分）が一五円六〇銭とある。とするとこの献納簪には、内地産の一等白米三九二キロ（二六一合）分の価値がある、ということになる。

同月二十六日の広告欄には、「味自慢のすし留」ではいなり五個一五銭とあり、「旭館」にて上映中の仏映画「にんじん」が大中人二五銭、とある。であるならば五二キロ分のジーファーは、いなり三四〇〇個、映画代でいうならば四〇八人分相当となる。

ちなみに昭和十五年の沖縄の新聞記者の給与は二五円〜五〇円程だったらしい。(7)

一〇二円八銭は、なかなかの金額である。

献納した簪が一〇二円になった、と報じるこの記事は、髪からジーファーを抜いた女たちの背を力強く押し、鼓舞したのだろうか。それとも、肌身離さず身につけていたジーファーを手放し、どこか宙ぶらりんになった心の軸のようなものを、そっと支えたのだろうか。

戦火をくぐり抜けてきた新聞たちは、この時代におびただしい数のジーファーが沖縄の女たちの髪から抜かれ、日本国へ献納され、溶かされ、孫や子、大事なこの土地を守るに違いない武器へと姿を変えたことを、囁《ささや》く。

あの手この手のカットの誘い

とはいえ、絵はがきの中にいたあの威厳ある老婦人や、忙しく働く女たちが、祖母も母も挿し続けてきた、そして自分も身につけ続けているジーファーを、果たして皆が皆、すんなりと髪から抜き、差し出すものだろうか。

そうして新聞をふたたび広げると、なるほど、女たちを誘う囁きが聞こえてきた。

昭和十四年七月十七日（月）（三）『沖縄日報』

簪を廃して　髪は束髪《そくはつ》に

首里の婦人団体決議

首里市の生活改善運動は儀保、赤平両町民会によってそれぞれ実行され、旧習を捨てて新様式へと転換を行っているが、この度山川町では、まず婦人の旧習から改めることになり、毛髪を約二寸位切り簪を廃止することになった。

この●意は、髪が長ければこそ簪も必要で、髪を短くすれば簪も不要となって、束髪●通し簪は献品するという一石二鳥を得る名案である。（後略）

＊著者注釈　一寸は約三・〇三センチ

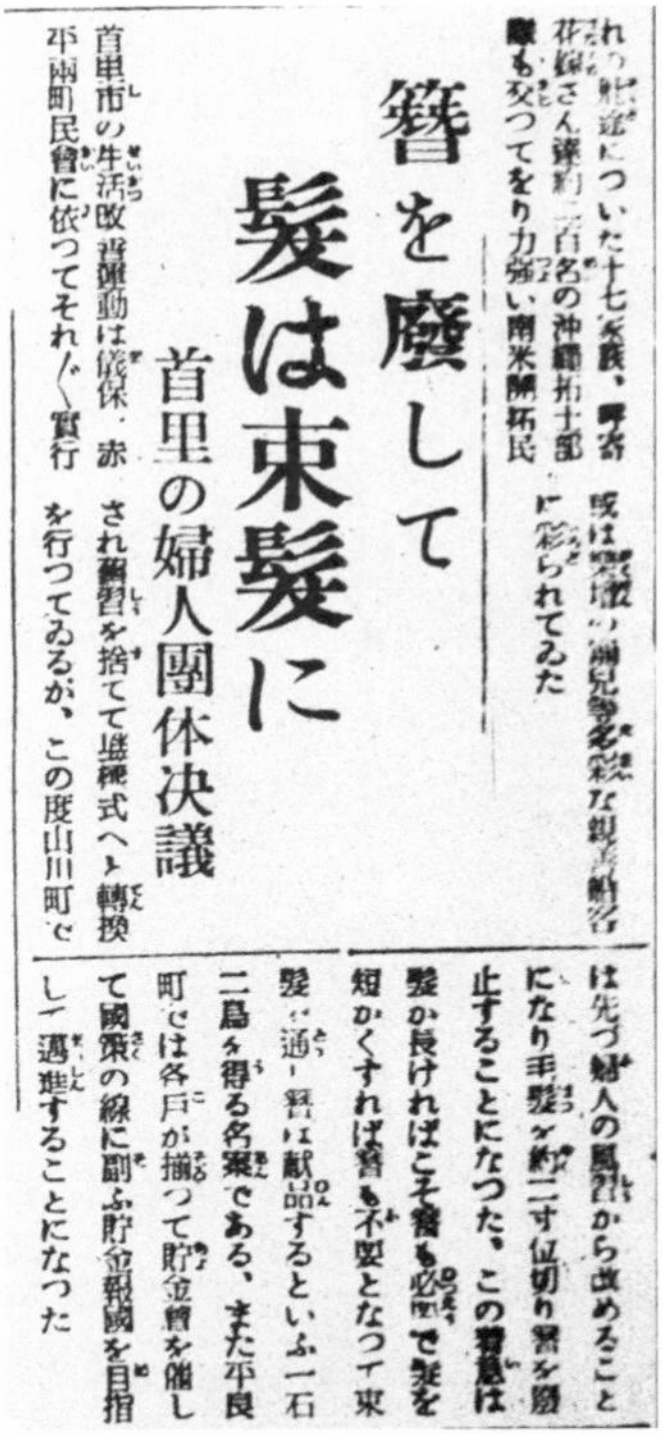
簪を癈して
髪は束髪に
首里の婦人團体決議
首里市の生活改善運動は儀保・赤平兩町民會に依つてそれ〲實行され舊習を捨て新樣式へと轉換を行つてゐるが、この度山川町では先づ婦人の風習から改めることになり毛髪を約二寸位切り簪を廢止することになつた、この簪意は髪か長ければこそ簪も必要で髪を短かくすれば簪も不要となつて束髪を通し簪は献品するといふ一石二鳥を得る名案である、また平良町では各戸が揃つて貯金會を催して國策の線に副ふ貯金報國を目指して邁進することになつた

昭和14年7月17日（月）沖縄日報

長い髪を切れば簪は不要となり、抜いた簪の献納もでき、一石二鳥だと記事は謳う。

なお新聞紙上での散髪の誘いは、すでに前年、別の角度からも始まっていた。いわく、「昔は―女の髪は必ず黒くて多くて長く太く、堅い髪を、

〝みどりの黒髪〟と讃えたものですが、時代とともに美の基準は変わるもの」。続けて「いまどきは、ほどほどに髪を切るのが衛生的でもあり、髪にまわっていた栄養が体にもまわり、利にかなっているのですよ」と。(8)

囁きは、続く。

昭和十三年六月の『沖縄日報』には、女性の髪は湿度計になるから一本も無駄にできません、との訴えが載る。(9)

翌年には、沖縄出身で神戸在住の巡査が、切り落とした髪や獣類の屑毛、屑絹を材料に皮革代用品を作る特許を取ったことを高らかに報じる記事が載った。(10)

そして本当に、髪が献納される。十五年三月の『沖縄日報』には、那覇市の美容室から毛髪六・五キロが献納され係員が感激、との記事が掲載された。(11)

新聞はあの手この手で女たちに、髪を切ろうよと囁いた。

旅の人からの琉装賛美

ところがこうして、何千本ものジーファーの献納や琉装廃止に向けての取り組み、ヘアーカットの誘いを報じる同じ昭和十三年代の同じ新聞紙上に、「琉装や琉髪は素晴らしい！」と誉め讃える、旅の人たちの声が載るから、事態はこじれる。

発言者のひとりが、丸メガネが印象的な画家、藤田嗣治《ふじたつぐはる》氏（一八八六―一九六八）。藤田は、昭和十三年四月末に海路「浮島丸《うきしままる》」で沖縄本島に来て、五月十九日まで滞在。
そして、昭和十三年五月二日、『琉球新報』が、「藤田画伯に物を訊く座談会（2）」という質疑応答記事を掲載した。

藤田畵伯に物を訊く座談會（2）
豚料理と紺絣を禮讃
琉装廢止には反對
素晴しい波上宮の風致

昭和 13 年 5 月 2 日（月）琉球新報

藤田はここで琉装廃止運動に対して、「僕はそれには反対する。あの服装は決して非文明的ではない。もしそれを廃止するというなら、その土地の県民性もなくなると思いますネ。それに世界がみんな同じようになったら面白くもないし、わざわざ遠い所へ行って見る必要もないじゃありませんか」と、述べる。そして座談会参加者からの反論に「しかし、例えばあの滝のような髪を持った沖縄の女がパーマネントでもかけたら、便利は便利でしょうが、おかしい（笑声）」と応じた。[12]

ちなみに藤田は、沖縄を去ったのちも、自分が感じた沖縄の女たちの美しさを公に語る。その言葉は『沖縄日報』でも報じられ、沖縄県民は再び、藤田の琉球賛美に触れることとなった。

昭和十三年六月十六日（木）（三）『沖縄日報』

鳩通信

都新聞六月十三日付朝刊〝お洒落ページ〟に藤田嗣治画伯談話記事〝琉球お洒落〟が載っている。その記事を抜粋してお目にかけよう――

女性の美しい伝統や個性をよく生かしている女は恐らく琉球人《りゅうきゅうじん》ではないかと思います。第一に着ているキモノですが、宮古上布、八重山上布、芭蕉布、大島つむぎといった風の極めて単純なかすり模様、または棒縞なんです。色合は紺●は麻色の短衣で、大抵筒袖になっています。面白いことには決して帯を用いないで、前部には細い紐をちょっとしめていますが、そうした●●的な服装の中に言い知れない優美さをたたえています。

○

洋装の女は全く●受けませんでした。勿論パーマネントもです。琉装は簡単な結髪にして、頭の頂きに銀のカンザシを一本さしてとめています。足袋《たび》をはかずに●足で歩行しているところなど、やはり、南洋タイプではないでしょうか。琉球人は骨相学上フイリピンやマニラやジャバ系統に●しているということは●しい●●でしょう。特にお洒落というような角度から●めますと、多分に南洋的要素が混入しているようです。

○

身体も至極健康そうなあかがね色に輝いていて、鼻の曲線や唇の周囲等も大変水際立って描かれています。（中略）

一日のうちに七枚から八枚もキモノを取り換えるなどは、お洒落的にも大変興味ある現●●しょう、もっともこれは男以上に労働するためにキモノがすぐに汗●汚れる関係からでもありましょうが……

○

容貌が生き生きしているのは性質が非常に明朗なためでしょうが、明朗だからといって肌を見せるようなことは決してしない。短い薄いキモノを着ている女性にしては珍しい性癖だと思います。

昭和十三年の、藤田のこの沖縄滞在での取材をもとに描かれた『客人（糸満）』という油彩画を「沖縄県立博物館・美術館」で観る機会があった。遠景には、赤瓦屋根の家々と一筋の海、室内にはふたりの女が描かれていた。ひとりは背筋を伸ばして座す、藍の絣姿の女。開かれた胸元からはしっとりとした褐色の肌。手にするクバ扇《おうぎ》で、胸元に押し当てた赤子へと風を送っている。対する女は、パリッと糊が効いた明るいベージュの芭蕉布姿。帯を締めない琉装の背に、島の風を感じる。ふたりとも高く髪を結い、きりりとジーファーで挿し留めている。

東京などで暮らす人々の目に、この絵はさぞかし南国的に映ったであろう。

なお先の新聞には藤田に同行した洋画家、竹谷富士雄《たけやふじお》氏の、「日本にこういう良い所があるかと不思議な感じがします。女の髪の格好など周囲の自然と調和がとれて素晴らしいですね」という言葉も載った。(13)

昭和十四年には、宮崎県へ栄転する検事正の、「例えば和装転向などに対しても、暑い沖縄では巾《はば》の広い帯などをしめているより、従来の小ざっぱりした服装の方●働きやすくあるし御本人も楽ではないか」という意見が掲載された(14)。

洋画家と名乗る、次の人物の書きぶりも、沖縄の女たちの装いを、随分と見つめた上でのものに違いない。

昭和十五年一月二十二日（月）（三）『沖縄日報』

鳥海青●

『沖』『縄』『行』（下）

（前略）婦人の結髪も異風だ。髪形は独特なも●で、簪を縦にまげの上からさし込んでいる。服装は、夏衣は糊の強いピン●張っ●芭蕉布で、広袖のゆったりしたもの。帯は前結びで●大体外出●か仕事以外の●は帯はしめない。着物の前を、ズロース様の下衣にちょっとはさんで止めておく。年寄りには手の甲に、丸や三角を組み合わせた美しい入れ墨をして、よく左前に着物を着つけているのを見受けられるが、若い婦人には見られない。

古い紅型《びんがた》、藍型《えーがた》、花織《はなおり》等の琉球布はあまりに有名だ。古裂を探し集めるのも沖縄旅●の一つの魅力だろう。これらの美しい布を身につけ●いた昔は、想像するだに素晴らしい限りだ。

―筆者洋画家―

要するにいわゆるよそ者たちの目には、沖縄の女たちの装いとその姿はとても眩しく映ったのだろう。そしてこうして強い感銘を受けた旅人たちが沖縄の女たちを表現しようとしたときに立ち上がる情景は、南の島に吹く風と陽光をも連想させる輝きに満ちたものとなる。

私も、生まれも育ちも沖縄県外のよそ者だから、そうして沖縄に魅せられたひとりだから、彼らの感動にウソがないことはよく分かる。

論争勃発

けれど一連の記事を読み、心に引っかかったのは、同じ沖縄の新聞社が、琉装改善や簪献納を誇《ほこ》らかに報じる一方で、同じ紙上に、よそ者たちからあがったこの琉装賛美の声をも活字にして載せた、ということ。

これでは、論争が巻き起こるは必須。

長い髪を切ったのに、肌身離さず挿していたジーファーを髪から抜いて、お国のためにと差し出したのに、琉装をやめたのに、時を同じくして、しかも、自分たちの簪献納を掲載した同じ新聞紙上で、よそ者たちが「琉装はスバラシイ！」と礼賛《らいさん》するという事態は、果敢に変化に挑んだ沖縄の女たちにとって、胸の奥をえぐられるような出来事だったろう。

紙上には早速、憤怒に満ちた投稿が掲載される。


昭和十三年五月二十九日（日）（四）『琉球新報』

青評☆白評

和装奨励

二十五日の本欄において琉装礼賛の記載されてあったが、私はまたその意見に大反対である。（中略）昔の様に、琉球は琉球で孤立して他と接触しない時代ならいざ知らず、他府県や外国へどしどし出もし、また来もする今日、あの体裁な琉装で御目見えせよというのかね。少し常識のある人なら説明するまでもない事を、いまさらウシンチー礼賛だなんて正気の沙汰ではない。

琉装を骨董品として美術的方面から見るのはまた別事である。琉装の廃止もしくは改良論者の言うのは、決して心配している様に、見栄を張らせるためではない。本県人の生活様式を他府県人のレベルにまで引き揚げんがためである。和装して汽車に乗る女を見て呆然《ぼうぜん》とする君は、洋服を着た男を見ると定めし気絶するであろう。それまでに琉装に執着するくらいならチョン髷を結うて、電線の下を扇子《せんす》をかざして踊るがよい。安価な郷土愛に随喜の涙をこぼす時機ではない。よろしく偏狭な旧習を脱して世界人として生くべきである。心ある人々よ、大いに和装すべしだ。本県に独特な姓名の●方も早く改めるべきである。（北山時雨）

かなり、怒っている。

だが、一方で、迷いの声も載る。

昭和十五年一月の『沖縄日報』には、戸惑いがにじむ女性教諭たちの座談会の記事が掲載された。途方に暮れる女教諭がいま起きている意見の食い違いについて問うと、沖縄県の社会教育主事たる人物が、「これには私たちが一番困るのです。（中略）県庁ではどっちにしたらいいのか分らなくなってしまいます。ただ服装改ざん問題ではなく、広範囲にいきたいと思うのです。ただそれが単なる模倣ではなく、その土地の事情にかなった、しかも一般の人々が素直に受け容れるようなものが考案されなければならない。（後略）」、と答えている。[15] 要するに、教師や県の職員も迷っていたというのだ。

一方、琉装礼賛の声に触れ、怒りに震える沖縄女性からのピシャリとした反論文も掲載された。長いけれど、全文引用して紹介したい。

昭和十五年一月十三日（土）（四）『沖縄日報』

お偉い方々へ　大宜味梅子

近年他県よりお偉い方々がお越しなされて種々の方面を啓●して下さることはありがたいことでございます。そしてラヂオや雑誌●御発表くださることもほんとに結構なことでございます。しかし、私たちは貴方たちの褒めて下さるお言葉に対し、心から御礼●申し上げることのできないのは、ほんとに残念なことでございます。

貴●たちは『少し遠いけれども沖縄は面白そうだ、辻《つじ》といううちょっと変わった遊郭があるそうだ、行ってみようか』位のところでおいでになることだと思います。そして本県に対して軽いお気持ちでほんとに軽いお気持ちでお話なり、御感想なりをおもらしなさいます。しかしそれが本県にとっては実に重大なることがあるのでございます。近年そんな例は十指を屈しても余りある程でございます。確かに本県は他県より立ち遅れました。文化の程度も低いところがあると思います。

しかし今の沖縄は躍進日本と歩みをともにしようと一生懸命にやっているのでございます。それを貴方たちは思い違いの変な優越感を持って批評なさいます。そして一生懸命にやっている沖縄の前進を阻《はば》むようなことさえおっしゃいます。私たちは甚だ残念だと思っています。貴方たちはほんとに軽いお気持ちでしょう。おそらく幼子の赤い着物をこの世の最上の物だ、ほんとにいいおべべと、あやすようなものかもしれません。しかしそうあやされて嬉し涙むせぶ者どもがいるのでございます。ほんとに幼い心の持ち主の多い沖縄でございます。またそれほど他県と伍していこう、中央の文化のレベルに登ろうと焦っているのでございます。沖縄はほんとによいところでございます。私たちの故郷ですもの。しかし貴方たちに、そんな良い所でしたら沖縄に永住なされたらと申し上げると、「子供は全く困るよ、手がつけられないよ」とお逃げになると思います。全くの話が、沖縄●いうところは、何一つ他県に優っているところがないのでございます。

たとえば貴方たちがいいおべべと褒めてくださる、私たち女の服装でございます。それで私たちを、日本の女はこんなものだと、米国の博覧会へお出しになる勇気がおありでございましょうか。古い発音法の多い沖縄の方言に慣れた私たちは、ほんと●標準語は下手でございます。まったくお恥ずかしい話でございます。しかしそれさえ貴方たちは褒めてくださいました。私たちには「思ったより上手じゃないか」と言われ●程度にしか感じません。将来の標準語を決める参考になるとおっしゃった方●おありでございましたが、それはあまりに沖縄●残酷●お言葉でございます。その●の太さには敬服いたしますが、その怠さ加減には愛想を尽かしました。私たちは貴方方より沖縄の惨めさをよく存じています。それでこそ一生懸命になっているのでございます。

幼子の着物を褒めていただくのも結構なことでございますが、早く独り歩きのできる様に手を取っていただくとか叱っていただくのが、私たちにはほんとにありがたいのでございます。おしゃべり女の愚痴でほんとに申し訳ないと思います。

変わることを選んだこの方が、強い覚悟と共に、選んだ道を歩んでいることがひしひしと伝わる。己の発言に責任を負うていることも、匿名ではなく、これが記名記事であることから伝わる。もうひとつ、幾分、異なる切り口の記事も、紹介したい。

昭和十五年五月四日（土）（二）『沖縄日報』

新世譜

（一部抜粋）

○……しかし支那は四千年の長き歴史と欧米に先覚せる文化を持ち、天災と搾取になお根強く生存し、●々●々として大地に共に生きる支那人を見て、その靭強とその忍苦とその素朴とに美点を認めなければならぬと言う。

○……支那には支那の伝統があり、支那人には支那人特有の習俗がある。これを尊重しこれを理解してその面子をたっとぶことは絶対不可欠の要件であるから、日本人は真の日本人たると共に、支那人が真の支那人たることを尊重せねばならぬ。友好と寛容と同情とが必要であると説いて十万の英霊を慰める途は、日支永久の結合を実現させることに全力を●すことが、生き残った将兵一同の義務であり、最善の供養に他ならぬと●言するところ。また●●に與える一大●●でなくて何であろう。

『沖縄日報』は、なぜこの記事をこの時期に掲載したのか。
『沖縄朝日新聞』の記者で、三紙統合後の『沖縄新報』で最後まで発刊に携わった高嶺朝光《たかみねちょうこう》氏は、著書『新聞五十年』において、胸の内をこう記す。

（前略）満州事変を境に、新聞は政府の言論統制の前に手も足も出なくなって敗退を余儀なくされたのである。
いま一つ、新聞製作上で面倒なことがあった。新聞紙法によって、刷り上がったばかりの新聞を毎日二部ずつ警察部へ提出させられた。（中略）官憲は新聞をチェックして、気に入らぬ記事があれば新聞社へ文句をいい、時には新聞の刷り終わる前に、記事の削除を命じるわけだ。もちろん、その前に重要な記事については、「差し止め」もくる。（中略）いつまでも真実を隠しおおせるものではないから、そのうち「差し止め解禁」になるが、ならないこともある。解禁になる記事は、さしさわりのないようにしないといけない。万事その調子だった。（八〇、八一頁より抜粋）
また満州事変を境に言論弾圧が強化され「物いえば……」的雰囲気がペンの重さを一そう重く感じさせたということもある。昭和十五年の三紙統合後に私たちは社説欄を復活させたが、その時にはもう、書きたいことも書けない状況に追い込まれていた。（一七六頁より抜粋）

「書きたいことも書けない」は、「書きたいことがある」ということ。だから、淡白な新聞記事の微妙な言いまわしに、担当取材記者や、その記事の掲載を許可した責任者たちの思いを探さずにはいられない。

戦時下のお洒落

ではこの息詰まる時局のなかで、女たちはお洒落と縁を切ったのかといえば、そうではない。たとえば「電髪《でんぱつ》」、つまりパーマネントをあてる婦人もいた。とはいえ、まもなく「電髪」は批判の的となり、新聞には「電髪」の代替案として、「淑髪《しゅくはつ》」なるスタイリングが写真付きで紙上に登場。(16)女たちの髪型への探求は綿々と続き、昭和十五年八月末には、「国策型美髪研究」のため上京していた女性美容師が近く沖縄に戻り開院する、との記事も載る。(17)

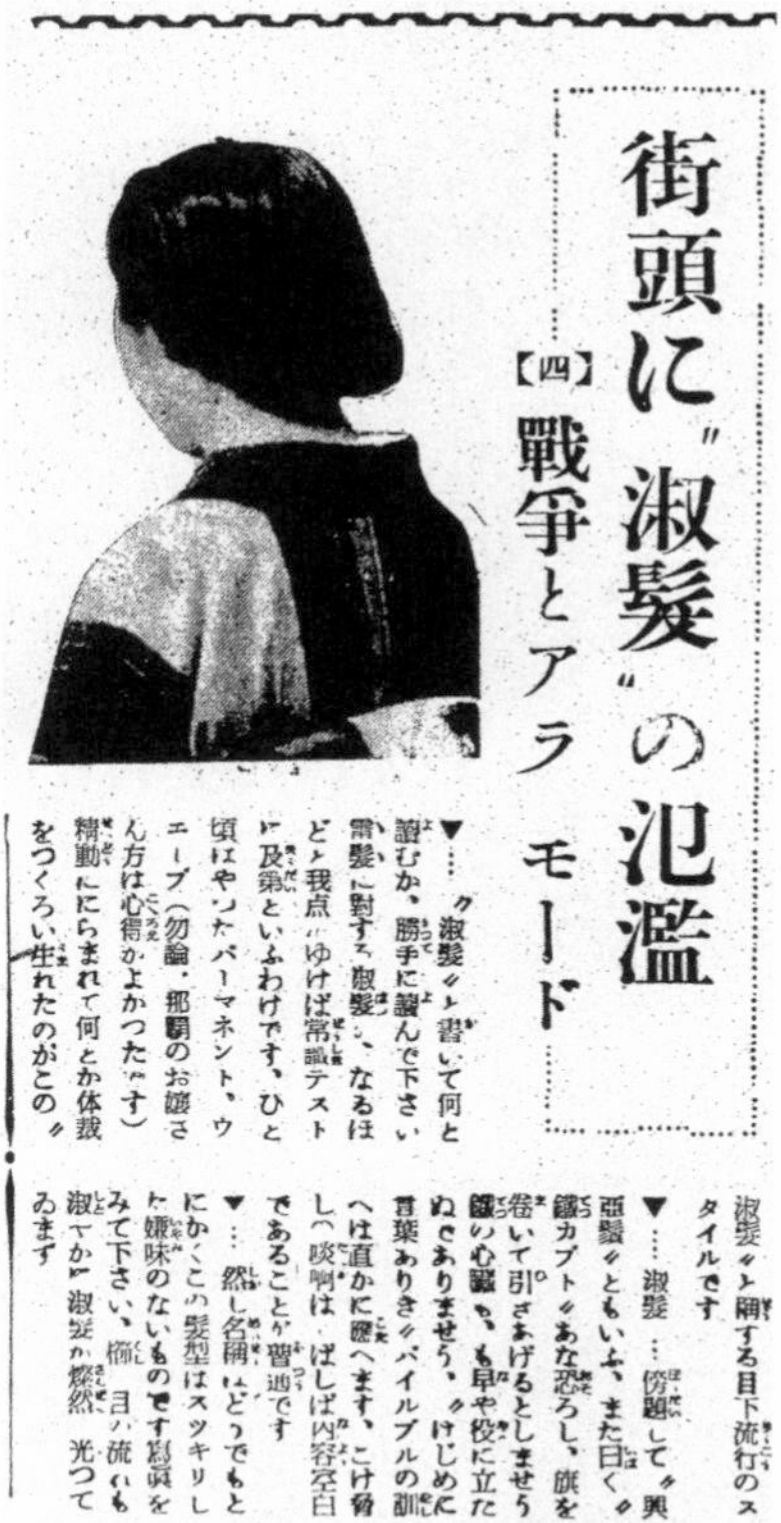

街頭に"淑髪"の氾濫

【四】戰爭とアラモード

▼…"淑髪"と書いて何と讀むか、勝手に讀んで下さい電髪に對する淑髪、なるほどゝ我点をゆけば常識テストに及第といふわけです、ひと頃はやつたパーマネント・ウエーブ（勿論、那覇のお孃さん方は心得がよかつたです）精動ににらまれて何とか体裁をつくろい生れたのがこの"淑髪"と稱する目下流行のスタイルです

▼…淑髪…傍題して"興亜髪"ともいふ、また曰く"鐵カブト"あな恐ろし、旗を巻いて引さげるとしませう鐵の心臓や、も早や役に立たぬでありませう、"けじめに言葉ありき"バイブルの翻譯へは直かに應へます、これ發しへ咳嗽は、ばしば内容空白であることが普通です

▼…然し名稱はどうでもとにかくこの髪型はスッキリした嫌味のないものです寫眞をみて下さい、櫛目の流れも淑やかに淑髪が燦然と光つてゐます

昭和14年12月15日（金）沖縄日報

一方で翌月には沖縄県庁の女子職員が、華

街の電髪娘に唖然

歸還兵が取締り要望

この電髪排撃に對しては縣保安課でも業者を呼び出し自肅勧告をすることになつてゐるが他府縣では既に若い女達がすゝんで電髪を廃めてゐるに拘はらず本縣の若い女性には見受られるので歸還兵十名は縣警保安課長宛私信を送り電髪取締りを要望してゐるが、文をとりあげて見よう

電髪を廢止

髪結さんが申合はす

宮崎 雨に黒い菓子

昭和15年9月20日（金）沖縄日報

美な服装と指輪、それからパーマネントをやめる決議をおこなったことが、報じられる。[18]裏を返せば県庁にも、指輪を楽しんだり、パーマをあてた女性がいた、ということだろう。

数日後の、昭和十五年九月の『沖縄日報』には、戦地から帰ってきた兵士たちが那覇の町を歩く電髪姿の娘さんたちに唖然とし、電髪排撃を求める記事が載る。[19]そして、この記事の左隣には、「電髪を廃止　髪結いさんが申し合わす」との見出しの記事が並んだ。[20]

さて、「淑髪」なる言葉が

紙面に載った同じ頃、娘さんたちの頭上には、蝶結びのリボンが流行。[21] 記事を鵜呑みにすれば、藤色のリボンが好まれ、縞より無地、幅は二センチくらいまでの細いものが流行ったようだ。そして少女たちの頭上で、リボンはぐんぐんと大きくなったとか。[22]

ちなみにパーマネントを断念し、リボンに走った乙女たちは、次にはロケットペンダントにも夢中になったようで……。

昭和十五年八月二十二日（木）（三）『沖縄日報』

乙女時代の夢
流行に現れた
不思議な胸の奥の奥

昨年の暮、電髪はいかんというお布令が出たらトタンにリボンがハヤリ、この春は蝶々の氾濫でした。ところがこんどは指輪禁止とあってサテ？と思っている矢先に「ロケット」の大流行！　女の子たちは何か一つ失ふと必ず代わりのものを得ないと気が済まぬらしいです。（中略）

一つ●円五十銭から四五円くらい、それほど高価なものでもありませんが、何しろこうした時局ですから、非実用的なものは早くシャット・アウトしたいものです。

女たちはいつだって、お洒落心を、手放さなかった。

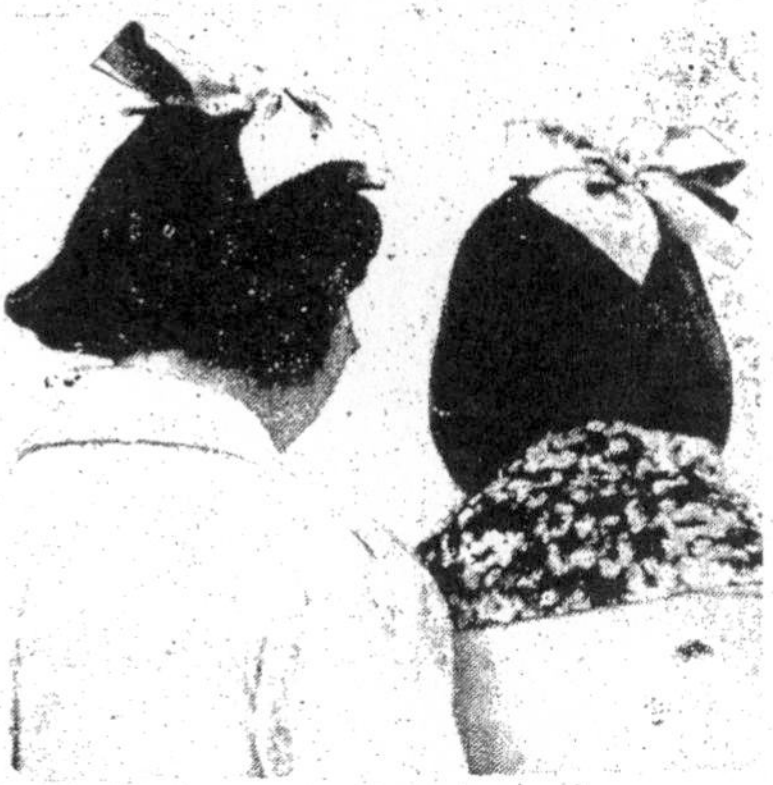

リボンをむすぶ女

【一】戰爭とアラ・モード

▼……"見《み》たまへ君、あの娘の子のテッペン"蝶々さんがとまつてゐるよ"風を切つて濶歩《かつぽ》する二人の娘 師走《しはす》街頭"颯爽《さつそう》た 風景です 蝶々さん"は又、何とうまく言ひあてたものだ、そよ〳〵に風吹けば蝶々さんはひらひらと、あれはたしかにいき物にちがいない
▼…… "戰爭《せんそう》と娘、リボン"

なんとヘーゲルの辯證法をちよつと失敬《しつけい》してひとかどの心理學者を氣取《きど》りませうか、よせよせ 眞理の傍道《ぼうどう》を走つエピゴーネンは常《つね》にデマゴーグの代辯に努《つと》めるに過ぎない、"肩"凝こうるさい話は。それらの趣味《しゆみ》の人に任してリボンは只だのリボンについて語りませう
▼……赤《あか》や青、紫、色《いろ》とりどりのリボン、リボンは美《うつく》しい

デコレートのきつ過ぎた帽子に較べてリボンは清楚であり手際のよい生花のやうに氣持がよい流行のはじめ頃《ころ》は小幅物がはやつたがこの頃市内のデパートで賣《う》り出してゐるのをみると一寸インチに近い大幅物もある
▼…明治、大正の頃《ころ》流行したリボンが昭和に返り咲くなんて考《かんが》へないでもよいことだが少々氣《き》にかゝる

昭和14年12月12日（火）沖縄日報

いくつもの本音

ゆっくりと記事を読むうちに、琉装廃止という声に重なる、不協和音が漏れ聞こえてくる記事に気付く。

昭和十三年五月二十七日（金）（三）『琉球新報』

銃後はたのもし　胸を打つ美談佳話

（前略）

△老女たちの簪献納

北谷字久得国防婦人会では、六十歳以上の婦人の簪を取りまとめて国防献金方を依頼したが、服装も、琉装から漸次和装へ改善することになった。

この記事は、六十歳以上の女性に焦点を当て運動する必要があった、と読むこともできるのではないか。娘時代から今日まで挿し続けたジーファーを抜き、髷をほどき、和装となることへの婦人たちの抵抗がこの記事から匂うと感じるのは、勘ぐり過ぎだろうか。いまに続く沖縄の女たちの毅然たる気質から推すに、当時の老女たちの気迫はきっと、若輩者たちを圧する強さをはらんでいたと思うのだが。

累々と六〇〇〇本以上のジーファーが献納された昭和十三年から時計の針をぐるりぐるりと回し、昭和十五年に掲載された、長寿者を祝う宴が開かれたことを報じる記事を読もう。

昭和十五年二月二十日（火）（三）『沖縄日報』

満堂に断わって　祝辞は方言で

上泉町の長寿者賀宴

那覇市上泉町●の長寿者合同大祝賀●は、生活改善運動に新例をつくって、昨日午後三時半から旭町昭和会館で開催●。町内の長●たちが●●その範を●し盛装の長寿者を取り巻いて、その家族が琉装和

満堂に断はって祝辭は方言で
上泉町の長壽者賀宴

辰年の生年祝ひ
きのふ祝賀色

昭和15年2月20日（火）沖縄日報

装とりどりで●場へ詰めかけ、主賓の男女長寿者を正座に●定刻には早くも満場を●する盛況だ。●一同記念撮影を終わって着席。まず宮城を遥拝し、感謝の黙●を捧げ、国唄を斉唱してから、●間副会長から、元来なら標準語で式辞を述べるところを、長寿者の方々が多いからと断って、方言で長期建設下の消費節約と生活改善運動の趣旨を説き、記念品を贈呈して、市●代理那覇兼島助役の祝辞、仲吉朝睦氏長寿者を代表して答辞を述べ、万歳を三唱して、和やかな光景のうちに宴に移り、甲辰校生徒の遊戯とダンス、屋我舞踊研究所の舞踊と演劇に長寿者連いずれも満悦の●持ちで、祝賀気分あふれるうちに、このめでたい会合の幕を閉じた。（写真はきのう長寿者合同祝賀会の記念撮影）

「長寿者と家族の服装が琉装和装とりどり」とある。しかも長寿者の方々が多いからと、祝辞は沖縄の言葉で述べられている。琉装や沖縄の言葉を、人々は、すっかり手放していなかった。けれども、この記事への反動だろうか。七日後、男女の長寿者が皆揃って和服姿であったことを県下初として讃える記事が掲載される。(23)

当時の新聞は、沖縄の人々の、簪や琉装を手放すことへの思いが一枚岩ではなかったことを、囁く。そして「琉装改善」というムーブメントには、もうひとつ別の側面があった。堀場清子《ほりばせいこ》氏はその著『イナグヤ　ナナバチー沖縄女性史を探る―』（ドメス出版、一九九〇年）の中に、こう記している。

戦前の農村の貧しさは、現在からは想像もつかない。村政革新運動にも、蘇鉄地獄が背景となっていた。喜如嘉《きじょか》に育った少女たちは、喜如嘉尋常小学校を出ると、ごく少数が上級校に、多数がヤマトへ渡って紡績工場に入った。ヤマトで働いた娘たちは、憧れのヤマト・スガイ（和装）の着物を作る。それが喜如嘉では着られなかったというのである。着る時は、長袖を切り、広袖のウチナー・スガイ（琉装）に縫いかえて着た。（中略）

「（前略）階級的にね、小学校、高等科なんか卒業したら、和装できなかったですよ。女学校とか、上の学校へ行って、看護婦でも、助産婦にでもなったら、できたけど、どんな金持でも教育受けなかったらですね、和装はできなかった。（後略）」

和装と琉装の間に、それほど厳しい階層分化があったという事実に、はじめて実感をもちえて、私は目を見ひらくように新鮮な想いを味わった。また娘たちのこの行為は、共同体がもつ個人への拘束力の

沖縄日報

男女の長壽者達が 和服姿で記念撮影

名護の時局型生年祝ひ

國頭婦人會總會 あす昭和會館で

高い線の〝鷲の

昭和 14 年 12 月 12 日（火）沖縄日報

ありようを、私たちに教えてもくれる。さらには、和装を〝上〟とし、琉装を〝下〟とする価値観が、一九三〇年前後のこのころ、それほど強固に、山原《やんばる》のシマジマにも浸透普及していた事実を、鮮明にする。

（一五一、一五二頁）

琉装改善運動の背景には、沖縄の女たちを取りまく、学歴による服装の区別という、壁があったというのだ。

さらに堀場氏は、宮城栄昌《みやざきえいしょう》氏が著す『沖縄女性史』（沖縄タイムス社、一九六七年）の「県政時代の沖縄女性」の章に、また別の見方が示されていることを指摘する。

「女子中等学校を出て、教員や官公吏の妻となったいわゆる『奥さん』は、和装が本体であった。ピンでとめた束髪、長袖の着物にお太鼓の広巾帯、白足袋に下駄、白地の洋日傘の服装で白粉で化粧した婦人たちの姿が、明治末年から多くなっていった。（略）日本産生地が増加していたが、それは大きな呉服屋を営む本土商人の広告宣伝の力によるもので、内地人商人は儲けるために、沖縄人の服装改善に寄与した」（一五四頁）

琉装をやめ、ジーファーを髪から抜く。視覚に分かりやすいこの出来事もひと皮めくると、そこには表に出ない女たちの切なる願いや、新聞人の複雑な思い、県外からやって来た商売人の思惑までもが錯綜していた。

いまの時代に清らかなジーファーを手にすると、こんなにも美しい簪が、なぜこうもさっぱりと日常から姿を消したのかと、不思議に思う。けれども文字として残された人々の思いに触れ、沖縄を生き抜いた彼女たちの願いに寄り添うとき、ジーファーを髪から抜いた生き様に頭が下がる思いがする。自分が献納する一本が、子や孫、この土地を守る武器になるならばと、ジーファーを差し出した女たち。

文化の狭間で苦しみ、他者がつけいる隙を与えまいと、まずは装いからと琉装を手放した女たち。郷里における息苦しい身分の壁を取り払い、羽ばたこうと簪を抜いた女。

変わることを選んだ女たちは、強烈な勇気と意思を杖に、必死で取り組んだことだろう。板ばさみになり、迷う女もいたかもしれない。

変わらぬことを選んだ女たちもまた、抗いがたい潮流のなかで、踏ん張ったことだろう。

どの道を選んだにせよ、それぞれの思いはそれぞれに毅然としていて、眩しい。

注

（1）堀場清子『イナグヤ　ナナバチ―沖縄女性史を探る』ドメス出版、一九九〇年、「第二章　さやうなら琉装・琉髪、３かんざし報国」、一六五～一八三頁。

（2）新聞統合に関する参考資料は、以下。
高嶺朝光『新聞五十年』沖縄タイムス社、昭和四十八年、二二五～二二八頁。

琉球新報百年史刊行委員会編集『琉球新報百年史』琉球新報社、平成五年、一三九～一四一頁。

里見悠『戦時期におけるメディアと国家　新聞統合の実証的研究』http://repository.dl.itc.u-tokyo.ac.jp/dspace/bitstream/2261/38145/1/46-067satomi.pdf、一四三頁。

高嶺朝光『新聞五十年』沖縄タイムス社、昭和四十八年、二二六頁より、以下抜粋する。


長い歳月をかけ、情熱をそそいで築き上げた新聞への愛着は、簡単には断ち切れなかった。そうかといって、反対はできなかった。あらゆる物資が政府に統制され、新聞社は用紙供給の弱みを政府に押さえられていた。反対して用紙を断たれるか、統合に服して発刊をつづけるかの二者択一をせまられ、結局は時勢の波に押し流されたのである。

（3）『沖縄新報』昭和十五年十二月十九日掲載広告より。

（4）沖縄歴史教育研究会　新城俊昭『教養講座　琉球・沖縄史（改訂版）』二〇一九年、三〇三頁より引用。

（5）壕からの新聞配達に関する引用資料は、以下。
琉球新報百年史委員会『琉球新報百年史』琉球新報社、平成五年、一四二頁。

高嶺朝光『新聞五十年』沖縄タイムス社、昭和四十八年、三〇三、三〇四頁。

（6）参考資料は、以下。
沖縄歴史教育研究会　新城俊昭『教養講座　琉球・沖縄史（改訂版）』二〇一九年、二九〇～三二四頁。

琉球新報百年史刊行委員会編集『琉球新報百年史』琉球新報社、平成五年、二五頁上段。

高嶺朝光『新聞五十年』沖縄タイムス社、昭和四十八年、二九七～三四四頁。
（7）高嶺朝光『新聞五十年』沖縄タイムス社、昭和四十八年、二三八頁、二四五頁。
（8）『沖縄日報』昭和十三年三月十三日（日）（三）、「女性サロン」。
（9）『沖縄日報』昭和十三年六月十二日（日）（三）、「魅力の分析（5）女性のアンテナ　湿度計などの材料」。
（10）『沖縄日報』昭和十四年五月八日（月）（三）、「散髪で皮革代用品　發明警官に凱歌　本県出身の富山巡査」。
（11）『沖縄日報』昭和十五年三月十一日（月）（三）、「奉公ヒマに　毛髪献納」。
（12）『琉球新報』昭和十三年五月二日（月）（三）「藤田畫伯に物を訊く座談会（2）豚料理と紺絣を礼賛　琉装廃止には反対　素晴しい波上宮の風致」。
（13）『琉球新報』昭和十三年五月四日（水）（三）「藤田畫伯に物を訊く座談会」。
（14）『沖縄日報』昭和十四年十一月十三日（月）（二）「サロンの灰皿」より抜粋。
（15）『沖縄日報』昭和十五年一月七日（日）（三）、「若さと教養を語る【四】新女性座談会　生活改善と民芸運動との食い違いは」。
（16）『沖縄日報』昭和十四年十二月十五日（金）（三）「街頭に〝淑髪〟の氾濫【四】戦争とアラ　モード」。
（17）『琉球新報』昭和十五年八月二十九日（木）（三）「うるま美粧院国策型美髪　近日中に開院」。
（18）『琉球新報』昭和十五年九月十五日（日）（三）「パーマネントや華美な服装排撃　県庁女子青年団が決議」。
（19）『沖縄日報』昭和十五年九月二十日（金）（三）「町の電髪娘に唖然　帰還兵が取締り要望」。
（20）『沖縄日報』昭和十五年九月二十日（金）（三）「電髪を廃止　髪結いさんが申し合はす」。
（21）『沖縄日報』昭和十四年十一月二十五日（土）（三）「ＪＯＡＰ」。

(22)『沖縄日報』昭和十四年十二月十二日（火）（三）「リボンをむすぶ女【二】戦争とアラ・モード」。

(23)『沖縄日報』、昭和十五年二月二十七（火）（三）より抜粋。

「男女の長寿者達が　和服姿で記念撮影　名護の時局型生年祝ひ」

（前略）本県婦女子の和服改善が叫ばれている折柄女子は質素な和装をなし●男子は●服を整へて記念撮影をなし永久にこの●●の姿を保存することとな●た●●●●の男女が揃って服装改●●●行したのは県下で最初のこと●●ある（後略）

Ⅱ　銀を打つことを禁止された時代を生きたクガニゼーク、又吉誠睦氏

＊本節は、琉球大学附属図書館のマイクロフィルムと、沖縄県立図書館の郷土資料室で閲覧した新聞記事を軸とする。抜粋紹介した新聞記事中の判読不明の文字は●印で表記。また新聞記事は読みやすさを優先させ、旧字体は新字体に、旧かなづかいは現代読みに変え、傍点「、」ははずし、句読点を追加。行間を設け、段落替えも行い、氏名は■に置き換えた。

簪献納運動。そして金と銀の買い上げ

髪に挿しているこのジーファーを、国に献納するのか、それとも髪に挿し続けるのか。女たちがこの選択の狭間に置かれ、進む道を選び取っていった同じ時を、ジーファーや指輪などの小間物を打ち作ることを生業とした職人、クガニゼークたちはどう生きたのか。何千本単位でジーファーが献納されることを誇らしげに報じる新聞を目にする日々は、これを作る職人たちと、その家族たちにとっては、針の筵《むしろ》を歩かされるような時間だったのではないか。

時局の裏に描く

漲る簪獻納運動に
悲鳴の金細工達
とんと注文がなく商賣上つたり

事變以來、縣民の愛國心は爆發し男も女も老いも少年少女達も一齊に銃後の護りに活躍してゐるが殊に婦人團体の活動は目覺ましく、時局に奮ひ起ち各地で銃後支援やら生活改善、服裝改善運動が花々しく行はれてゐる、服裝改善運動は琉裝から和裝へ……と機運熟し、この時代運動の線に沿つて先づ從來使用してゐた琉裝用簪の廢止により簪獻納となつて現はれ、愛用してゐた銀、アルミの簪を喜んで献納し愛國の赤心は軍國の春にふさはしい動きを見せてゐる、ところで琉裝から和裝へ……簪からピンへの簪献納の余波を受けて悲鳴をあげてゐる業者がある、これは那覇、首里を中心に郡部に散在して女を唯一の相手として商賣をなしてゐる金物細工達で、事變前から恵まれぬ生活に喘いでゐたが服裝改善の波は容赦なく金物細工へ迫り、事變以來婦人の簪の注文がめつきり減り殊に献納運動以來はとんと注文がなくこのところ全く青息吐息 生活苦に悲鳴をあげてゐる

昭和13年4月26日　琉球新報

昭和十三年四月二十六日（●）（三）

『琉球新報』

みなぎる簪献納運動に

悲鳴の金細工たち

とんと注文がなく商売上がったり

事変以来、県民の愛国心は爆発し、男も女も老いも少年少女たちも一斉に銃後の護りに活躍しているが、ことに婦人団体の活動は目覚ましく、時局に奮いたち各地で銃後支援やら生活改善、服装改善運動が花々しく行われている。服装改善運動は琉装から和装へ……と機運熟●、この時代運動の線に沿って、まず従来使用していた琉装用簪の廃止により簪献納となって現れ、愛用していた銀、アルミの簪を喜んで献納し、愛国の赤心は軍国の春にふさわしい動きを見せている。ところで琉装から和装へ……簪からピンへの簪献納の余波を受けて、た

ちまち悲鳴をあげている業者がある。これは那覇、首里を中心に郡部に散在して女を唯一の相手として商売をなしている金物《かなもの》細工たちで、事変前から恵まれぬ生活に喘いでいたが、服装改善の波は容赦なく金物細工へ祟り、事変以来婦人の簪の注文がめっきり減り、ことに献納運動以来はとんと注文がなく、このところ全く青息吐息。生活苦に悲鳴をあげている。

クガニゼークたちの苦しみは、時の経過につれ、さらに深く重くなる。昭和十四年六月には、所有している金製品の申告が義務付けられ、申告を怠れば罰金が科せられることとなった。『沖縄日報』も、これを報じる。

昭和十四年六月九日（金）『沖縄日報』

JOAP

いよいよ金の国勢調査だ。指輪も時計も眼鏡もありとあらゆる金製品をお持ちの方は、申告を怠ると五百円の罰金ですぞ！というのでウワッと口をおさえた金入れ歯の人もいるに違いないが、これはすでに身体の部分品となっているので申告するにおよばない。

○

金縁眼鏡も今では文化人の好●ざるところとなって、紳士でこれを鼻にかけている人は少なくなったが、金色趣味の●減とともに進んで政府の金買上に●じて金縁眼鏡《きんぶちめがね》を見たらメッキ物と思えという時代がこないとも限らない。

○

金といえば婦人の装飾とも深い関係があるが、親から残された指輪、恋人から贈られた時計などというものを愛惜する感●は●●しなければならないとはいえ、イザという●合●然その感傷を突き抜ける心の用意も必要だ。

○

街でもいよいよ金製品の販売が中止されそうだ。ショウインドーで金色燦然と婦人を誘惑している指輪など、早く撤去してほしいと県●から那覇市内の貴金属店へ要望したとある。金保有の建前からいうと質屋へもってゆくのも遠慮しなければならないわけ。

なおこの日の紙面には、右の記事と共に、「金を政府に売りませう」という連載記事も掲載される。(1)この連載には、各人が政府に売った物品名と個数、そして売却者氏名と住所のみが、ただただびっしりと列記。

売却品目は多岐にわたる。金杯、外国金貨、新十円金貨、小判、簪、笄《こうがい》、根掛《ねがけ》、ヘアーピン、櫛金具、指環、腕環、耳飾り、眼鏡縁、煙管、鎖、ペン先、時計蓋、帯留め、羽織紐、尾錠《びじょう》（ベルトのバックル等）、ネクタイピン、カフスぼたん、歯冠、入れ歯……、ありとあらゆるものが手放された。

ちなみに閲覧できた同連載記事内では、金指輪だけで計九〇〇個が国に売却されている。(2)

昭和十四年七月一日（土）（二）『沖縄日報』

新世譜

（一部抜粋）

きょう全国一斉に金の国勢調査が行われる、いつかも言ったように全国一貧弱県の本県のことだから大した退蔵金があろうとは思えないが、毎日の新聞に現われる「金を政府へ売りませう」の売却者氏名から見ると、指輪や時計側など本県並みに「大衆化」していたことがわかる。

○……けれども今後はもう自慢にも金の装身具をひけらかすことはできなくなった、それだけに世の中は実質●位になるから結構この上もないが、そうだからといって何も金の値打ちが下がったというのではなく、戦争●●には、何よりも金を国家の手に集中していることが必要なので、金を私人が退蔵していることは、その人の時局認識を疑われる一番の目安になるのである。

金製品を持っていることに後ろめたさを抱かせるこの記事は、金売却運動の追い風となろうとしたのか。人々の心は、じわじわと一方へと吹き寄せられていったことだろう。

ある日の新聞には、朝十時にやって来て、口から、ぽろりぽろりと金歯を五つ取り外し、「買ってくれ」と差し出した老人を紹介する記事が掲載された(3)。

また別の日には、杓子《しゃくし》づくりを生業とする老人の行動を讃える記事が載る。

昭和十四年十一月二十七日（月）（三）『沖縄日報』

銅貨で千四百枚　一念凝った献金

金武村の愛国爺さん

昨日朝、●●●《れんたいく》司令部の門を潜って恤兵《じゅっぺい》部へ重そうな袋をズシンと置いて献金の手続きを執った田舎の爺さんかあり（原文ママ）、係員もその重そうな袋に何が入っているのか見当がつかず早速開けて見るとこれはまた、一銭銅貨がザクザクと出てきたので吃驚《びっくり》し数えてみたら、それがなんと千四百枚に、二度吃驚した。この奇篤な爺さんは国頭郡金武村字伊芸四四六■■■（六二）さんといい、杓子造りをしながら細々と生計をたてているが、息子二人とも今次聖戦に参加し目下大陸で活躍している誉れの軍国の家で、村から軍事扶助をしてやるとの申し出でも断って、貧しいなかに杓子造りをし、またその傍に老の身でも何か御国の為（以下、判読不能）

翌春には、金に続き、銀の買い上げも始まった。

もはやクガニゼークたちが金や銀を熱して溶かし、打ち、ジーファーや指輪を作り、これを女たちが陽の当たる場所で朗らかに買うような時勢ではなかった。

とどめの七・七制限令

昭和十五年七月七日。今度は、「奢侈品《しゃしひん》等製造販賣制限規制（七《しち》・七《しち》制限令）」が出される。そしてこれが、いよいよクガニゼークたちを崖っぷちへと追いつめた。

昭和十五年七月十五日（月）（三）『琉球新報』

七・七制限令とその波紋　金細工屋さんの痛事

琉装用の簪法度　指輪も駄目・銀製品は全滅

奢侈品製造販賣禁止の七・七制限令で、新たに銀製品や象牙製品が七月七日の実施即日から製造禁止となったが、銀製品には飲食用器具、厨房用器具、家具、什器、美術装飾品、喫煙用器具および身廻品装身具、牌盃、被服附属金具、文房具、玩具等一切が含まれているのである。

この結果銀製品製造禁止に触れるのが本県婦人の琉装中簪（ヂーファー）で、市内には簪製造●業の金細

（第三種郵便物認可）　昭和十五年七月十五

七・七制限令とその波紋

金細工屋さんの痛事

琉装用の簪法度

指輪も駄目・銀製品は全滅

奢侈品製造販賣禁止の七・七制限令で新たに銀製品や象牙製品が七月七日の實施即日から製造禁止となつたが

銀製品には飲食用器具、厨房用器具、家具、什器、美術装飾品、喫煙用器具及身廻品裝身具、牌盃、被服附屬金具、文房具、玩具等一切が含まれてゐるのである

この結果銀製品製造禁止に觸れるのが本縣婦人の琉裝中簪（ヂーファー）で市内には簪製造●業の金細工屋さんの數軒あり數年以來簪の製作運動と和装奨勵運動のため銀簪の製造注文は最近は殆ど皆無の如くはないがそれでも打ち直等も相當あり營業を繼續して來たが今後は簪や指輪等の銀製品の製造は素より加工も出來ないので自家傳來の業をついで來た金細工業者には相當打撃を蒙るのではないかと見られてゐる

象牙製品では印形・製箸も出來なくなつた

宮古署管内（十三日午后四時）十二日の暴風最高風速三十

昭和 15 年 7 月 15 日（月）琉球新報

工屋さん●数軒あり、事変以来簪の献納運動と和装奨励運動のため銀簪の製造注文は、最近は往昔の如くはないが、それでも打ち直し等も相当あり営業を●続してきたが、今後は簪や指輪等の銀製品の製造は素《もと》より加工もできないので、自家伝来の栄を継いできた金細工業者には相当打撃をこうむるのではないかと見られている。

象牙製品では印形・製造もできなくなった。

クガニゼークたちは国から、簪や指輪を新たに打ち作ることはもちろん、髪の量の変化に応じてジーファーの長さを変える加工、いわゆる〝打ち直し〟も禁じられたと、記事は伝える。

そしてこの頃には、簪献納の呼び声は〝お国のための献納〟から、より生々しく〝装身具を兵器に〟へと変わる。

昭和十五年九月六日（金）（三）『沖縄日報』

街頭へ乗り出す前に幸先よし銀簪献納
愛婦の贅沢全廃運動打ち合わせ会

（一部抜粋）

戦時国民生活刷新の徹底を図るため指環又は贅沢《ぜいたく》に類する装身具の使用を全廃蒐集《しゅうしゅう》してこれを兵器に献納しようとの趣旨の下に愛国婦人会支部と那覇市分署では贅沢品献納運動を起こすことになり、その準備打ち合わせ会を昨日午後二時から二高女校で開催したが、実施地を那覇首里●市とし、来る十四日

昭和15年9月6日（金）沖縄日報

から一週間、愛国婦人会員が総動員で街頭に進出●蒐品運動に乗り出すことになった。

席上、若狭町の[redacted]さん（六七）はこの献納運動の趣旨に感動して即座に銀簪を淵上愛婦支部長の手許に献納したが蒐集品目は左の通り

△蒐集品目

指環、帯留め、髪飾り、腕輪、●飾、カフス釦《ボタン》、ネクタイピン、その他

ただし実用品を除く。事情によりては右品目に該当する所持品中より、まずさしあたり一戸一品宛を提供せしむることとするも可なり（後略）

暑い暑い九月の昼下がり、六十七歳のこの女性は玄関をでるときからジーファーを、差し出すつもりだったのだろ

うか。

昭和十五年十月七日、「七・七制限令」の猶予期間は切れ、ついに効力を発揮する日がやってきた。月曜だったこの日の『沖縄日報』には、「贅沢品さようなら！　きのう街から姿を消す」との見出しが躍った。

記事には、贅沢品とみなされる品物はここ沖縄にも相当あり、たとえば反布類、装身具、アイロン、腕輪、鉛筆金具、文鎮、扇風機、茶托、挾《はさみ》、草履、タオル、ハンドバッグ、写真機、玩具、万年筆、傘などの日常必需品がこれに該当する、とある。そして、「経済警察では実施に遺漏がないよう準備をすすめるため、昨日午後五時から百貨店、古物商、質屋、呉服商、靴屋、金銀細工業、等制限規則の八つの条文に適用される業者を集め七・七禁止令を説明し、贅沢品製造販売禁止へ協力を求めた」と続く。

那覇の、十月の夕方五時頃といえば、まだまだ空は青い。とはいえぼちぼちと、海上のひんやりとした空気が陸へと流れ込み始める、南の島の安らぎの時間帯。

「七・七制限令」の施行を翌日に控え、集められた商人や職人たちはどのような様子だったのか。抗うことはなかったのだろうか。それとも、汗をぬぐいつつ、様々な意見が飛び交ったのか。

ともかく、こうしてクガニゼークたちは、結い上げた髪にそれを挿したいと思う女たちの心、そして金や銀などの材も奪われたうえ、ついには〝銀を打つ〟行為そのものをも禁じられた。

クガニゼークたちの生きる道

金銀細工職人が金庫を開けた！との記事が大きく掲載されたのは、琉装改善運動が盛り上がる昭和十三年の春のことだった。

昭和十三年三月六日（日）（三）『琉球新報』

口を開けぬ―大金庫君！

開口料金十二円也　産●職員に一泡ふかす

北明治橋際に建っている鉄筋コンクリート造りの建物は、県●下農村経済をリードしている沖縄産業組合連合会の事務所である。ここには頗《すこぶ》る大きな金庫が二つあって、その中《うち》一つは毎日現金一万円程度を蔵して農民への貸し付けや、預かりをなしているが、これはどうしたことか大金庫君去る四日朝からどうしても口を開かず、さんざん職員をてこずらし、果ては麗《うら》らかな春を吹っ飛ばして事務所内に不快な暗影をみなぎらし、ガッチリした宮城専務以下一同に一泡吹かしたとい●●ねった金庫の罪な話。

この金庫は齢●三歳以上、●●第二号製で、木造建物の火災には耐火力三時間、身の丈五尺八寸、農工銀行時代に売られてきて、勧銀から千円で産連へ身売りされてきたもので、大の男十二名掛りでやっと動かせ得る怪物なのであり、現に事務所でもコンクリートで堰《せき》を築いて安置している。その日は現金一万六千円に諸帳簿、印鑑、小切手などを呑み込んでいた。

それで口を●して開かぬので、サア大変だ。岩のような宮城源幸専務は両手の甲をさすりつつ、先県議與那嶺堅●主事は腕を組み首をかしげて、農学士神谷榮●主事は天井を見詰めつつ、家内を右往左往。ほかの職員は自席で頭を抱えながらユーウツな顔して思案にくれた。一人ひとり思いついては、鍵を入れてこぎまわして見るが、金庫君すまし込んでばかり、どうしても手が付けられぬ。お蔭で当日は一日中開店休業。

午後から、方々の金銀細工を呼んで機嫌を取るがどうしてもウンと言わぬ。到頭怒り出した職員一同が「横ッ腹に穴をあけろ」と決議した所へ●入って来た一人の客が——松田橋通りの津堅商店向かいの

大金庫君！

開日料金十二圓也

產聯職員に一泡ふかす

口を開けぬ

北明治橋際に建つてゐる鐵筋コンクリート[illegible]りの建物は縣下農村經濟をリードしてゐる消費產業組合聯合會の事務所である、こゝには頗る大きな金庫が二つあつて、その中一つは毎日現金一萬圓程度を蓄して農民への貸付けや、預りをなしてゐるが、これはどうしたことか大金庫君去る四日朝からどうしても口を開かず、さんざん職員を手古摺らし、果ては朗らかな[illegible]吹ッ飛ばして事務所内に不快な暗影を漂らーガッチリした宮城專務以下一同に一泡吹かしたと[illegible]わつた金庫の[illegible]話

この金庫は[illegible]十幾以上、[illegible]製で、[illegible]物の火災には[illegible]火力三時間、身の丈五尺[illegible]寸、農工銀行時代に買はれて來て、勸銀から千圓で產聯へ身賣りされて來たもので、大の男十二名掛りでやつと動かせ得る怪物なのであり、現に事務所でもコンクリートへ脚を築いて安置してあるその日は現金一万六千圓に[illegible]、小切手などを呑み込んでゐた

それで口を[illegible]して開かぬので、サア大變だ、[illegible]な宮城源幸專務は両手の甲を交々さすりつゝ、[illegible]、農學士神谷榮[illegible]事は天井を見詰めつゝ、家内を[illegible]、[illegible]職員は自席で頭をかゝ[illegible]ユーウツな顏をして思案にくれた

一人々々思い付いては、鍵を入れてこぎ廻はして見るが、金庫君濟まし込んでばかり、どうしても手が付けられぬ、お蔭で當日は一日中開店休業

午後から方々の金銀細工を呼んで機嫌を取るがどうしてもウンと言はぬ、到頭怒り出した職員一同が横ッ腹に穴をあけろ、と決議した所へ入つて來た一人の客が——松田橋通りの津堅商店向ひの金銀細工又吉氏なら開ける——と進言したので早速試めしと呼んだ所が又吉氏は

「十五圓なら開けませう」

「それは高い、道具代一圓、一日の稼ぎ二圓として、それに三圓の儲けを加へて六圓でやつて呉れ」

「いや、それではやらぬ、では失禮する」

とさつさと歸へらんとするのを玄關から與那嶺主事が引き戻して

「では我々も[illegible]だ、十二圓で手を打つて呉れ」

そこで話が纏り色々やつて見るがこれ亦どうしても開かぬ、その中[illegible]に熟練してゐるだけあつて、機嫌をそこなつてゐる(故障)原因が解り、[illegible]鍵を作つた又吉氏は、昨朝再び來て、やつた所が僅か四分で口を開けた、そこで一同の[illegible]も自然に消滅して朗らか……

昭和13年3月6日（日）琉球新報

金銀細工又吉氏なら開ける——と進言《しんげん》したので物は試しと呼んだ所が又吉氏は、

「十五円なら開けましょう」

「それは高い。道具代一円、一日の稼ぎ二円として、それに三円の儲けを加えて六円でやってくれ」

「いや、それではやらぬ。では失礼する」

と、さっさっと帰らんとするのを玄関から與那嶺主事が引き戻して、

「では我々も災難だ。十二円で手を打ってくれ」

そこで話がまとまり色々やって見るが、これまたどうしても開かぬ。その中に、さすがに熟練しているだけあって、機嫌をそこなっている（故障）原因がわかり、徹夜して鍵を作った又吉氏は、昨朝再び来て、やったところが僅か四分で口を開けた。そこで一同の心の暗鬼も自然に消滅して朗らか……。


方々の金銀細工（何名もいたということか！）を呼び寄せたものの金庫は開かず、松田橋通りの津堅商店向いの金銀細工又吉氏なら開ける、との進言を受け彼を呼び、又吉氏が徹夜で鍵を作り、見事金庫を開けて見せたという顛末。料金交渉のくだりも痛快だ。

この大仕事を成し遂げた、松田橋通りの又吉氏とは、いまも続く「金細工またよし」の五代目、又吉誠睦《またよしせいぼく》氏のこと！　明治三十三年生まれの誠睦氏はこのとき三十八歳。那覇に工房を構える、二男一女の父でもあった。

そしてこの年の夏、『沖縄日報』には、金庫修繕を目玉に謳う又吉誠睦氏の名が大きく刷られた洒落た新聞広告が載る。

又吉誠睦氏の金庫修繕の初回広告。昭和 13 年 7 月 28 日　沖縄日報

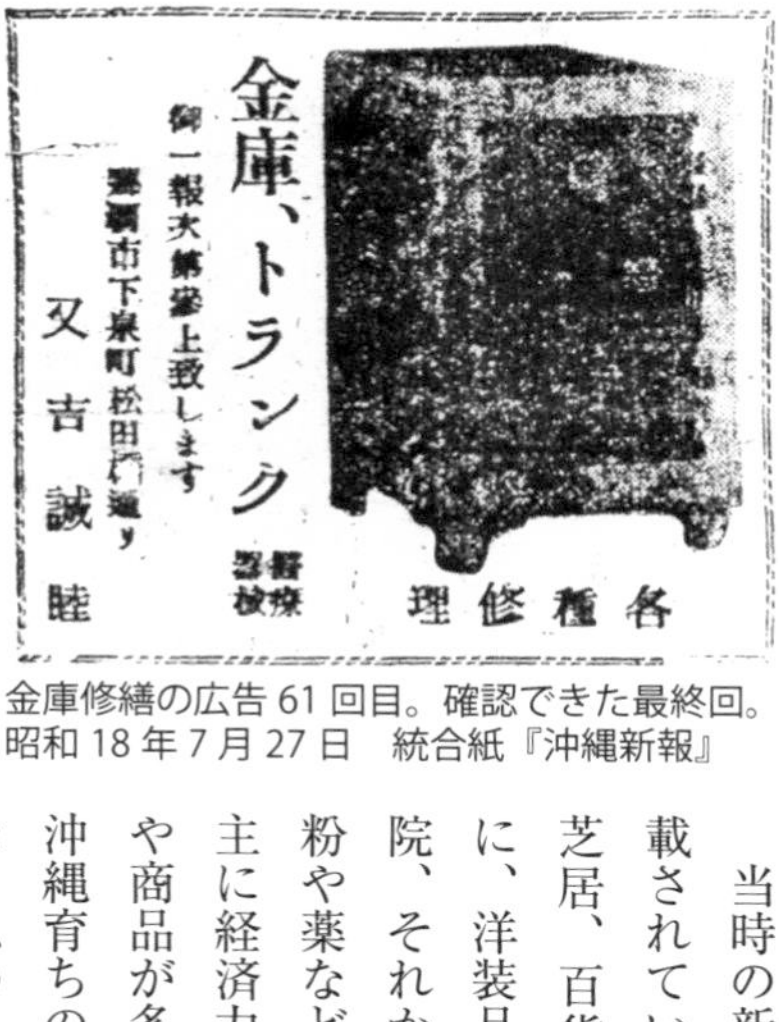

金庫修繕の広告 61 回目。確認できた最終回。
昭和 18 年 7 月 27 日　統合紙『沖縄新報』

当時の新聞を見渡すと掲載されている広告は、映画、芝居、百貨店の「山形屋《やまかたや》」に、洋装品店、帽子屋、医院、それから洗髪用の洗い粉や薬など、いかにも広告主に経済力がありそうな店や商品が多く、沖縄生まれ沖縄育ちの一職人が掲載したと思われる広告は、あまりない。

そういうなかクガニゼークである誠睦氏による広告は、多い時にはひと月に六回も打たれ、昭和十三年から昭和十八年までの六年間に、数えられただけでも六十一回、掲載された！

なお氏による一連の広告の最後は、初出の広告よりも面積は小さく、デザインも淡白になっている。統合紙『沖縄新報』に、昭和十八年七月二十七日に載ったものだった。

それにしても、六十一回、新聞広告の掲載が続いたということは、費用対効果があったということか。

首里の壕中で、最後まで新聞発刊に携わった高嶺朝光氏は『新聞五十年』に、「沖縄でも昭和十二年の日華事変の前後から新聞購読者数が次第に伸びて、一県一紙統合後の最も多いときで三万五千ぐらいに達した。若い人たちがどんどん兵隊に引っぱられると、家族や近親者たちは、その安否を気づかい、戦争の推移に注意をはらい、新聞を読もうとするのが人情というものだった」と書いている。(5)

昭和四十八年の冬。又吉誠睦氏の労を報じる記事が、『琉球新報』に載った。そこに取材記者はこう、記している。

又吉さんの生活も容易ではなく、三十過ぎの働き盛りを迎えると、金庫修理に手を伸ばした。暇を見てはジーファー作りは続けたものの、実直者の又吉さんは「お金にはなったが心は満たされなかった」と、いまだに横道にそれたことをくやんでいる。戦後の苦しいときも、又吉さんはいちずにジーファーをたき続けた。お得意は年寄りと舞踊家だけという限られた需要の中で。(6)

又吉誠睦氏が金庫を開けたことが新聞に載り、続けて広告掲載をスタートさせた翌年の昭和十四年、夫妻には、男子が誕生する。働き者の妻の存在があったとはいえ、四人の子供を養う一家の主としては、なりふり構ってはいられなかっただろう。

琉装をなくす運動が盛り上がろうが、女たちがジーファーを髪から抜き兵器の材料にと国に献納しようが、材とする銀の入手が困難になろうが、銀製品の製造と加工が国から禁じられようが、又吉氏は己の腕を活かし、稼ぐ道を探さねばならなかった。その腕を活かせる新たな道が、広告に謳った金庫修繕であり、蓄音機やトランク錠や真鍮《しんちゅう》溶接などの仕事だったのではないか。

いまの豊かな暮らしのなかで、「お金にはなったが心は満たされなかった」という又吉氏の言葉を読むと、氏のむなしさにばかり気持ちが向かい、胸が苦しくなる。けれど四面楚歌の日々、誰もがそうであったように、又吉誠睦氏も持てる技で家族を食べさせ、なんとしても生きねばならなかった。

そして一家は、戦争の時代を乗り越え、焼け野原から始まったアメリカ統治時代も、日本復帰後の時代も、めくるめく変化を重ねてきたここ沖縄で、「金細工またよし」を繋いでみせた。


昭和十五年十一月六日（水）（三）『沖縄日報』

銀簪を献納　故勇士の母

那覇市美栄橋町三の二四[redacted]さんは銀製簪二本の献納●を那覇署に申し出たが、[redacted]さんは、長男がシベリア出征中名誉の戦死を遂げ今日まで扶助料で生活をなしてきているのに感謝し、結婚記念の銀簪を献納してきたもの。（以下略）

この記事を、方々にいたクガニゼークたち、そして明治生まれの又吉誠睦氏とその家族も、読んだのだろうか。

一本の銀簪を形作るには、鞴《ふいご》で炎を操る術と、銀を打つ緻密で繊細な技が求められる。ゴウゴウと吹く炎に銀をあて溶かし、固め、ひたすらにコツコツと打つことで形を整えるジーファー。そのジーファーが、女たちの髪から抜かれ、献納され、溶かされ、武器となる。クガニゼークたちにとって、こうして献納される一本のジーファーは、自分が打ったものかもしれないし、あるいは親戚、もしかしたら亡き父が打った一本だったかもしれなかった。

昭和十九年十月十日。

米軍により奄美大島、徳之島、伊江島、慶良間諸島、沖縄本島、南大東島、宮古島、石垣島などが攻撃を受ける。那覇の街は猛烈な空襲を受け、二日間にわたり燃え続けた。[7]

又吉誠睦氏が暮らしていた二階建ての長屋も、この空襲で焼けた。一家は、一旦は沖縄本島北部まで逃げている。

そして年を越してまもなく、冬の海を渡り、九州へ疎開する。

那覇が焼け野原と化したのちの元旦。

満九十歳となった方々の長寿の祝いが、新聞で報じられる。

昭和二十年一月一日（月）（二）『沖縄新報』

長寿滅敵を見ん

生き抜く喜び四十五名

幕末安政年間に生をうけ明治維新から大正、昭和の御代を生き抜き世紀の大戦争の只中に満九十歳の長寿を迎えた県下四十五名の老翁老媼《ろうおうろうおう》にかしこくも祝寿の賜金《しきん》伝達式は恒例によりきょう一月元旦の佳●を卜《ぼく》し各市町村役場で挙行されるが満九十歳の長寿者は左記四十五名である（以下略）。

祝われた長寿者たちは、琉球の出入港を一年以上に渡り繰り返したペリー艦隊が去った翌年に生まれ、首里城に王が暮らしていた時代を生きてきた方々。

明治十二年に首里城が明け渡され王が城を出た日、男たちがじりじりと髷を断髪していった明治の世、昭和に入り女たちが髪を切り和装に洋装にモンペ姿にと、その装いを変化させていった日々、空襲で那覇が焼け野原となったあの日、そのすべてを目にした長寿者たちは、この日、なにを思ったのだろう。そしてこの祝いの日、どのような装いであったのか。琉装なのか、和装なのか、記事はもはや触れることはなかった。

数日後、飛行機の材料にするからと、アルミ貨幣を供出するよう呼びかける記事が載る(8)。

この、約三カ月後。常ならば新緑が萌えたち、南西諸島の島々が瑞々しい空気に包まれる四月、沖縄の鮮やかなリーフに、おびただしい数の米軍の船が押し寄せ、上陸。壮絶な地上戦が始まった。

以下は、『沖縄新報』が解散に至るまでの記録。高嶺朝光氏の『新聞五十年』からの抜粋。

そのころ、私たち沖縄新報社の壕に陣中新聞をとりにくる翼賛壮年団員や兵隊の数もめっきり減り、新聞発行も困難になってきた。

米軍の艦砲射撃は一段と激しく首里城をゆるがした。それにピューン、ピューンと小銃弾が場内の空気を切り裂いた。機関銃の発射音も聞こえた。首里城の石垣からのぞいてみると、平良、末吉付近をゆ

うゆうと行動する米軍戦車が目にはいった。（三一三頁）

五月二十五日の午前二時、沖縄新報社の私たちは一つのポケット（部屋）に集まって沖縄新報の最後を話しあった。若い社員たちは印刷機を壕の奥にしまい、穴を掘って活字を埋めた。壕で発行した最終刊の新聞がどういう紙面であったか、私はおぼえておらず、また当時の新聞は一つも残っていない。とにかく、この日、沖縄新報社は解体し、ここに戦前の新聞は終焉を告げたのである。

それから塩、マッチ、ローソク、チリ紙類と米などを約三十人の社員で分け合った。（三一四頁）

二十五日の夜明け前、私と豊平良顕君は壕の入り口に立って、四、五人ずつ組になって壕を脱出する社員を見送った。「戦争がすんだら、また会おう」と私たちは別れの言葉をかわしあった。もう一度、新聞をつくろう——という意味だった。（三一四頁）

これが、統合紙『沖縄新報』の最後。

高嶺氏の文章は続き、このの ち仲間が青酸カリを飲んだこと、先輩は家族と共に捕虜となり、収容所で手榴弾により自決したこと、そして自らの死と隣り合わせの逃避行が記されている。

沖縄は、戦場と化した。

注

（1）『沖縄日報』昭和十四年六月九日（金）（三）、「金を政府に賣りませう（二）」。
（2）個数が明記されているものはこれを足し、個数が明記されていないものは一と数えた。
（3）『沖縄日報』昭和十四年九月十三日（水）（二）、「金買上げに　美談の爺さん」。
（4）高嶺朝光『新聞五十年』沖縄タイムス社、昭和四十八年、二〇五頁より抜粋。
（5）新聞発行部数については下記資料に異なる数字があるので、以下抜粋して紹介する。
里見修『戦時期におけるメディアと国家　新聞統合の実証的研究』
http://repository.dl.itc.u-tokyo.ac.jp/dspace/bitstream/2261/38145/1/46-067satomi.pdf、一一四、一一五頁より以下抜粋。
（前略）県当局は四〇（昭和十五）年に琉球新報を軸として、沖縄朝日、沖縄日報の三紙統合し、他紙は廃刊する方針を示し、有無を言わせぬという強圧的な姿勢で臨み、統合会社「沖縄新報社」が発足、同年十二月二十日から沖縄新報が創刊し、同県の統合は完成した。発行部数は情報局関係資料「部数増減比較表」によると、「昭和十七年十二月十日現在」一万八〇五八部で、これが「昭和十九年四月十日現在」には二万五六二一部と約四割増加した。（「部数増減比較表」『情報局関係資料』第7巻、三九二頁）
（6）『琉球新報』昭和四十八年十二月九日（日）（八）「この人　この話題　伝統の技術守り五十四年　ジーファーづくり・又吉誠睦さん」
（7）十・十空襲に関する参考資料は以下。
沖縄歴史教育研究会　新城俊昭『教養講座　琉球・沖縄史（改訂版）』二〇一九年、二九七、二九八頁。

『沖縄大百科事典　中巻』沖縄タイムス社、一九八三年、三七二頁。

（8）昭和二十年一月十四日（日）（二）『沖縄新報』

飛機増産へ　アルミ貨総出陣

●局の重大化に伴い、航空兵力の●●増産の絶対的要請に応じてアルミニュームの増強を図るため、県では全国と相呼応、アルミ貨の全面的回収に乗り出すことになり、翼賛会とも協力してこれが供出を呼びかけているが（…以下略）

①米海兵隊写真資料。1945 年 5 月 23 日撮影。和訳：シュガーローフヒルからの眺め。
後方では日本軍の砲弾が炸裂

②米海兵隊写真資料。1945 年 4 月 1 日撮影。飛行場で疑似戦闘機の隣に立つ海兵隊員

米海兵隊写真資料。1945 年 6 月 6 日撮影。前線へ向けて那覇飛行場を行軍する第 2 海兵師団第 8 連隊。那覇市

〈前ページ写真の著者解説〉

①シュガーローフは、那覇市の慶良間チージと呼ばれていた標高 46 mの丘にアメリカ軍が攻撃目標としてつけた呼称で、激戦地となった。現在の、ゆいレールおもろまち駅付近の給水タンクがあるすり鉢の形をした丘のこと。日本軍は、安里 52 高地と呼んだ。

②同様の疑似戦闘機を写した米海兵隊写真資料には「竹と木の枠で作られたこの疑似飛行機は、読谷で数多く発見されたうちの一機である」との説明が添えられている。

※写真は 3 点とも沖縄県公文書館蔵

第3章　誠松氏と誠敏氏、ふたりのクガニゼーク

I　又吉誠松・ウシ夫妻の日常

三人の孫が語る明治生まれの又吉誠松氏

これから始まるのは明治生まれのクガニゼーク、又吉誠松《またよしせいしょう》氏と、妻のウシ氏の物語。

少しばかりややこしい説明になってしまうのだが、誠松氏は、現在七代目が守る「金細工またよし」の四代目の弟。又吉誠松氏は、代々続くクガニゼーク一家の三男として生まれた。

大正十年頃というから三十五歳の頃だろうか、誠松氏は首里での役所勤めを辞め、父親や長兄と同じクガニゼークの道へ進む。そうして那覇に自分の工房を構え、昭和三十六年に亡くなるまで、ジーファーや指輪などの注文に応え続けたという。

大正から昭和にかけて、クガニゼークとして一家を支えてきた又吉誠松氏は、どのような装いで働き、女たちからどのような注文を受けていたのだろうか。妻は、子供たちは、どんな風に暮らしていたのだろう。

取材を重ねるなかで私は、クガニゼークたちの普通の一日を垣間見たい、甦らせたい、と思うようになっていた。

そういう日々のなかで、これから紹介する明治生まれのクガニゼーク、又吉誠松氏の三人のお孫さんにお目にかかれることになった。とてもうれしかった。

照屋敏子《てるやとしこ》氏は、昭和九年生まれ。二歳で両親のもとを離れ、以降、戦時下では両親と行動を共にするも、ほぼ祖父の誠松さんと祖母のウシさんと三人で暮らし、祖父母の家から学校に通い、大人になっている。だから敏子さんの思い出からは、祖父母夫妻の愛情に満ちた暮らしの音や笑い声が聞こえ、生活が香る。

敏子さんの弟、昭和十三年生まれの又吉修《またよしおさむ》氏（故人）は、戦後に祖父や父と同じくクガニゼークになられた。ゆえに修氏の言葉には、同業者ならではの観察眼が光り、働く祖父の姿がはっきりと蘇る。

昭和十七年生まれの又吉正昭《またよしまさあき》氏は、誠松氏の長男の長男。長男として一族の歩みを俯瞰しながら、祖父が父たちの代に対して、クガニゼークの仕事を継がせようとはしなかったわけを推し測り、語ってくださった。のみならず、「敏子ねえさんのところには行った？　敏子ねえさんに聞けば、おじいちゃんのこと、もっと分かると思いますよ」と、ご縁を繋いでくださり、敏子さんの希望に応えて同席し、その場を和ませ盛り上げてもくださった。

三人のお孫さんが今日まで大切にしてこられた思い出が紡ぐ言葉の舟に乗り、那覇の街を歩き、明治、大正、昭和を生きた又吉誠松さんとウシさんの店を、訪ねたい。

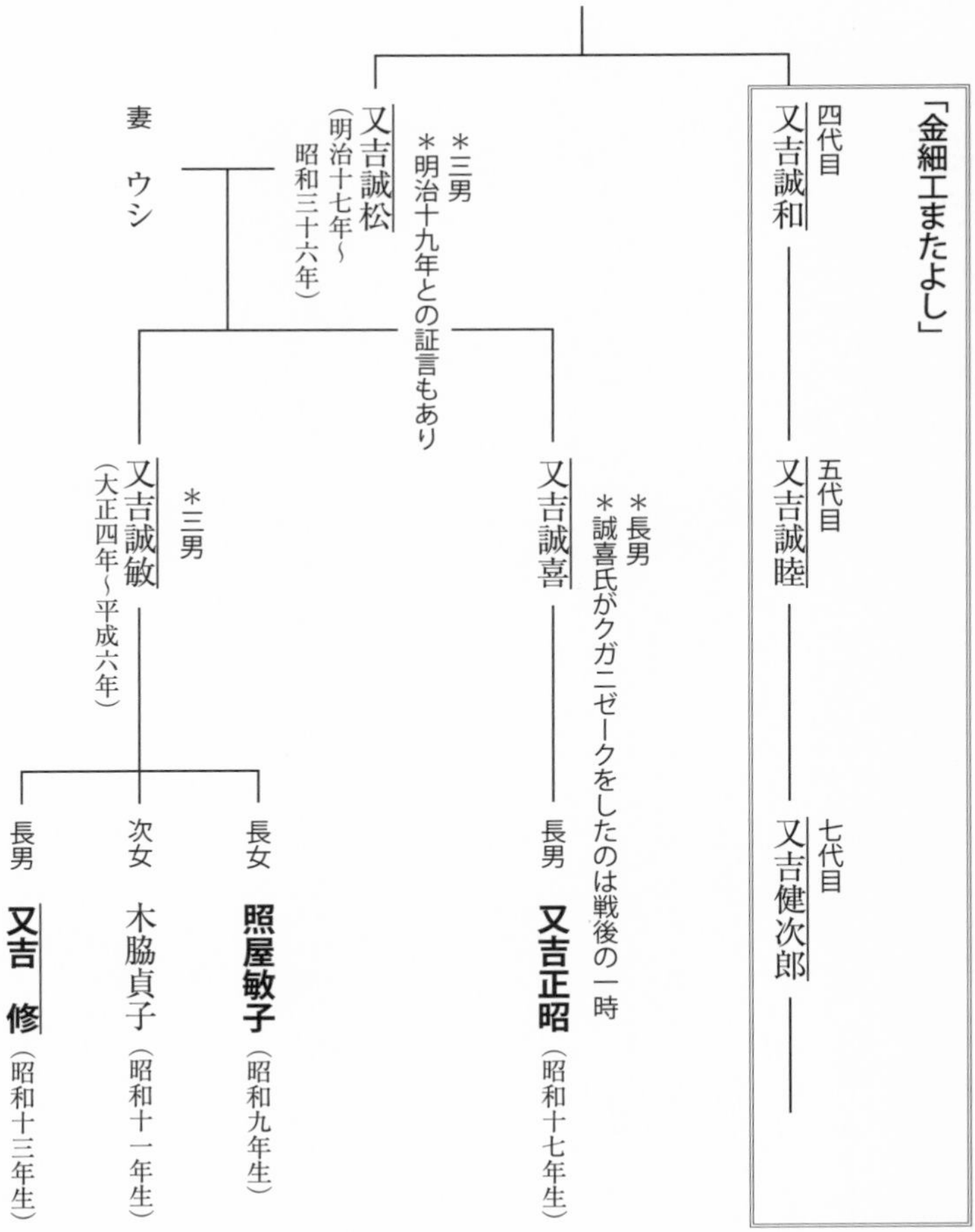

〔本章Iに登場する方々の関係図（敬称略）〕
語りは、又吉誠松氏の３人のお孫さん（太字）。クガニゼークは傍線で表記

おじいちゃんの店は、職人町に

語り・照屋敏子氏（昭和九年生まれ）

戦前のおじいちゃんのうちは那覇市。久茂地《くもじ》一丁目ね。そうそうそうそう、儀保《ぎぼ》のゆーふるやー（銭湯）があったでしょう。「儀保通り」ってところさ。あのときは借家だったはず。ずっと借家が並んでいるようなところ。

夕方になるとね、小学校の二、三年生の頃かな。カタバル（潟原）まで歩いて焼き豆腐を買いに行ってたから。あっちに小さなマチグヮ（市場）があったから。あの辺りはカタバルって海で、潮が引いたりするところで。

おじいちゃんはクガニゼーク。カンジャーヤーは鍛冶屋《かじや》。農具とか作る人。カンゼークっていったら、鍋作る人も一緒。（指輪や簪を作っていた私の）おじいちゃんは、そのなかのクガニゼーク。

店はね、ちょっと通りに出て。あそこはね、松下町だったと思います。道を隔ててこっちが久茂地、あっちが松下町。

店は、うちから四、五分のところにあったんです。そこは職人町なんですよ。うちの隣には井戸のポンプ屋さんがあるし、向こうには岩佐の布団屋があって。仲西の洋服屋、これは紳士服の仕立て屋ね。とにかく職人町です。みんな平屋で、間口《まぐち》が二間《けん》（約三・六メートル）くらいでね。

＊採録日は二〇一三年六月十二日。

磨きの注文と打ち直し

語り・又吉修氏（昭和十三年生まれ）

おじいちゃんは、若い頃はね、首里市役所の土木課というところに勤務していて。三十五歳（大正十年頃）から、この仕事を始めたって。

おじいちゃんの名は、誠松《せいしょう》です。

自分たちの先祖は、そもそもは尚家《しょうけ》（琉球国王族）のだけ作る、飾り師。いろんなのを作ってたみたいよ。一般の人の簪を作るようになったのは、あとになって。

又吉修氏所有の祖父から父、そして修氏へと受け継がれた玄翁（左）と、修さんと父とで作った玄翁（右）

この玄翁《げんのう》は、おじいちゃんが昔、使ってたんです。おじいちゃんの玄翁は軽かったんです。おやじは、おじいちゃんが使っていたのを使っていました。

それでこっちの玄翁は、一九六〇年に、いすず自動車にいるときにね、僕が作ったの、昼休みに。もともとは長くて真四角だったんだけど、機械で削ったんです。切って形を整えて。おやじにあげたら、おやじが柄を付けて。

でも、結局は僕が使うように。これは重たいですよ。だからほら、見てごらん。（腕を見せながら）こっち（腕を）、やられて（痛めて）。五十年間ハンマー使っているから。

このハブ（ハブの置物）は、小さい玄翁では叩けない。ジーファーはこれ（小さい玄翁）でいいけど。

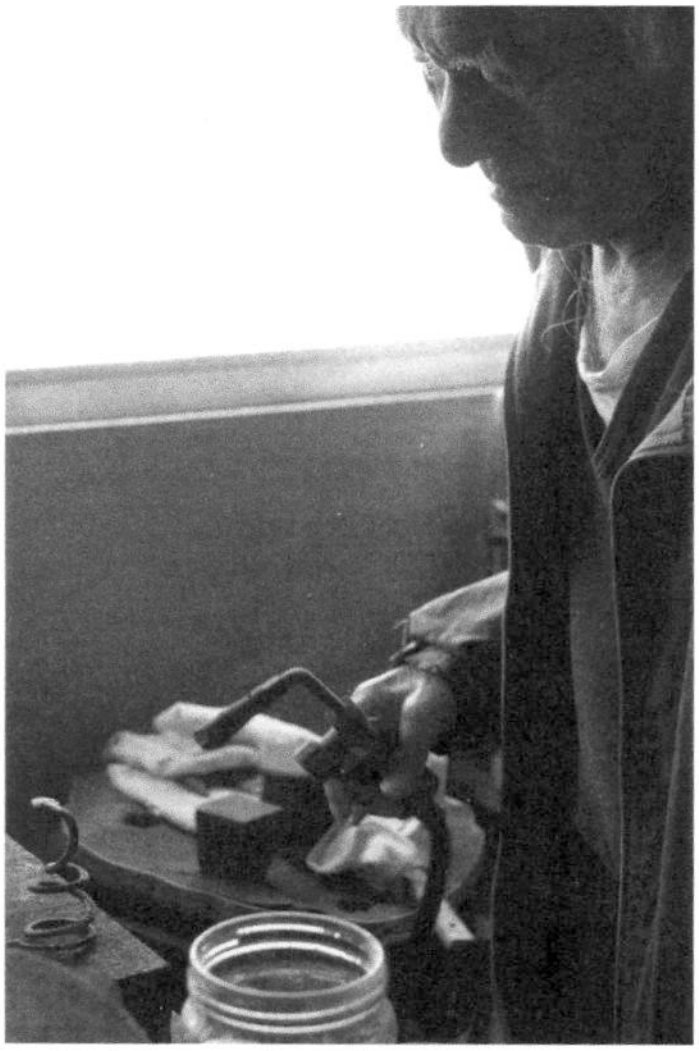

縁起が良いハブの置物を加工するために熱する又吉修氏。2012年9月撮影

（誠松氏が使っていた小さい玄翁を見ながら）そのまま、いまも使っているものだからねー、本当に。おじいちゃんは畳に座って（仕事していた）。おやじも畳に座ってた。僕は腰掛け。火をおこすのには、おじいちゃんは鞴《ふいご》、おやじはトーチランプ（ガソリンバーナー）。僕は酸素を使うもんだから。(*)おじいちゃんは研磨棒《けんまぼう》に唾《つば》つけて磨いたけど、僕は水。昔の人は、道具はそんなにたくさん持ってなかったねー。ヤスリも、目立て(**)して使い続けたという話だから。いまは使えなくなったら捨ててますよね？

おもしろいねー、時代で変わるよ、いろいろと。

＊　酸素とガスを別々に繋ぎ、高温で一気に銀を溶かす。

＊＊目立てとは、ノコギリやヤスリなどの目がつぶれて鈍くなったのを鋭くすること。

（両手で、何本ものジーファーを束ねて持ったときの太さを示しながら）昔はお正月とかお盆になると、お客さんが、こんなにたくさん磨きに持って来てたみたい。銀は酸化するから、曇るから。おやじも戦前は、おじいちゃんからお金もらって手伝って、アルバイトやってたみたいですよ。正月や盆に、おじいちゃんのところにジーファーの磨きの注文がきていたのは、戦前。僕が六歳の頃ですねー。

真ん中のつるりとした道具が研磨棒。上は、三代で使っている玄翁。下は、刻印を打つ道具、ポンチ

なぜ磨くかというとね、昔のジーファーは、材質が悪いからね、汚れるんですよ。銅を混ぜると、混ぜものが多いと、しばらくすると赤くなるんです。ジーファーを割るでしょう、そうすると中が赤い。銅が混ざり過ぎて銅がでる。昔は材料がないから。で、材料が悪いと汚れる。

でもね、玄翁で叩いて艶を出しながら作ったジーファーは、表面の艶が消えないんです。

（ジーファーの表面〈肌〉を触りながら）昔のジーファーは、ここ〈肌〉が白くしている。ヤスリかけないで、研磨棒で磨いているから錆びないんですよ。昔の人は、おじいちゃんは、ヤスリかけないで最後までこういうの（研磨棒）と玄翁で作ってたみたいですよ。そうすると表面に膜ができるんですよ。もうこの白は消えない！　錆びない。磨くと戻る。

＊採録日は二〇一二年九月、同年十一月、未記録の三回。

語り・又吉正昭氏（昭和十七年生まれ）

旧正月や旧盆に、簪の磨きの注文がきていた記憶は、ある。ジーファーは質の悪いもので作ると、酸化しやすいわけ。そうしたら光らなくなるさーね。

ジーファーを短くしてほしいという注文もありました。髪が少なくなれば、それはもう、短くせんといかんもんだから。ジーファーの大きさは人によって違う。三寸にしたり、二寸にしたり。だんだん髪が薄くなっていくからね、ジーファーも小さくなっていく。髪の量が違うから、ジーファーの長さを変える。変えるというよりは、溶かしてまた作り直すっていう。そりゃそうさ、切って作るわけではない。長さが変われば、ジーファーの匙状の部分（カブ）の大きさも違うから。溶かして作る（笑）。

＊採録日は二〇一二年十二月八日。

誠松氏、その風貌

語り・照屋敏子氏

おじいさんは角刈りでね、いつも五分刈りにしてましたよ。床屋に行ってた。

私もそこで散髪を。おかっぱやっていた。「武徳殿《ぶとくでん》」（＊）があるところの橋はなに橋？　私もそこの角の床屋に行っていたはず。

懐かしいよ、おじいさん。

＊武徳殿／大日本武徳会沖縄県支部によって、寄付金が集められ、一九三九年（昭和十四年）に建設された大演舞場。
（執筆／高嶺晃）（『沖縄大百科事典　下巻』沖縄タイムス社、一九八三年、三八三頁）

又吉誠松・ウシ夫妻

語り・又吉正昭氏

律儀でね、なんとなく大きさを感じたね。真面目で、はっきりいって面倒見がいい。親戚の人たちみんなをかわいがっていたから。親分肌みたいな感じの。体もでかいしね。ええ、背は僕ぐらい。胸の厚さ測ったら一メートルくらいだったかな、胸囲が凄く大きい。座ってずっとやっているものだから胸が厚くてね、がっしりしている。骨格がでっかい。それだけ動いているわけだから、鍛えられて。

（祖父母の写真を見ながら）これが祖父。髪は五分刈り。写真のおじいちゃんがスーツ姿なのは、写真屋が修正したのかな？　分からん。たしかにこの写真そのままだと思う。

おもしろい人でね。九州の疎開先から帰るとき一緒に帰ってきたんだけど、鹿児島でね、暑いからって港から飛び込んで泳いでいたんだよ、桟橋からよ。そんな感じ。

（仕事のときは）ふんどしの上から、女性のお腰みたいに白い布のエプロンを体に巻いてね。あれすると、銀がこぼれても分かるから。

夏は上半身裸。ただ客が来ると縮みのシャツを。白の縮みの、ボタンのあるやつあるでしょう、あれ涼しいから。頭にタオル巻いたりはしない。

大きな湯呑み茶碗が置いてあったと思う。火を使うからね。あの頃は、扇風機とかあんなのないしね。みんなそうだと思うけど。

爆弾の皮

語り・又吉修氏

戦争中、僕なんかは沖縄に残されたんですよ。

おじいちゃんとおばさんたちだけ熊本に行って。

一緒に船に乗ってアメリカにやられたら困るからって。（一族がふた手に分かれて）どちらかが沖縄にいたら、助かる率があがるでしょう。おじいちゃんたちの前の船は沈んだって……。

もしも僕なんかも一緒に行ったら、ほら、もしもやられたら全員ダメでしょう。だから残されたんですよ。あんた方はここに残れよ、って。危ないからね、一緒に行って全員死んだらダメだから。どっちかが助かればいいからって。

おじいちゃんは仕事道具を少し持って、疎開したんです、熊本に。で、向こうではなにか作ってたんでしょうね、なにか。ジーファーではなくて、物々交換みたいにして。

おじいちゃんは戦後はねー、キセル作っていた。そういうのを薬莢《やっきょう》で作っていた。疎開した熊本から帰ってきて作ってましたよ。私、見たんです。

錠前《じょうまえ》も。時代劇に出てくるでしょう、蔵《くら》の戸に長いの差し込んで、あれ。細長い鍵。

キセルの材料は、薬莢の大きいのがありますよね、それを切って、平たくしてキセルに。

薬莢はたくさんありましたよ。爆発した爆弾の、その皮。それを切って、使いました。その辺から拾ってきて。ちり捨て場には、薬莢のほか、缶詰やらなんやら捨てるから。みんなそれを拾いにいった。

〝くぇーぬくさー〟というんですよ。〝爆弾のくぇーぬくさー《(食い残し*)》〟っていって……。

相当やられたからね、爆弾で。みんなそうですよ、僕らなんかだけでなくて。

この辺は丸焼け。なんにもない。水平線。収容所があったやんばるから戻って、五年生のとき見たらね、おうちがない。壺屋《つぼや》から水平線まで。もうずうっとね。波之上《なみのうえ》までおうちなかったですよ、きれいに整地されてた。

軍がやったんでしょうね。きれいでしたよ。きれいに焼けて……。

＊比嘉恒敏《ひがこうびん》氏作詞作曲の沖縄民謡に「艦砲ぬ喰《く》ぇー残《ぬく》さー」がある。恒敏氏の四人姉妹グループ、でいご娘が唄った。歌詞は五番までありその全てに〝うんじゅん　我んにん　汝《いや》ん　我んにん　艦砲ぬ喰ぇー残さー（あなたも私も君も俺も艦砲射撃の喰い残し）〟という一節が、繰り返しでてくる。

戦後の家は職住一体

語り・照屋敏子氏

戦争終わってからは、沖縄本島北部の羽地村《はねじそん》にいたんです。えっと、それでしばらくして、おやじが仕事に失敗して、どうのこうのってときに、おじいさんが私を連れに来てね……。「あんたを、学校だしてあげよう。学校を卒業させてあげよう」って。中学三年の三学期から学校に。「貧乏人はね、頭であがんなさい！」、これ、うちのおじいさんの考え。「テスト受けてあがりなさい」って、そういうのが主義だったから。「医者と坊主と弁護士が親戚にいればなんでもできる」っていつも言ってた。だけど、私には「警察官になれ」って。

おじいちゃんは稼いでいたんでしょうね。日銭が入るからね。結構、お金はあったよ。高校時代はおじいちゃんに毎日百円もらってた。市場に材料を買いに行って、私が毎日夕飯を焚くの。で、買い物するでしょう、そうすると二十円くらい余るわけ。私、そのお釣りを貯めて参考書買っていたの。映画もよく観たよ。

それでおじいさんは「山形屋《やまかたや》」のところ、いまの松尾に土地買って、家を造ったわけ。おじいさんの仕事場は道のすぐそば。家に入るとすぐ上がり口で、畳。おじいさんが仕事をやるところは、一畳くらいの板間で。

火をおこすのは鞴《ふいご》です。最初から最後まで鞴です。

語り・又吉正昭氏

「山形屋」（百貨店）の近くの家は、最初は赤瓦の……、昔でいう復興資金で建てた家なんですけどね。そこには祖父たちが住んで。で、そこで仕事をしているけど、看板はなかったんじゃないかなー。最初は平屋。火事で焼けて、そのあとから木造で二階建てを造って。その次にコンクリートで二階建て造って。平屋のときにここに住んでいたのは、おばあちゃん、おじいちゃん、敏子さん。

僕がはっきりと覚えているのは、中学高校のとき（昭和三十年〜三十五年頃）……。

（平屋の見取り図を描きながら）ここに八畳ぐらい、ここに台所があって、裏には井戸があって、石があって庭みたいに……。庭といっても花が咲くとかあんなではないけど、洗濯物とか干してたんじゃないかな。

おじいちゃんは、仕事はこっちでやってたよ。お客さんは外で（笑）。ここに座って。仕事は畳一枚あればできる。

鞴とかそういうのを置いて。鞴は木でできていて。（取っ手を引く仕草をしながら）横にこう。それから、こんな木のね、根っこみたいの（金床《かなどこ》）。それに、鉄の金敷《かなしき》を、二つ三つ差してね。ほかにも指輪の太さを測る道具とかね。

いやもう、毎日見ているから覚えてますよ。中学、高校までは、僕はもう毎晩ってほどではないけど、おじいちゃんのとこに行ってましたから。

おじいちゃんの小さな手帳

語り・又吉正昭氏

おじいちゃんのお客さんは、那覇に住んでいる人。あるいは田舎からも、那覇に買い物に来たついでに注文して、じゃあ何日頃できるからということで、あとで取りに来る。

おじいちゃんは小さな手帳を作ってたよ。で、お客さんの名前を書いて、何月何日って書いて。仕事のときはまず台帳を手に取って、それから注文に間に合うように作って。手帳は普通のノート。大学ノートがあるでしょう、ああいうもの。

注文はたくさんはない、ひとりでやってるのに（笑）。貧乏しているわけだからね、稼いでないわけだから。貧乏だとは思う。商売している人たちは家造ったり、繁盛していくんだけど、ジーファー作る人で繁盛した人はいない。いないでしょう？ 苦労というより儲からない仕事だから（笑）。

祖父は、足が悪いんですよ。はい。子供の頃に熱だしたり、そういうことで。ちょっと足をひきずっていて。足が少し悪いから、外での仕事ができないもんだから、これしかできないというひとつの理由を持っていたけれど。でも子供たちはもう、なんでも好きなことからできるわけだから。おじいちゃんは、「手に仕事を持ちなさい」と。こういう風に、子供たちを教育してきてるわけだから。

でも台帳ができるくらいは、お客さんがいた。

注文する人は材料持ってきて、五〇セントとか一ドル硬貨を持ってきて、「これで作ってください」

と言う人もいるし……。注文を受け付けたら袋に入れて、書いて、整理して。で、作る。

なんでも記録するおじいさん

語り・照屋敏子氏

おじいさんは記録するのが好きな人、記録魔よ。なんでも記録する。おうちが火事で焼けたときも、いろんな人がたくさんお見舞いを持って来るでしょう。「○○さん豚一斤」って書いてあったから、私笑って。おじいちゃんが使っていたこんな小さい手帳があったの。

うちのおじいさんは、学校はね、いまの六年卒業して、高等科へ行ってますよ。学校に行かない時代ですから、昔の高等科っていったら凄いんですよ。戦前、自分で行ける範囲の学校は全部行っています。だから漢字は全部読めるんです。私、高校の時に、おじいさんに漢字習ってましたもの。

新聞の切り抜きも上手でした。新聞をみんな切り抜いてね。そしてね、選挙が好きでね。安里積《あさとつみ》千代《ちよ》（明治三十六年—昭和六十一年）、瀬長亀次郎《せながかめじろう》（明治四十年—平成十三年）、あちこちで演説があったでしょう。私はいつも連れられて、夜八時頃から。農連市場のところに選挙演説を聴きに。あの時分は娯楽がないからね。私は女だったけど政治は好きだったね。

どこか出かけるときはパナマ帽かぶって。出かけるときは……、なに着てたんだろう。戦後も黒っぽい着物よねー、杖ついていたからねー。

ブリキのおもちゃと、キセルと金庫

語り・照屋敏子氏

お酒飲んでね。怖くはないですよ。傘の張り替えも上手かったよ。傘壊れるでしょう、そうしたらきれいに縫って直してくれてた。下駄《げた》の紐替えも上手かったし。器用なんですよ。私なんかのおもちゃも全部、ブリキで作ってくれたもの。色は塗っていない。体操するやつ。くるっと回る。こんな穴開けて、同じ金具を通して作ってもらっていた。体操選手が回るようなおもちゃを。

昔のお客さんのことは、覚えていませんよ。

おじいちゃんは指輪も作って。キセルも作ってました。持っておけばよかったね。キセルは戦前も戦後も、私が高校生ぐらいまで作っていましたよ。キセルはね、全部銀で作るのもあるんですけれど、銀だけで作ると値段が高くなるし、掃除するのが大変なんですよ。だから戦後は煙草《たばこ》を詰める部分と、吸い口を作って、竿《さお》っていうんですが、間は竹で作るんです。戦後はこれが多かったですね。いま考えると一本のキセルは、戦前が多かったような気がします。ジーファー、キセル、あ、錠前もやってました。錠前は黄色い真鍮《しんちゅう》で作る。あれは爆弾の薬莢で作る。鍵を作るのも上手だったよ。

金庫の仕事はおじいちゃんも、他のみんなもやってました。みんな器用でね。昔は、金庫が開けられなくなったら鍵の部分をぶっ壊して、作り替えるんですよね。

濱田庄司夫妻がやって来た！

語り・照屋敏子氏

松尾のおうちに、壺屋に長いこといらした陶芸家の濱田庄司《はまだしょうじ》（一八九四―一九七八）さんがいらしてね。おじいさんが打つでしょう、作るでしょう。それをずーっと、奥さんと一緒に座って見ていた。やっぱり濱田さんも職人だから……。

松尾の家で、私は何回かお会いしています。一回じゃないですよ。

濱田さんはうちの製品を買ってるから。買って、持って行ってます。奥さんもジーファーを買ったはず。その記憶が少しあるわけ。

奥さんがこうやって髪を結い上げてたから、挿していたような記憶があるわけ、私は。奥さんは着物を着ていたんじゃないかな……。濱田庄司さんは洋服だったと思います。奥さんは髪が長くて。ああ、いらしているなーって。

一日中いたんじゃない。一時間、二時間、三時間、……何時間座ってたか分からないけど。あの方は作る人だから。おじいちゃんが作るのを見ていたのを、私、覚えています。私なんか、そばには寄らんから。

おふたりが濱田庄司ご夫妻だってことは、あとで知ったんじゃないかな。

おじいちゃんの考え。そして晩酌

語り・又吉正昭氏

うちのおやじ（誠松《せいしょう》氏の長男、誠喜《せいき》氏）は商業高校出ているんです。次男（又吉誠敏《せいびん》氏）は水産出て、三男は工業高校出て、長女は助産師になって。次女は戦争中なものだから専門職というものにはつけなかったんですけれどもね……。

とにかく子供たちみんなに、職業をきちんと持たせたのが、うちのおじいちゃんだろうと思うんです。貧乏人は財産もなんにもないから教育だけはさせろって。それだけはもう徹底して。

子供たちの進んだ道は、みんな別々。一緒の職業にはしない。僕はおじいちゃんが、子供たちに道を作ってあげたと思っていて。

おじいちゃんは、首里から那覇におりてきている（移ってきている）から……。明治十七年生まれでしょう。いまの人たちの苦労とは、苦労が違う。暮らし方が違う。食べるものから心配しないといけないからね、当時は。

おじいちゃんが偉いのは、子供たちみんなに学問させたこと。

だから家に、金はないのよ。うん。貯める金はないんだけど、子供たちに教育さえしてればと。祖父はそういう考えをたぶん持っていたと思う。

これは大変だったと思う。子供五人いたから。生活そのものは本当に質素で。一生懸命働いて、真面目で。面倒見がよくて、男気が強くて。

小学校三年生ぐらいのとき月刊誌の、雑誌の『少年倶楽部』を買うときは、おじいちゃんのところに行ってた。

おじいちゃんは毎晩、晩酌して。僕はね、長男の長男なものだから、おじいちゃんと一緒にふたり並んで、高いお膳が用意されて。お祝いとか、みんな集まるときも。イトコたちが来ても女の人たちだから、みんなは低いお膳に入れて食べる。僕は、かわいがられた。かわいかったから（笑）。おつゆとご飯と、おかずと漬物とかね。

おじいちゃんが亡くなったのは僕が二十歳くらいかな、昭和三十六年。僕が二十二歳で東京から沖縄に帰ってきたときには、おじいちゃんはもういないわけだから。

夫婦は非常に仲がいい。優しい人たちでね。

おばあちゃんが亡くなったのは、おじいちゃんの一、二年あとかな。美人だった。おばあちゃんはいつも着物、うしんち。髪は上じゃなくて、後ろに。おばあちゃんは、うちなーからじ。髪がとっても長いからね、タライにこう垂らして、水張って洗って。

おじいさんが作ったものは、僕のところにはない。

おふくろが誠敏さんのジーファーを持っていたから、記念にどっかにあると思う。おふくろは挿してない。パーマあてていたから。

でーじなお洒落、おばあちゃん

語り・照屋敏子氏

この写真見せようね。この写真は戦前。おばあちゃんと私。

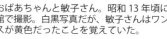

これね、四歳くらいじゃないかな。ここに「大田写真館」って書いてあるわけさ。波之上から下にずーっときてね、「青山書房」の十字路、そこで写した。

おばあちゃんと敏子さん。昭和13年頃に写真館で撮影。白黒写真だが、敏子さんはワンピースが黄色だったことを覚えていた。

写真撮ったときも覚えている。たぶんね、波之上にお参りに行った帰り。なんのだったかは知らない。私は、おじいちゃんとおばあちゃんにずっとくっついて歩いているから。着ているワンピースは簡単服といってね。黄色よ、これ。

私は、自分の親は知らないわけじゃないけど、二歳からずーっとおじいちゃんと一緒です。おじいちゃんたちは金持ちじゃないけど、小銭が入る職業だから、お金はまわっていたんですよ。だから私は本当に、生活の苦労ってしてないの。私はおじいさんおばあさんに、とってもかわいがってもらっていたんです。

私が、おなかが弱いとかなんとか言うと、おばあちゃんはフーチバー（ヨモギ）を摘んできて、それを絞って、盃《さかずき》ぐわーに入れて、黒砂糖持って、私は、追っかけられているわけさ。「飲みなさい」って。フーチバー飲んで、黒糖食べて。

おばあちゃんは、クガニゼークの仕事はなにもしませんよ。主婦。優しいおばあちゃんでね。色が白くて、とっても優しいおばあちゃんでした。小さい人。おばあちゃんは、首里城の向かい側の本屋さんで子守をしていたものだから、けっこう字も読めて。おばあちゃんはそこでお手伝いして働いて、そこの子供たちをおんぶして育てているから。ちょうど首里の、琉潭池《りゅうたんいけ》の向かいに本屋さんがあったのよ。

おばあちゃんはカラジ（髪）結って、ジーファーやってましたよ。イリガンはしていない。自分で結ってましたよ。

久茂地《くもじ》の、戦前の借家は瓦屋根で、畳が敷かれていて。隣の隣が豆腐屋でね。共同井戸があったんですよ。そこでおばあちゃんは髪を洗っていたような気がします。結っていたのは、亡くなったこのおばあちゃんだけでしたからね。

（ふたりで写った写真を見ながら）ほら髪も、踊り用じゃないでしょう。踊りは髪を結う場所が上でしょう。結い上げる場所は年をとってくると、だんだん下がってくるんですよ。

えっとー、名前は又吉ウシ。優しかったよね、うちのおばあちゃんは。おばあちゃんはとっても優しかったよ。

いつも着物。昔は、いい着物を着ますからね。上布《じょうふ》を着るでしょう。どっちかっていうとパリッとしてね。朝晩、着物替えていたよ。朝つけて、また夕方、また別の着物。でーじな（とっても）お酒落だったよ。

一緒に、人力車《じんりきしゃ》で芝居を観に連れていってもらって。「真楽座《しんらくざ》」と「珊瑚座《さんござ》」に行ってる。(*) 小さいからほら、連れられて。で、帰りは人力車乗ってくるわけよ。

私はもうしょっちゅうだったから、あの時の役者もみんな分かるよ。平安座英太郎《へんざんえいたろう》とか、鉢嶺《はちみね》なんとかとかね。(**) そのときに『諸葛孔明』をやっていたのを覚えているよ。『三国史』のよ。私はあの時はまだ全然分からんさ。だけどね、「諸葛孔明だー」ってのは、ずっと頭にあるわけよ。それで大きくなって『三国史』読んだあとに、あぁーと思った。

芝居はよく行ってましたよ。演目が替わるでしょう。で、おばあちゃんは、ひとりで行ったら恥ずかしいさー。だから私を連れて行くわけよ。そして途中で着物替えるわけよ、ジョートーグヮーに。あのね、初めから正装してから行くと隣近所に目立つから、芝居行くときはそのまま行くわけさ。向こう（芝居小屋がある方面）は大通りで皆知ってるから。だから途中で知り合いのうちに行って、着物を着替えるわけさ。帰る時はまた人力車で帰るわけですから、ふたりで乗って。

夜、歩いて帰ったこともあります。もう十一時くらいだからほら、しーんとして。芝居は、夜から始まるから二時間ぐらいでしょう。

私は踊りも習っていた。二、三年生から習って、習わしてもらって、着物も作って。戦前はいまみたいに舞踊を習うってことがないですから。違うんですよ、いまとは全然。でも私は習っていましたよ、八重山《やえやま》の人から。十曲ぐらいは習っていたね、戦前。八重山の大山さんっていって、有名な三味線しているおじさんがいらして。お父さんが三味線、お母さんが琴で、娘と同じ年だったもので一緒に。毎晩踊りやって。「上り口説《ぬぶいくどぅち》」「下り口説《くだいくどぅち》」「鳩間節」「加那ヨー」。出征兵がいますでしょう。お祝いがありますから、そこに呼ばれていって、踊って。

着物も作って。私は、初めての孫なのよ。数え七歳で紫の着物を作ってもらったから覚えているよ。青紫の着物地に梅の花があるような。

でもあれで焼けたわけ、十・十空襲で。

うちは県外へ疎開せず、直接戦争にあっているんです。小学四年から戦争。終戦は小学五年生。

＊「珊瑚座」「真楽座」は、沖縄芝居（古典も新作もする）の一座。両芝居小屋の様子が浮かぶ参考資料は以下。真喜志康忠『沖縄芝居と共に　老役者の独り言』新報出版、二〇〇二年。

＊＊平安座英太郎氏は「ともえ座」、鉢嶺なんとかとは「珊瑚座」の鉢嶺喜次《はちみねきじ》氏のこと。

〈最後に〉誠松氏の、ずっと寄り添うジーファー作り

三人のお孫さんが、それぞれの場所から語る祖父母の思い出は温かく、ときにユーモラスでもあった。

戦前、又吉誠松氏のもとにはジーファーの「磨き直し」の仕事がたくさん舞い込んでいた。というよりも、そもそも誠松氏は、使い込むうちにジーファーの銀の肌が曇っても、磨けば新品同様にまた輝くよう作っていた。完成までに時間はかかるけれども玄翁《げんのう》と研磨棒《けんまぼう》を使って仕上げることで、手入れをすれば照りが戻る、そういうジーファーを誠松氏は作った。

そして誠松氏は、年齢を重ね小ぶりになる髷《まげ》に合うよう、ジーファーを溶かして、ちょうどいい長さに作り直す、「打ち直し」の仕事も、請けていた。

「磨き直し」と「打ち直し」。このふたつの仕事に支えられている誠松氏のジーファーは、だから永遠だった。

その一方で、夫妻は子供たちが、家業を継ぐようには導かず、それぞれが異なる分野の専門職に就けるよう、クガニゼークの仕事で稼いだお金で、子供たちを進学させた。

三人のお孫さんの語りから立ち上がるのは、クガニゼーク一家の、普通の日々。

そしてそこには又吉誠松氏の、女たちの日常に寄り添うジーファー作りがあった。

家業の幕引きというと、その言葉の響きから、うっかりすると勝手に暗い出来事と決めつけてしまいそうになる。

でも、又吉誠松さんとウシさん夫妻が歩んだ道は、クガニゼークとして自分の従来のお客さまを大切にする物作りの真摯な姿勢と、ここ沖縄での子供たちのこの先を思う親心で作られていた。家業の幕引きという分岐点にあったのは、温かな愛情だった。

Ⅱ　舞台映えの美を追求した又吉誠敏氏

戦後の人気クガニゼーク、息子の又吉誠敏氏

不思議なことに、私が出会えた「クガニゼークのお客様ふたり」は、おふた方とも同じ職人のお客様だった。そしてふたりとも、いまでこそ買い求めた銀のジーファーを使うことはないけれど、いまも大切にそのジーファーを持っていた。

ふたりのジーファーを作った職人の名は、又吉誠敏《またよしせいびん》。名前からお気づきの方も多いだろうが、まさにその通りで、誠敏氏は、三人のお孫さんの語りから出会えた又吉誠松《またよしせいしょう》氏の息子。誠松氏の三男だ。でも誠松氏は、子供たちにクガニゼークの仕事を継がせなかったはず！　事実、大正四年生まれの誠敏氏は、戦前に水産業を学び、のちに気象台に勤めている。

誠敏氏がクガニゼークになったのは敗戦後、昭和二十三年のことだった。

それにしても、私が出会うことができたクガニゼークのお客様はなぜ、おふたりとも誠敏氏のお客様だったのだろう。

何かを買う場面を、思い起こしてみよう。

モノを買う理由がたったひとつ、ということはあまりない。

たとえば自分用にハンカチを買うとする。「デザインが好み」というだけでは私の財布は開かない。「吸水性が良い」「速乾性が高い」「素材の安全性」「肌ざわりの良さ」「サイズ感」など、買う理由が二つ三つ重なり、それを心地よく使う自分をイメージできて初めて、お金を払う。

ちなみに誠敏氏のジーファーの価格は、一九七六年（昭和五十一年）頃で一万八〇〇〇円だったと聞いた。安くはない。いや、なかなかの値段だとも思う。

誠敏氏が作るジーファーに、ふたりの女性はどのような魅力を感じ、どういう思いを胸に、戦後の沖縄で少なくはないお金を払い、彼のジーファーを購入したのだろうか。人気にはきっと、理由があるはずだ。

誠敏氏の子供たちの言葉と、誠敏氏からジーファーを買ったふたりの言葉から、たとえば職人のこだわりや、使い手の女たちの胸の内に触れることができたなら、とうの昔に琉球という国はなくなったのに、昭和の戦後にも女たちの髪にジーファーが挿されていた理由が、見えてくるかもしれない。

そう思った。

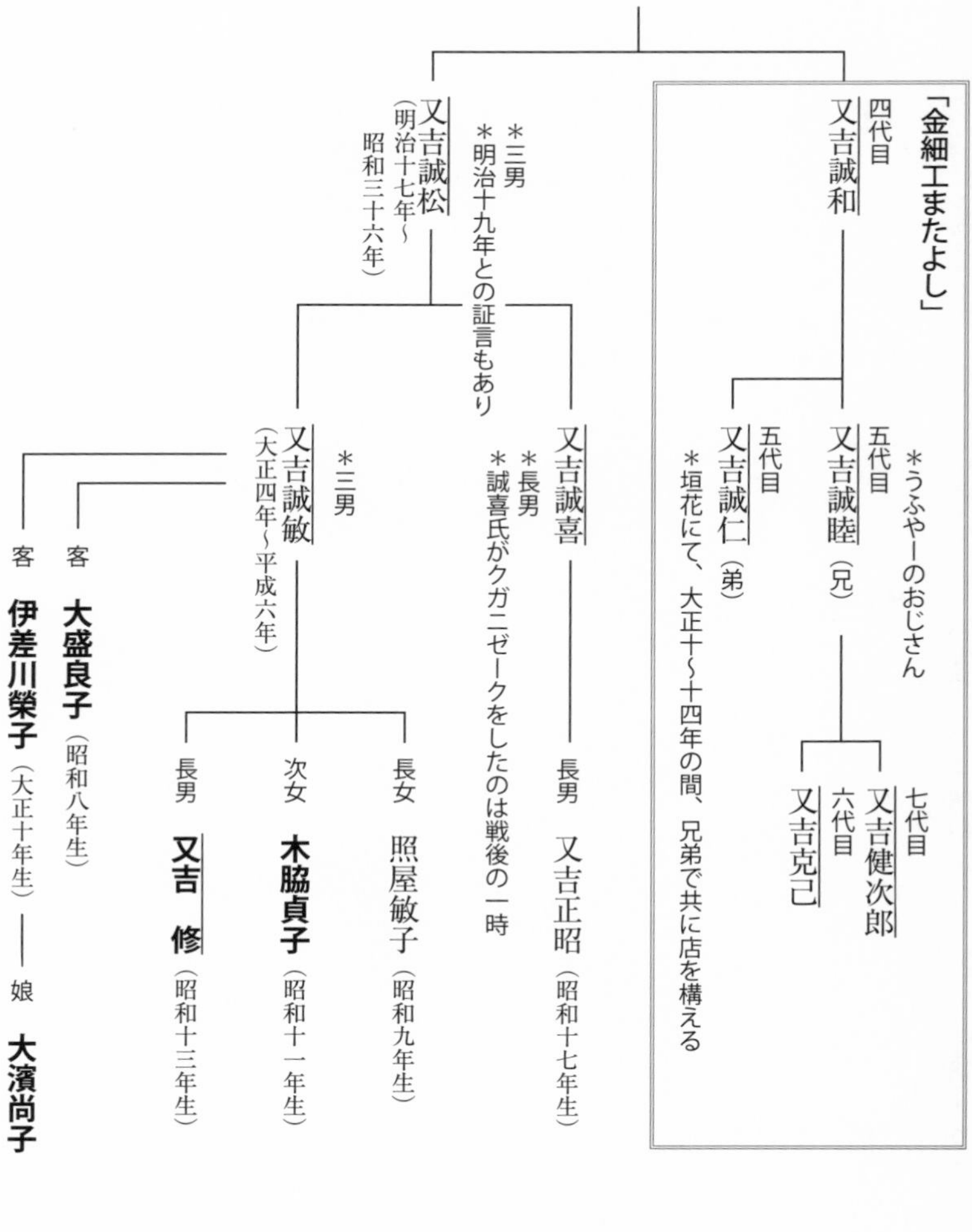

〔本章Ⅱに登場する方々の関係図〕
語りは、又吉誠敏氏の子供の又吉修氏（故人）と木脇貞子氏、そして２人のお客様と娘さん（太字）。クガニゼークは傍線で表記

「だから、そのときは批判をたくさん浴びましたけど……。批判はありましたけど、父はやはり使ってこそ、伝統工芸が生きていくっていう考えで」

語り・大濱尚子氏（娘）（昭和二十六年生まれ）
伊差川榮子氏（母）（大正十年、与那国島生まれ）（故人）

お店の場所は太平通り

語り・伊差川榮子氏（誠敏氏のお客さん）

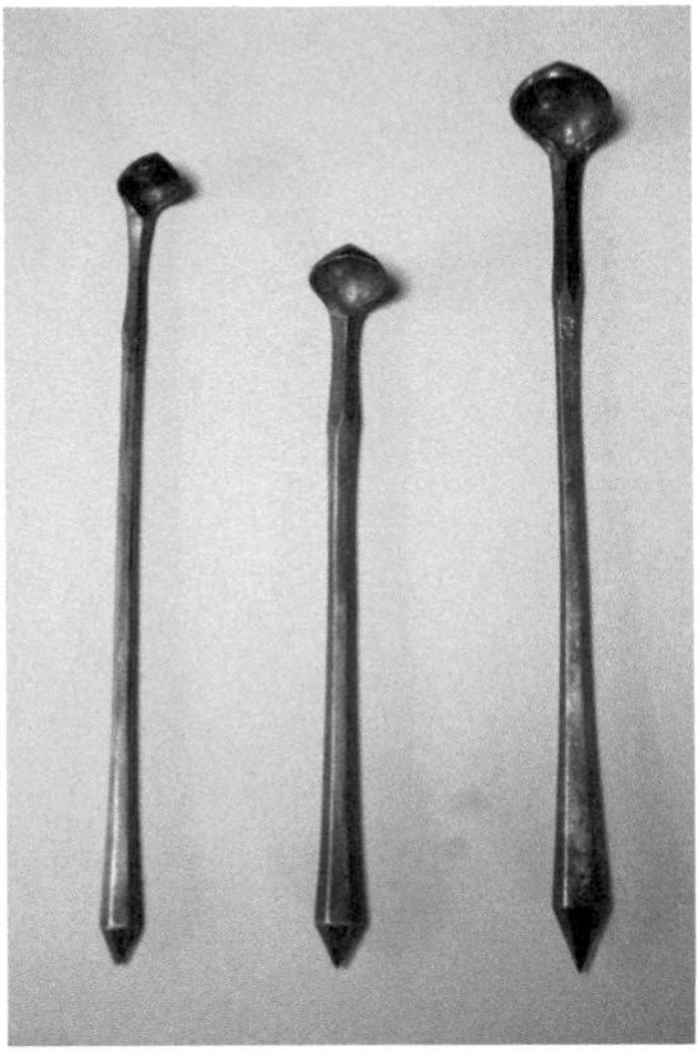

伊差川榮子氏所有のジーファー。長いジーファーを手にしながら「この頃は、髪が一番長かった頃のはず。考えられない。こんな量の髪、結っていたんだからね」と、榮子さん

（ご自分の、三本のジーファーをご覧になりながら）一番長いこのジーファーは髪が多いとき、昭和十五年に台湾から引き揚げて、沖縄に帰ってきてから使いました。髪が長ければ長いほど多くなるから、ジーファーも大きくしてるわけよ。

で、だんだんだんジーファーも小さくなって。髪の量が半分くらいに

少なくなったら、これくらいの短いジーファーになって。それもあったけど、見つからないの。誰かが亡くなったときは、銀簪《ぎんかんざし》はしないで、竹でジーファー作って。亡くなったところの家族が、竹で作ったの。そうそう、木とか竹とかね。

珊瑚《さんご》の簪も。弟が珊瑚船を持っていましたからね。珊瑚もらって作らせたと思う。珊瑚船を持っていたのは六十年くらい前の話。珊瑚一本のジーファーもありましたよ。あれなくなったねー。珊瑚の枝でね。太さもこれくらいあって。どこでどうなったか。

これは三本とも、私が使ったものよ。

（長さが五寸五分ある一番長いジーファーを手にとって）こ

宮城県の伊達政宗騎馬像で写した写真を見ながら、「これは母が40代ですね。母は普段からこんな格好をしていました。そのまま。旅行に行くからこの髪（琉髪）をしたとかいうわけではなく、常に」と娘の大濵尚子さん

娘（大濵尚子氏）「これは街頭募金。母は、こういったボランティアをよくしていたんです。とにかくウシンチーして、外出してと」
母（伊差川榮子氏）「着物が好きでね。これは芭蕉布。喜如嘉の芭蕉。中から紐で、これでくっと」

のジーファーを挿していた頃は、髪が多かったんですよね。髪が一番長かった頃のはず。考えられない。こんな量の髪、結っていたんだからね。

一番長いジーファーは、自分で作らせたものね。又吉さんのところで。値段は覚えていない。そこで並べて売っているんじゃなくて、行ってお願いして作ってもらったの。

お店の場所は太平《たいへい》通りだね。

でも、最後までこういった長いジーファーを挿す人は少なかったよ。だんだん軽いのになって。質の違うもので。軽いのね。

髪を結うこと、洗うこと

語り・伊差川榮子氏

ばあちゃんなんか、結って丸めた髪（髷《まげ》）を（頭をぶんとまわす仕草をしながら）こんなことしてたものね。こうしてね、こう、（髷を）前にもってくる。

語り・大濵尚子氏

ちょうど、着物を着けるときに、ぴしっと着ける人と、着崩れしたような感じで着ける人がいるじゃないですか。髪にも、それがあったんだと思うんです。市場に来るおばさんなんかは、頭のこの辺で、低いところで結ってましたもの。

小さい頃、市場に行ったら、カンプー結っている人いっぱいいました。三分の一くらいはいたんじゃないかな。年寄りはもうほとんど髪はカンプー結って。いまは本当に、市場は人がいないですけど、私が子供の頃はもう迷子になるくらいでしたもの。

で、母はこの市場の近くで助産婦をしていましたから、寝る時間がないくらい忙しかったらしいです。私はその頃、二歳。母は常にいないから、ずっとお女中さんに預けられていました。妊婦さんは断れないです、だって来るから。産婆のうちって分かるから。

ちょっとお母ちゃん、ごめんね、結い直そうか。

母は満九十一。昔は直毛でね、片手で掴めないくらい。

(髪を結い直しながら)母はねー、木で作った櫛《くし》を使って。それしか使ってなかった。いつも新聞紙を広げて、こうして……。三つ、四つぐらい櫛を持ってて、それを使い分けて。

最初に髪を梳《す》くときは、目の粗い大きい櫛で梳いて、まとめるときはまた違うもので。

後ろのうなじの辺りを上手に抱き合わせて結っていたんですよ。

(梳く仕草をしながら)そうして最後は右と左を、櫛の柄を使って、こうして髪を膨らませていました。

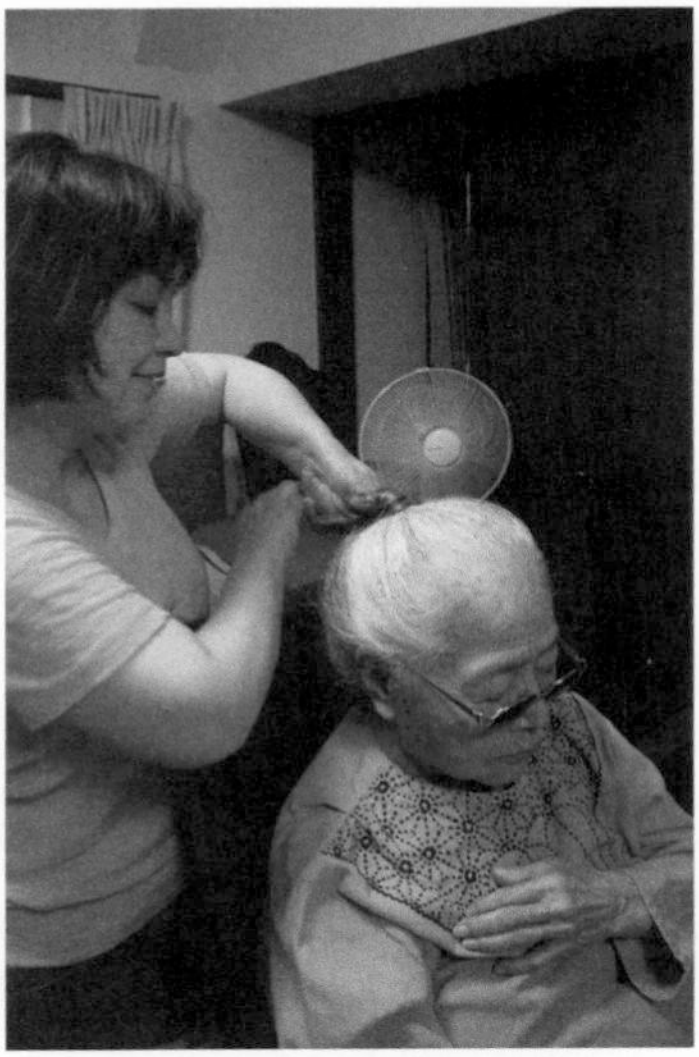
大濵尚子氏が、お母様(伊差川榮子氏)の髪を結う。「母は着物を着慣れて身についているから、着物が一番似合っていますよね」と尚子さん。2012年10月12日撮影

夫が描く琉球切手のモデルになった伊差川榮子氏

父の膝の上で聞いた芸術談義

語り・大濱尚子氏

父の伊差川新《いさがわしん》（大正六年生まれ）は商業デザイナーで、琉球切手を描いていたんです。この切手（写真）はそのときに、糸を紡ぐ女性を描くため、母がモデルになったと思うんですね。

でも父は、漆《うるし》が専門なんです。父は、県立工業指導所漆工部の主任（昭和十八年着任）もしていましたから……。伝統工芸の仕事をしていました。父は沖縄の「紅房《べんぼう》」（漆器《しっき》店。二〇〇一年廃業）にも携わっていて。

「沖展」なども一生懸命。審査員もしていました。沖縄の伝統文化、芸術を残していきたいって、思っていた人ですから。ほかの工芸品に対しても、それをそのまま商品にするのではなくて、日常の生活のなかで使えるものを作っていこうという、推進運動を先駆けた人なんです。

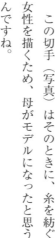

だから、そのときは批判をたくさん浴びましたけど……。批判はありましたけど、父はやはり使ってこそ、伝統工芸が生きていくっていう考えで。

批判を浴びたことをなぜ覚えているかといえば、私はいつも父のそばで、父の膝に座って、お客様の話を聞いていましたから。お客様たちは、芸術の話ばっかりするじゃないですか。お酒を飲みながら、そんな話を。本土から芸術関係の人たちが来たりして。沖縄の人たちも、芸術関係の人が来て。父は、工業指導所に勤めていたから、アジアのいろんな所をまわって、そういうことを仕事に取り入れてきましたから。父は、守りながら使っていく、こういう気持ちが強かったですね。母には、やはり、父の影響があったんじゃないかしら。

（隣に座る、お母様の顔を見ながら）お父ちゃんはお母ちゃんに対して、パーマをあててほしくないとか、そういう気持ちがあったんじゃない？　お父ちゃんは、お母ちゃんがパーマをあてることを、好まなかったでしょう？

父はやっぱり美術の仕事とか、伝統工芸の仕事をしていたから、夫婦の間で、そういうことはお互い大事にしようっていう気持ちがあったんじゃないかと思います。ええ。

だから父自身も普段からこういう風に、ドゥダティ（与那国島に伝わる織りの仕事着）を、普段着みたいな感覚で着けていましたから。この写真は、特別ではないです。

与那国島の仕事着ドゥダティ姿の伊差川新氏と妻の榮子氏。伊差川新氏の代表的な商業デザインには琉球切手、オリオンビール瓶の楕円ラベル（昭和 34 年〜平成元年）、琉球煙草「うるま」「Violet」「Pink」などがある。

さっき母が、髪を見よう見真似で結った、って言いましたでしょう。私もそうなんです。中学のときに見よう見まねで覚えて着物を着て。うちの母が着けているのを見て、着たいと思って、母のをこっそり自分でつけて撮った写真があります。

私も髪が長かったので自分でカンプー結ったり。でも、ジーファーは使っていない。髪を留めるのは和紙だとか。ジーファーは、手に入るものでもありませんでしたから。またそういう時代でもなかった。私がやっていたのは、ただ遊び心でやっているという感じなわけですから。

＊採録日は二〇一二年九月二十三日（日）、同年十月十二日（金）。那覇市のご自宅にて。

「僕は二〇〇本しか作ってない。おやじは一〇〇〇本。一日に二本は作ってた」

語り・又吉修氏（誠敏氏の息子、昭和十三年生まれ）

みんな、髪を切る

（お父様の写真を見ながら）又吉誠敏《またよしせいびん》は、はい、おやじです。おやじは、ここでやってたのよ。このおうちにいたの。

戦後、那覇に戻ってからもジーファーの注文はありました。おばあちゃんたちがいるさーね。それでジーファーを作らすわけです。

はい。おやじはジーファー作ってたよ。僕は作ってないけど。おやじの時代までは、日常使いの短いのもありました。戦後も農連市場辺りでは、みんなジーファー挿してた。

でも子供たちが、こういうんですよ。「もう、ふーじんねーらん」って。「みっともない。いまさらカンプー（昔のように結い上げた髪型）なんて、みっともない」って。おばあちゃんたちはみんなそういわれて、髪をカットさせられて。自分たちから切るわけではないけど、子供たちから文句いわれて。子供たちが嫌がるから、切る。僕にはちゃんと説明してくれたの。お店に来たときにおばあちゃんたちが。「子供たちがジーファー挿すのはやめろって、うるさくて大変よ」って。本当はジーファー挿したいよね。だけど子供に文句いわれると親は聞くさーね。で、みんな髪を切って。そうするとジーファーいらないさーね。だからいまは誰も使ってませんよね。

又吉修さんが見せてくださった、又吉誠敏氏の写真。誠敏氏が作るジーファーの多くは舞踊研究所に納品された。

ジーファーを作らせに来たおばあちゃんたちは、みんな着物ですよ。

僕のおばあちゃんも、着物。朝起きてね、鏡見て、こうカンプーにジーファー挿して台所に立つ。ちゃんと身なりを、きちんとして。昔の人。

ジーファーに糸巻いてね、落ちないように。銀は重たいでしょう。で、髪に挿して、この辺に糸結んで。

又吉修氏の金床《かなどこ》。「金床は千年でも残るように、松。油が入っているから腐らない。前持ってたのは虫が出て。真ん中の金敷《かなしき》（金床上面に三つ並ぶ金属を乗せて打つ台）は、もともと大ハンマーだったの。小さな金敷ふたつは、ひめゆり通りで買った。ひめゆり通りは金物屋が多かった、鉄工所が。この金床は 1972 年。結婚した当時に。5 番目の妹がやんばるの人と結婚したから頼んだら、向こうから一週間で持ってきてくれた。椅子で仕事するために高さを合わせて切って、ちゃんとして持ってきてくれた」と又吉修氏。あぐらを組み、銀を打つ又吉健次郎氏の金床（本書口絵(8)参照）や第 6 章 I 298 頁との違いもまた興味深い。

糸で結んで使ったのは、小さいジーファーですよ。そしたら落ちないわけさー。それ、やってましたよ。僕のおやじが作ったの、みんな糸を巻いて使ってた、落ちるから。

ジーファーは、戦争中に持っていかれた。国からね、「爆弾作るから、出しなさい」と。金属はみんな取り上げられたってね、爆弾作るからって。日本は物資がないから。そういうことです。

そういうことがあったけど、なかにはそのまま持ち歩く人もいたはず。

お客さんのドルでジーファーを作る

戦前、おやじ（又吉誠敏氏）は、気象台に勤めていましてね。おやじがカンゼーク始めたのは戦後、三十五歳（昭和二十三年）からです。

僕は、二十二歳のとき昭和三十六年に、おやじと一緒にガーブ川(*)のところで、この仕事を始めたんですよ。一月三日から。いすず自動車を辞めて、それからおやじのガーブ川の仕事場に僕が入り込んだんです（笑）。まだガーブ川に蓋をしてなくて、一時間雨降るとね、水が溢れるんですよ。前は大変でしたよ、浸水して。

おやじはジーファーだけ作ってました。

僕は最初から指輪。ジーファーは作らない。

ジーファーは最近、五十六歳になってからで、それまでは作らない。僕がジーファーを作るようになったのは、おやじが亡くなった年……。すぐ作れましたよ、見てたから。見てるとなんでも作れますからね。おやじもそうだったんじゃない？　親戚みんな、習わんでやってるんですよ。我々はほら、カエルの子はカエルっていうんですか、あんな感じ。あーはーはー（大笑い）。

僕が作った簪を、おやじは見てない。生きているうちは作ってないから。よそで、いつも怒ってましたよ。「長男坊はジーファー作らない」とかなんとかいって。

お客さんがドル持ってくるの。一日、一〇枚は入りましたよ。「これで作って」って。

でも僕は仕事が忙しいもんだから、ドルは使わない。純銀と取り替える。ドルは質が悪いから硬くて使えないんですよ。質が悪いのを使うと時間がかかるし、銅が混ざっているから。色が変色するんですよ。だからお客さんに言いますよ。「これは材料が悪いからね、上等と替えますから」って。お客さんは喜ぶさ、悪いの持ってきて、いいの出すんだもの。

だって銀は安い。その当時で銀は一キロ五ドル。

お客さんから受け取ったコインは、おやじにあげた。おやじは混ぜて使う。たくさんジーファー作るから、材料をたくさん使うから。

ジーファーはおやじが作ると、一本一万五〇〇〇円。銀は安かったけど、ジーファーは作るのが大変だったから。で、一旦揃えれば五百年使えるから。

おやじが作るジーファーは全部、舞踊研究所に行くんですよ。電話注文受けてね。おやじは一〇〇〇本くらい作ったんじゃないかな。ひとつ買うと五百年持ちますからね。あれは絶対、溶かさん限り壊れない。だから僕の出る幕はない。ねー、だから僕は仕事がそんなにない。おやじが全部出したから僕の出番がない、困ったよ。

僕は二〇〇本しか作ってない。

おやじは一〇〇〇本。一日に、二本は作ってた。一本作るのに、おやじは二時間かかったよ。あとからは四時間かかった。

僕も一号は二時間。でも七十代に入ったら、もうダメ。体力が落ちるんですね。力がはいらない。

＊ガーブ川については次の資料を参照した。

ガーブ川／那覇市の中央を流れる延長約三六三〇メートルの小流。用途は排水路。（中略）かつて大雨のたびに氾濫し、一帯を泥海化して住民を苦しめた。

（『沖縄大百科事典　上巻』沖縄タイムス社、一九八三年、六四二頁）

ガーブ川の水上店舗／水上店舗の名称は一九五〇年（昭和二十五年）ごろからあり、当時路上に溢れた商人は栄橋付近を中心に川に古電柱を渡したり、丸太を打ち込んだりしてバラック造り店舗とした。

（前掲書『中巻』、五一三頁）

金の指輪、銀の指輪

ガーブ川の蓋は六十四年頃、完成しました。で、ガーブ川に蓋したあと、すぐ近くの太平通りというところに。店を移したんですよ。野菜なんか売っている農連市場があるんだけど、その辺にいたんですよ。

家賃は高いですよ。六〇ドル！　僕が払ってた。収入があったから六〇ドル払うのなんでもなかったけど、いまじゃダメですねー。家賃はちゃんと、きちんきちんと払えましたよ、はい。

だって農連市場の人なんか、ひとつ指輪作ると二一ドルを前払い、全額払うんですよ。二一ドルすぐ現金で払って、作らせる。そんな人がいっぱいいた。あの頃は、景気が良かったんですよ。使われる人（雇われる人）が、威張っていた時代だからね。

二一ドルの指輪は金の指輪。銀は安いですよ、シルバーは。だから年輩の人は馬鹿にして、銀は買わない。おばさんたち金持ちだから。僕はひと月で、金を一キロ使いましたよ。

人気があったのはハブの指輪。物凄くハブの指輪が流行っていた。ハブは商売繁盛の縁起物。だいたい月に一五本は作りましたね、はい。作らせる人がいっぱいいましたよ。お客さんはよく分かっている。縁起物だから商売繁盛といってね。

太平通りの店のことは、市場が近いからね。多分、みんな分かる。みんな、買い物は農連市場ですからね……。店の場所は一〇回くらい変わってる。

繁多川《はんたがわ》に来たのは最近。一番良かったのは、農連市場。向こうが最高。

型とポンチ

これはカミサシの型《かた》。ジーファーを作る道具です。この型に、溶かした銀を流すんです。それから叩いて形を作るわけ。型に流さんと、塊から叩くと疲れるからね。でも型を使えば、一時間でジーファーの形をとれる。

おやじも、型を使っていました。

この型は、僕がレンガを彫って作りました。おやじのはどこに行ったのか、もうない。これ（型）は壊れるから。

でも同じ又吉でも、うふやー（本家。「金細工またよし」のこと）のジーファーは型に流さんよ。全然違うのよ、そのところによって。

又吉修氏が、レンガを削り作ったジーファーとカミサシの型。銀が流し込まれている箇所がジーファー用の型。星のような形の箇所はカミサシ（男用本簪）のカブ部分の型

（伊差川榮子氏のジーファーを手に）これは、おやじが作ったの。ここに、ご紋が入っている。左巴紋《ひじゃいぐむん》。尚家《しょうけ》の紋。

黒くなっているねー。これ錆びてる。表面だけだけど。これは磨き粉がありますでしょう。それで磨いたら白くなりますよ。いや、これ磨いたら喜びますよ。

左巴紋のポンチ（印を打ち込む道具）は、そこにあります、これです。誰かに譲らんといけないけど。これ、二百年、三百年近くなるんじゃないかな。これは、昔の人が作ったの。先祖が作ったのを祖父（又吉誠松氏）がもらって、おやじが使って、僕がもらった。

ポンチの柄にある印は、作った人の印だと思いますよ。誰が作ったのかは僕なんかには分からないけど、おじいちゃんの祖先が作ってます。これは確かです。祖父の前

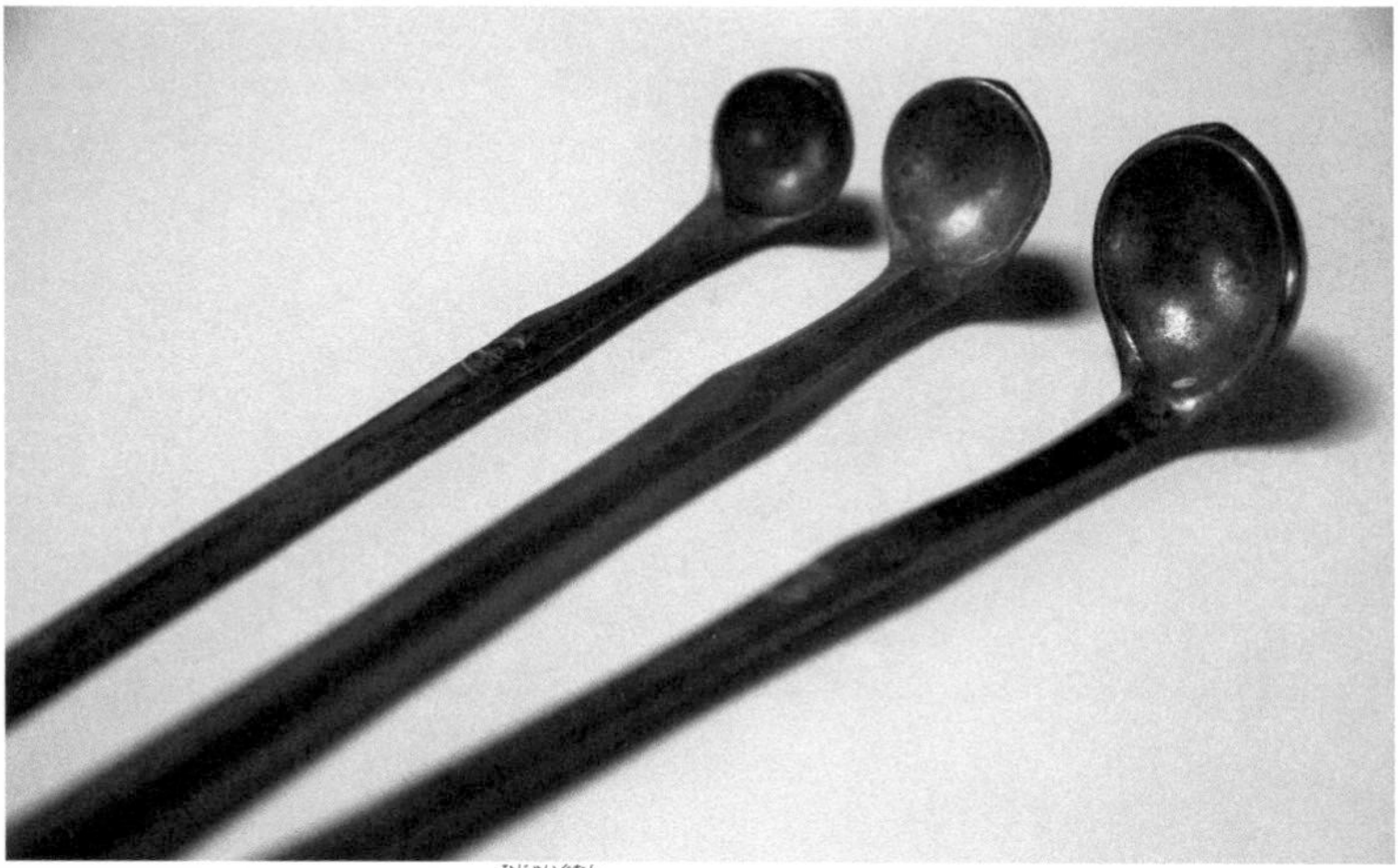

伊差川榮子氏所有のジーファー。左巴紋《ひじゃいぐむん》の刻印が打たれているのは、手前のジーファー

又吉修氏が大切にしている左巴紋の刻印を打つ道具、ポンチ。「祖父はこのポンチは使ってなかったみたいですよ。左巴紋は尚家の紋だから。自分たちの先祖は尚家のだけ作る飾り師。いろんなものを作ってたみたいよ。一般の人の簪を作るようになったのは、あとになって」と、修さん。そして、このポンチに刻まれた印は本書 17 頁掲載のジーファーの刻印に似ていた。

の人が作ったのを、おじいちゃんが持っていたんです。

＊採録日は二〇一二年九月、同年十一月、未記録の計三回。ご自宅にて。初回は新垣和子氏と共に。そして三回とも時々、修氏の妹の木脇貞子氏が同席。

「このジーファーを買ったのは、まだ踊りの、教師の免状をもらわないうち。これからはジーファーが必要だからって」

語り・大盛良子氏（誠敏氏のお客さん、昭和八年生まれ）

踊りには必要だから

八重山を出たのは終戦後ですよ。二十歳過ぎてたんじゃないかね。成人式を終わってから那覇に出てるから。そのときは飛行機もないし、もう船で。二、三日かけて沖縄に渡る時代だったからね。二十二、三歳くらい（昭和三十年頃）じゃないかな、那覇に渡ったのは。お母さんは八重山（石垣島）にいて。私、ひとり出たんですよ。

踊りを始めたのは那覇に来てから。繁多川《はんたがわ》にいたとき。四十四、五（昭和五十二年頃）ぐらいだったかな、舞踊研究所に入って。

兄貴の息子が結婚するからということで、ぜひ、おばさんに舞台で踊ってほしいから『鷲《ばし》ぬ鳥《とぅり》』(＊)だったかな、習ってきて！って言われて。

それがきっかけで踊りを習ったんです。で、初めて舞台にでて。そのあとも二、三回、先生に踊りを習ったけど、私は上手じゃないしって、やめて……。そしたら、娘に怒られて。「やるならやる、やらないならやらないって言わないと！」って。

じゃあ、あんたなんかが言うなら、やってみようってジーファーを買いに。作っていらっしゃる方のおうちまで訪ねて行きました。一緒に踊りをやっていた方が、「自分もジーファー買ってきたから、大盛さんもいま買って、きちんとやらないといけないよー。あっちにしかいまは売ってないから、あっちに行った方がいいよ」って言うから、その方から教わって、繁多川で買ってきました。

このジーファーを買ったのは、まだ踊りの教師の免状をもらわないうち。四十三、四ぐらいかな。

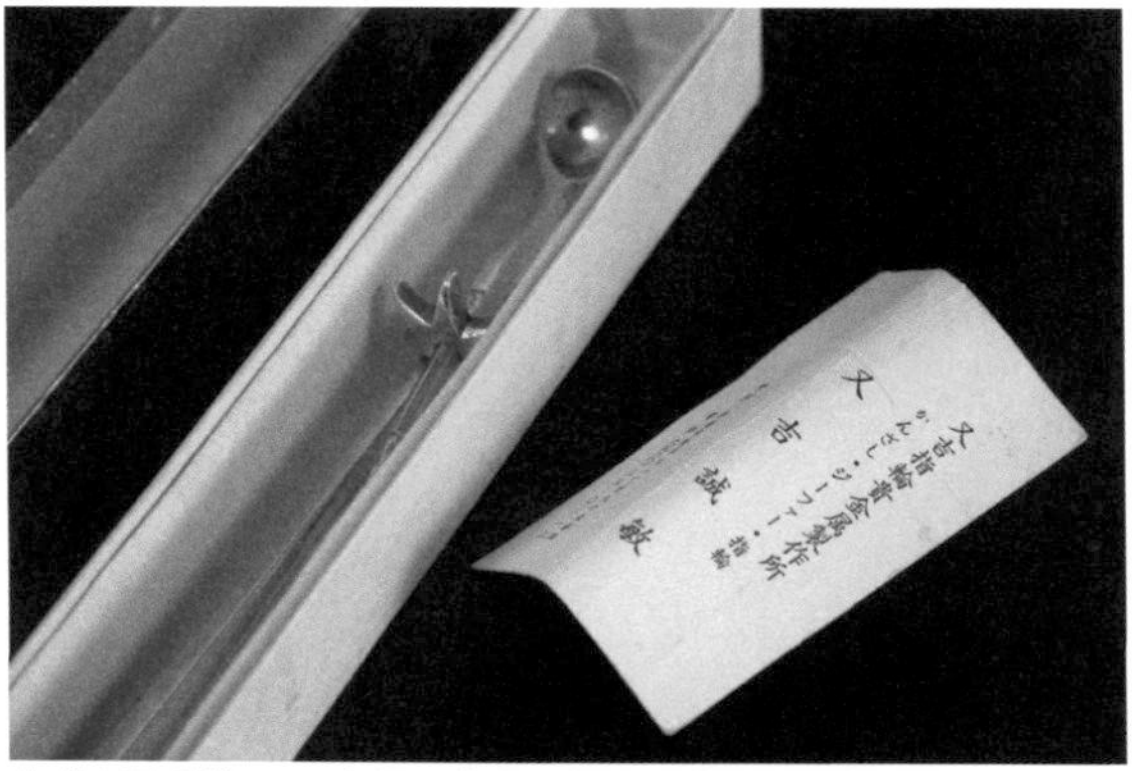

大盛良子氏が 1976 年頃に自分のために購入した簪。職人の名刺もいまなお大切に

これからはジーファーが必要だからって。そのときにはね、高い買い物でしたね。子供をひとりで育てていましたから。

いまはニセモノがいっぱいあるけど、あの頃はジーファーに、ニセモノとかイミテーションとかはなかったんですよ。

店は、そんなに大きくは感じなかったね。私が行ったときはこんなして、あぐらして作っていました。カンカンカンってやっていて。「ジーファー買いにきた」と言ったら、「ジーファーはね、男もんと女もんとあるから、両方買った方がいいですよ」って言われたから、「そうですか。じゃあ、両方ください」ってことで。男踊りにも女踊りにも使えるようにって。あんたはずっーと女踊り、ってことはないさーね、だから。

二、三万円くらいじゃなかったですかねー。一万八〇〇〇円っていうのが女のものだけだから、男のものが……。三本全部で三万くらいだったんじゃなかったかなーって。

（踊りの写真を見ながら）この簪は、これのときに使ったかなーって、『ういばるの島』。免許取ったときに、私、これを踊ったんです。五十代かな……。（後日、娘の藤村三千代氏が確認してくださり一九八九年と判明）

買ったときに名刺ももらったから、そのまま大事にしていたんですよ。又吉誠敏さん、って方ですね。

大盛良子氏が、琉球舞踊の教師の免状をもらったときの記念写真

＊『鷲ぬ鳥節』は八重山の古典民謡。八重山で暮らす人々には極めて身近な民謡で、祝いの宴の座開きで奏で唄い踊られる。鷲ぬ鳥とはカンムリワシのこと。

ホンモノとニセモノ

それで免許を取ったあとからは、ホンモノと、ニセモノがあったんですよ。ドルのね、二五セント（硬貨）とか五〇セントとか見たことありますでしょう？　これで、簪を作るとかいうのを聞いたことがあるんですよね。

開南《かいなん》通りにちょっとした簪の店があって。「ニセモノだったら三千円ぐらい、ホンモノだったら何万円とかするよ」って言われて。ちゃんとした鍵付きのケースに入れてあるジーファーもあって、「こっちはホンモノです」って。

それで「材料は、なんで作ってらっしゃるんですか？」って聞いたら、「二五セント玉で」って。二五セントか五〇セントかを砕いてイミテーションを作ってる、とかなんとか。

そのときには私はもう、これ（又吉誠敏氏作の簪）を買ってあったから……。

でも自分の生徒たちには、到底いまはホンモノは買えないから。それで、だんだん、生徒が増えてきたときに、ちょうどその店があったから、私はもうここで買おうって。生徒用にイミテーション、ニセモノのものをいっぱい買ってきたんです。男もの二組、女のものも三〇〇〇円のを二組買って。生徒たちに、これを使わせたんです。

椅子に座ってカンカンカンカンって。そうして作られているのを買ってきて。ニセモノが出たら、ホンモノを持つのは教師くらいで。

その店があったのは、そば屋の通りさ。仏壇通りをまっすぐ行って、そば屋の次のところ。坂を下りて行くでしょう、その角っこにあったのよ。いまはもういらっしゃらないさ。

＊採録日は二〇一二年六月二日。ときおり雷雨。娘の藤村三千代氏が同席。大盛良子氏の語りは本書第1章Ⅱにもあります。

「うふやーのおじさんは、元気なときは本当によく来ていましたよ。いつもおやじと、『どういう風に作ったらきれいか』って、そんな話ばっかりしてましたよ」

語り・木脇貞子氏（誠敏氏の娘、昭和十一年生まれ）

誠敏氏と誠睦氏、ふたりのクガニゼーク

おやじ（又吉誠敏氏）は私に、「クガニゼークの仕事をやっときなさい、教えるから」って。一緒に、そこに、いるわけだから。だけど「子供育てるのに精一杯だから、ごめんね」って……。男とか女とか関係なくして、やろうと思ったらできたかもしれないけど。女はやらないものだとしか思わないじゃないですか。

やはりあの、玄翁《かなづち》を使うでしょう。いまの弟の作り方（型に流す方法）とは違うから。

おやじの仕事を手伝うなんてとんでもない。その頃、おやじは物産展とかね、結構、出していたん

ですよ。そんなときは納品したりとか手伝いましたけどね。ま、そんなにはね。

戦前は、ジーファーを作っている家が二十箇所くらいあったってよ。ようするにねー、みんな、又吉の親族だったと思いますよ。

だから又吉のご先祖さまのことを「とぅーち又吉」って呼ぶでしょう。唐《とう》（いまの中国）へ行って、銀細工の修業してきた。だから「とぅーち又吉」って呼ばれているわけよ。先祖が行ったのは、福建省。

ジーファーは、最初は医療器具で、だからスプーンの形だったって。それから、こうなった。

そこでいつも話してましたよ。

私がうふやー（又吉家の本家。ここでは首里の「金細工またよし」）を訪ねたのは、戦前。なにか用事とか、行事があったんでしょうね。うふやーっていうのは、むぅーとぅやぁー（元の家）。長男の家。戦前のことだから、家の場所はどこか分からない。でも行ったような覚えは、おぼろげにある。

私は誠睦《せいぼく》さん（「金細工またよし」五代目）のことは〝うふやーのおじさん〟って呼んでました。

戦後、おやじが元気な頃は、うふやーのおじさんは、よくうちに来よったんですよ。

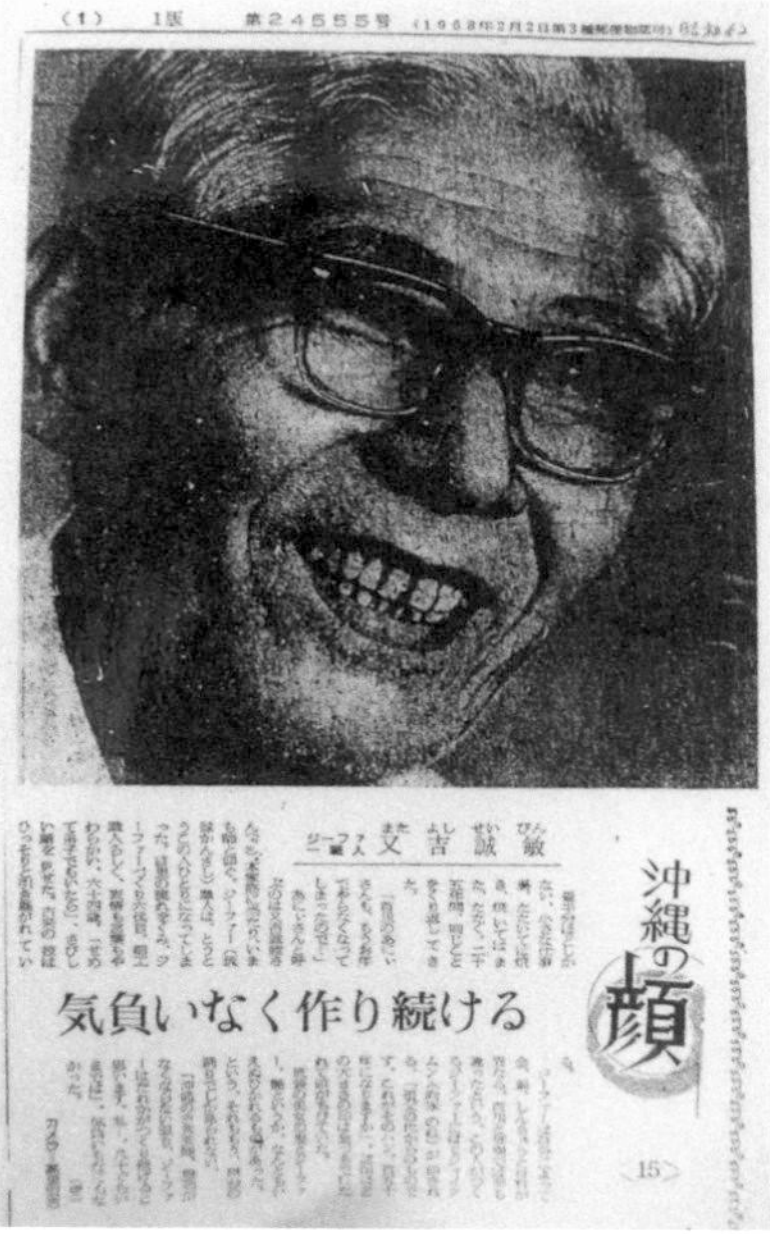

1968年2月2日の新聞記事。木脇貞子氏が大切にラミネートして保管。媒体名は不明

いつも、おばさんと一緒にみえてましたから。

うふやーのおじさんとおやじは、話をしていましたよ。そうすると結果的には、ジーファーの話になっていくわけ。私たちは、もうしょっちゅうその様子を、ふたりが話しているのを見てますから。私はその傍にいたわけ。「ジーファーは、もともとはこうだったけど、きれいにするために、だんだんこういう風になった」とか、「どんなしたら舞台で見映えが良くなるか」「こんなしたら、きれい」って、そういう話をしていましたよ。結局、戦後は、ジーファーを使うのは舞台でしょう。舞台できれいに見えるためにこうなってきた、と。

銀のジーファーって、きれいじゃないですか？　アルミ

木脇貞子氏のアルバムに挟まれていた写真。横に長くどっしりとした金床を前に仕事をする又吉誠敏氏

木脇貞子氏作の琉球人形は、いまにも動き出しそうな柔らかさが特徴。髪は木脇氏が結い上げ、又吉誠敏氏が作ったジーファーとカミサシを挿した贅沢な作品

のと全然違うよね？　舞台でもぴかぴかして、きれいでしょう？

昔のジーファーは毎日使うから、お箸みたいに細いんですよ。だから踊りで、舞台で、きれいに見えるように、だんだんこういう風に、太く、長くなってきたんじゃないかな。

うふやーのおじさん（誠睦氏）は、元気なときは本当によく来ていましたよ……。いつもおやじと、「どういう風に作ったらきれいか」って、そんな話ばっかりしてましたよ。

だから又吉家でなければ、ジーファー作りはできなかったわけではあるわけさー。
＊採録日は二〇一二年九月、同年十一月、未記録の三回。木脇氏のご自宅と、又吉修氏の仕事場にて。一回目は又吉修氏が同席。

〈最後に〉父と息子、それぞれのジーファー作り

戦後、又吉誠敏氏のもとには、琉球舞踊の研究所（教室）から、踊りで使うジーファーや房指輪《ふさゆびわ》の注文が数多く入った。

それから伊差川榮子さんのように、日々の暮らしのなかで髪に挿したいからと、誠敏氏のもとを訪ねて新しく買い求めるお客様もいらした。

そしてこれらの注文に精力的に応えて作る誠敏氏のもとには、しばしば「金細工またよし」の五代目、又吉誠睦氏（明治三十三年生まれ）が、立ち寄っていた！

「どんなしたら舞台で見映えが良くなるか」

「こんなしたら、きれい」

娘の木脇貞子氏は、明治生まれと大正生まれのふたりの又吉のクガニゼークが、これまでのジーファーのどの部分をどう変えたら、より舞台映えするようになるか、語らう姿をよく覚えていた。

ここからは私の想像だが、踊り用の若々しい大きな髷《まげ》に釣り合うようにと思えば、ジーファーは、太く長くなるだろう。また舞台上の演者を、客席から見上げる観客の目にもジーファーがよく見えるようにするなら、髷から突き出る先端をより大振りに華やかに作るかもしれない。うなじ近くに位置する匙《さじ》状のカブを、どの角度にすれば黒髪の中で照明を浴びキラリと光るか……、そんなことも、考えるかもしれない。同じジーファーでも、日々の暮らし用と、舞台用とでは、形が異なってくることは容易に想像できる。

又吉誠敏氏は、クガニゼークとして、舞台映えするジーファーを追求したという。そして、踊り手たちの要望に応えた。お金を払うに値する魅力が、誠敏氏のジーファーにはあったに違いない。そうでなければ、彼女たちは買わないだろう。


誠敏氏のお客様、大盛良子さんにとってのジーファーは、琉球舞踊を続ける決意そのものだった。彼女にとって、琉球舞踊を続けることと、ジーファーを買うことは、同じことだったのではないか。

同じく誠敏氏のお客様である伊差川榮子さんにとってのジーファーは、夫（商業デザイナーの伊差川新氏）が抱く、沖縄の工芸品や民具をいまの暮らしの中でも使いたい、沖縄の工芸品や民具をこれからも大切にしたいと願う気持ちへの返事、夫婦の相聞歌《そうもんか》のようにも感じられる。もしもこれが考え過ぎだとしても、とにかく榮子さんは、そもそも琉球の装いを美しいと感じ、なにより琉装がお好きだったのだと思う。

戦後の沖縄で又吉誠敏氏から、新しいジーファーを買ったふたりの女性の胸の内は、夏空と白い雲のように、くっきりと明瞭だった。

明瞭といえば、又吉誠松氏と又吉誠敏氏は親子だけれども、目指すジーファーは、異なるものだった。明治生まれの誠松氏（父）は「磨き直し」や「打ち直し」をすれば使い続けられる、昔ながらのジーファーを、材料や作り方にこだわって作った。

そして自分の子供たちにはこの仕事を継がせることなく、異なる道へと誘った。

対して、昭和二十三年からクガニゼークの仕事を始めた息子の誠敏氏は、琉球舞踊教室という戦前には存在しなかった新たなお客様たちが喜ぶであろう舞台映えという新しい視点にもこだわり、試行錯誤を重ねジーファーを作った。

一見すると、ふたりのジーファー作りの方向性は、異なる。

けれども、我が子に代々の家業を継がせようとはしなかった誠松氏と、戦後に家業を継いだ息子の誠敏氏は、共に自分の店に来るお客様がジーファーに求めていることに応えるというモノ作りの姿勢は同じだった。

明治生まれの又吉誠松氏と、大正生まれの又吉誠敏氏。父と息子、ふたりのモノ作りはそれぞれに誠実だった。

【附　録】

沖縄県公文書館の写真にジーファーを探す

1945-1966

米海軍写真資料。1945 年 7 月 12 日撮影。和訳：戦車揚陸艦 LST-1031 の第 2 甲板にいる
民間人。沖縄本島北部に向かう途上にて（沖縄県公文書館蔵）
▷髪型は見えない。7 月の陽光で足元の鉄板の熱さはいかばかりかと（今村）

占領初期沖縄関係写真資料。陸軍。1950 年 12 月 23 日撮影。
和訳：キリスト生誕のシーンを前にして膝をついて座る地元の人達（沖縄県公文書館蔵）
▷大人の女性は髪を結い、３人の髪にはジーファーもちらと覗く（今村）

琉球政府関係写真資料。1959 年 7 月撮影。那覇？　道路を横断する人々（沖縄県公文書館蔵）
▷夏の雨上がりの国際通りだろうか？　街路樹の柳が風に揺れる（今村）

USCAR 高等弁務官関係資料。1958 年 9 月 17 日撮影。
ドル変換。首里支所（沖縄県公文書館蔵）
▷集まっている女性の服装と髪型の違いが写る。手前の着物姿の女性の髪には小さなジーファーが、手の甲にはハジチ（入墨）が見える（今村）

USCAR 広報局写真資料。1962 年 11 月 17 日撮影。
和訳：金武村並里区にて水道施設を開設する高等弁務官（沖縄県公文書館蔵）
▷舞台上の女性の髪にはジーファーが見える。奥の建物の看板には漢字で理容館（今村）

琉球政府関係写真資料。1963 ？年撮影。那覇農連中央市場（沖縄県公文書館蔵）
▷頭にくるりと布を巻いている女性もちらほら（今村）

琉球政府関係写真資料。1966 年 6 月 23 日撮影。糸満摩文仁。老婦人（沖縄県公文書館蔵）

琉球政府関係写真資料。1963 年撮影。世界一周観光団カロニヤ号（Caronia 号）。
琉球の女性が貝のレイを贈呈（沖縄県公文書館蔵）
▷結い上げられた艶やかな黒髪には大ぶりのジーファーが光る（今村）

琉球政府関係写真資料。1964 年 12 月撮影。那覇歳末風景。平和通り商店街（沖縄県公文書館蔵）
▷ほとんどの人が洋服姿のなか、商品を吟味する女性がひとり着物。手前の毛糸の帽子をかぶった幼子の服と靴が洒落ている（今村）

琉球政府関係写真資料。1966年2月10日撮影。那覇辻。じゅり馬行列（沖縄県公文書館蔵）

琉球政府関係写真資料。1965 年 7 月撮影。撮影地不明。琉装婦人を撮影（沖縄県公文書館蔵）
▷柳行李や段ボールなどがクレーンで吊り上げられている。被写体となっている花束を抱える琉装の女性の髪にはジーファー（今村）

第4章

ジーファーが、彼女たちの背中にそっと手を添える

I　糸満のクガニゼーク、新垣仁王氏

会いたくて、記事を握りしめ糸満へ

始まりは、新聞記事だった。

ある日、「金細工またよし」の工房に寄らせていただくと、糸満《いとまん》のクガニゼークの記事があったと、新聞の切り抜きのコピーを、渡された。


昭和五十二年十月十一日（火）『沖縄タイムス』

〝クガニゼーク〟50年　糸満市の新垣仁五郎さん

時代の波モロに　細々と合鍵づくり

〔糸満〕「クガニゼーク」。いまでいう黄金細工師のことである。

糸満市字糸満●●●●、新垣仁五郎さん（六二）はいまなお現役のクガニゼーク。代々の家業で、仁五郎さんが三代目だ。ジーファ（かんざし）イービナギィー（指輪）の加工、細工が専門。最近では宝石、貴金属類が出まわりめっきり注文も減り、せっかくの腕もふるえない。「合いカギづくりが本業みたいになってしまって……」とちょっぴり寂しそうだ。

仁五郎さんがクガニゼークとして一本立ちしたのは十五歳。キャリアは五十年近い。この間、時代の移り変わりとともに、仕事内容も大きく変わってしまった。「戦前の一時期まではジーファ、イービナギィーの注文も多かったものですヨ。金銀といえば最高の品でしたネ。それを客の注文に応じつくりあげた」と昔を振り返る。

「今は、もっぱら合いカギづくりになりました。技術も生かせません」。いまは少なくなった注文の品を丹精こめて仕上げている。仕事は減ってしまったが、腕と職人気質は衰えを見せていない。

戦後は糸満市内で唯一の現役クガニゼーク。合いカギづくりに〝転身〟を余儀なくされているが、それでも終戦直後は〝重宝〟がられた存在。当時はカギをつくる台の金具もなく、もっぱら自家製。仁五郎さんは薬きょうを加工、まず台をつくり、カギのヤマを入れた。これが評判となって、那覇市や中部からも注文が殺到したほど。

ところがこのごろでは合いカギづくりも、すべて機械化。「いまでは女、子供にでも楽につくれる。技術はいりませんネ」。せっかく身につけた技術も時代の流れについていけず、新垣さんは「なんといっても昔がなつかしい。存分に腕をふるってみたいものです」とかつての〝クガニゼーク〟華やかだった時代をしのんでいた。

記事には、白い肌着姿の職人の写真が載っていた。

「金細工またよし」の親戚ではないクガニゼークに関する、このボリュームの文字情報を目にするのは、これが初めて。むさぼるように文字を追うと、糸満のクガニゼーク、新垣仁五郎《あらかきじんごろう》氏の年齢は六十二歳、とある。新聞の発行年は、昭和五十二年。

工房にこの新聞記事が舞い込んだ経緯は、こうだった。記事にお名前がある職人のご親族が、手元に残された仕事道具をどう保管したらいいだろうかと、首里の「またよし」の工房に相談にいらした。記事は、その折に、置いていってくださったものだった。

切り抜きには、お住まいの住所も掲載されていた。

私ひとりで訪ねれば、なにかの勧誘といぶかしがられると思い、週末を待ち、那覇生まれ那覇育ち

"クガニゼーク"50年
糸満市の新垣仁五郎さん
時代の波モロに
細々と合鍵づくり
細々と合いカギづくりに甘んじている新垣仁五郎さん

新垣仁五郎氏を紹介する『沖縄タイムス』昭和52年10月11日（火）（沖縄タイムス社提供）

の夫と、五歳の娘にも一緒に来てもらい、記載の住所に建つ家を探しにでかけた。幸い、家人がいらっしゃったのでこれを頼りに訪ねてきたと新聞の切り抜きをお見せして、それから、戦前のクガニゼークたちの仕事を追いかけていることをお伝えすると、しっかと目を見てくださった。

新聞記事のクガニゼーク新垣仁五郎氏は、この方が嫁がれたこの家の義父の弟とのことだった。

夫と娘には、糸満散歩にでかけてもらい、私はご好意に甘えお宅にあがらせていただいた。

こうして新垣宏子《あらかきひろこ》氏と息子の元《はじめ》氏、それに、仁五郎氏の嫂《あによめ》の榮子氏にお話を伺うことができた。

「仁五郎さんの一番は、石油コンロですよ！」

語り・新垣宏子氏（仁王氏の孫の妻、昭和三年生まれ）

アイデアマンのクガニゼーク、仁五郎さん

この火鉢は、新聞記事の仁五郎さんが親のために、寒いときにちょっと置いておけるように作ったんじゃないですかね。

（胸に手を当てながら）清潔で凛として、ここのとてもきれいなおばあちゃん。私はとてもかわいがられました。このおばあは、とってもきれいにしていましたね。九十四歳で亡くなったんですけどね、亡くなった日までぴしっとして。静かに亡くなって。

仁五郎さんは、このおばあの息子。

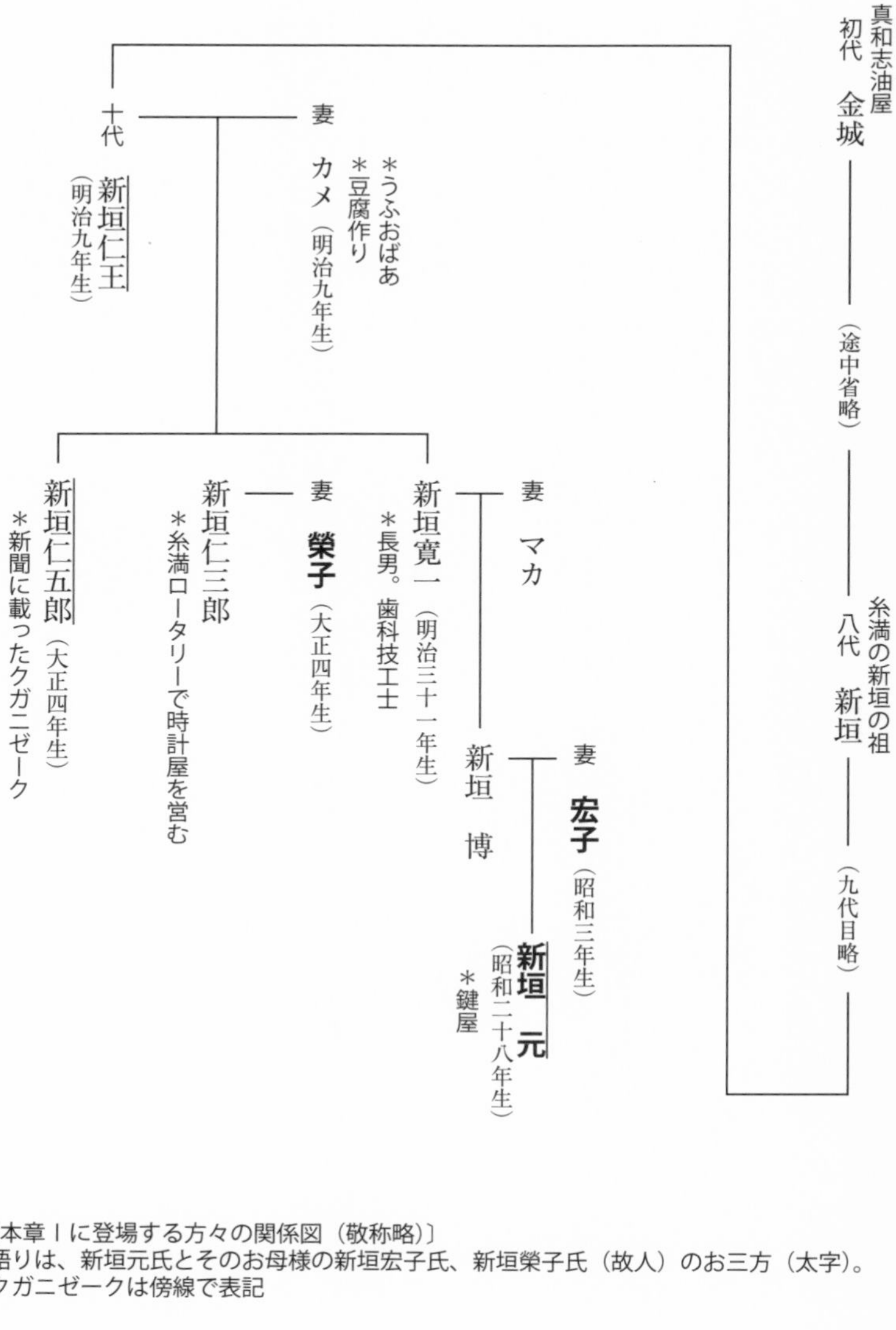

〔本章Ｉに登場する方々の関係図（敬称略）〕
語りは、新垣元氏とそのお母様の新垣宏子氏、新垣榮子氏（故人）のお三方（太字）。
クガニゼークは傍線で表記

（火鉢の）どっかに、裏に、なにか刻印《こくいん》がない？　仁五郎さんは、いつも作ると印《しるし》をつけて置くから。

終戦後に砲弾《ほうだん》を探してきて……。砲弾は重たいからね。砲弾そのままを切って、こんなしたんですよ。私は、お茶のお手前に使おうかなと思って、この火鉢をもらって、使ってたんですよ。火箸もあるんですよ。火鉢とセット。火箸《ひばし》も薬莢《やっきょう》なんですよ。

（上端が薬莢の火箸を手に）こういう細工をするってのはクガニゼークですよね。上端部分が小さな薬莢。これはあんたにあげるよ。いーよ、いーよ、私はあるから。これは砲弾だよ、薬莢、拳銃の弾《たま》。拾いに行けばね、こういうのがいっぱいあったんですよ。あなたにあげるよ、これ。

もっと大きい弾もあったよ。この火薬を抜いてね。それで足やられたり、手やられたり、そういう方がいっぱいいますよ。うちは、弟がこれをいじってから、やられてましたよ。

仁五郎さんがジーファーを作った話は、聞かないね。ジーファーも作ってたのかな？

イービナギー（指輪）はドルでね。一ドル（硬貨）があるでしょう、それで作って。みんな一ドル持ってきて、作らせてましたよ。私も、作らせてましたよ。

終戦後、仁五郎氏が母親のために砲弾で作った火鉢

仁五郎さんは、石油コンロも作ってたんですよ。戦後、仁五郎さんが最初に作ったのが石油コンロ。ほんと、物がない時代。仁五郎さんの一番は、石油コンロですよ！　煮炊きに土で作った、石で作った窯《かま》を使っていた時代に、うちはコンロを使ってたんです。石油を入れて、ちょうどランプみたいな仕組みで。下に石油を入れて、上にバーナーがあって、つまみで操作してやってましたよ。ランプからヒントを得たんじゃないかな。

羽釜《はがま》はなかったね。羽釜じゃなくって、普通の鍋《なべ》は作ってましたよ。小さい、普段使う鍋ね。それと、あれはなにをトントン叩いたかね？　平たい鍋。柄《え》をつけて、白いアルミかな。ああいう鍋は作ってましたよ。私も戦後、使ったもの。ひらなーび、っていうの。深いものじゃなくって、炒めるときに使うやつがありますでしょう。あんな形を作ってましたよ。必要な物は作って……。仁五郎さんはなにか見たら、アイデアが浮かぶんです。

仁五郎さんは鍵なんかもねー、自分の勘で作ってましたからね。壊れた鍵を開けたりも。そうしたら警察から一回、調べに来たそうです。それで、笑ってました。

＊採録日は二〇一三年七月十八日(木)。ご自宅にて。息子の、新垣元氏が同席。

手に持つとずっしりと重みのある火箸。箸先は四角に打ってある。持ち手部分は薬莢の形そのまま

「薬莢は厚さが二ミリぐらいあって。ちょうど鍵の厚さだから」

語り・新垣元氏（宏子氏の息子、昭和二十八年生まれ）

仁五郎さんの指輪と鍵作り

うふおばあは、あの火鉢のおばあは、私が高校生くらいのときに亡くなって。うふおばあは私の、曾《ひぃ》おばあさんです。この方が豆腐屋をしていたのは、戦前。

うふおばあは簪《かんざし》もしていた。いつもこんなして、きりっとしてましたよ。ハジチはやっていましたよ。この世代くらいまでは、みんな普通にやってましたね。

この新聞記事は、僕が大学卒業の年だから……。

仁五郎さんは、うふおばあの息子。で、僕の祖父の、弟。

僕の両親は共稼ぎで、家に誰もいないから、僕は小学校時代からずっと仁五郎さんのとこに行って、傍について、後ろから覗いて仕事を見たりして。うちが近くでしたから。

仁五郎さんはね、こんなしながら鞴《ふいご》を膝《ひざ》で踏んで。鞴からゴム管みたいのが出てて、先から空気が出て、その先の方にガスバーナーの口があって。……火の加減も調節できるから。弱くしたり、強くしたり、また弱火にしたりして作ってた。いつも鞴をこんなして。僕もこいだりしていたから。仁五郎さんの作り方を全部見ていたもんだから。だから真似はね、鞴とかあればできる。見てるから。

戦後の仁五郎さんの工房は、トタン葺きの借家だったんですよ。奥の方が住宅で、前が店舗で、電気製品とかも売っていて。

あとで、鍵を作る机も置いたんだけど。ちょっとそこに座って、コンコンコンって打ってましたよ。

仕事着はステテコ。外に行くときにズボン履いて。

薬莢《やっきょう》、分かる？　砲弾の薬莢の殻《から》は真鍮《しんちゅう》なんですよ。みんな、あれを集めて売ったりしていたんだけど、薬莢は厚さが二ミリぐらいあってちょうど鍵の厚さだから、これをカナノコで切り取ってから、ヤスリで削って溝《みぞ》を。で、鍵を当てて、ヤマを見ながらまた削って、鍵を作っていたんですよ。だからこの新聞にもあったように、あちこちから注文があったっていう鍵は、全部、手作り。

そのあとに、本土から鍵を作る機械が入ってきて機械で作るようになったんですけど。その前までは全部、溝も全部自分で削って、ヤマも入れながら調整しながら削ってました。

新垣元氏の工房。いまも残る新垣仁五郎氏の鍵の仕事道具。元氏にとって仁五郎氏は祖父の弟

仁五郎さんが、ジーファーを作ってた覚えはあるんだけど、ジーファー自体は注文が少ないもんだからよー。記憶にちょっとあるような感じはするんだけど。叩いてから六角形とか八角形とかにするからね。そういうのは見たような記憶が。

注文がね、イービナギー（指輪）の方が多

かったから。イービナギーはよく作るさーねー、作り置きじゃなくて注文で。

あのね、指輪の形は基本的にはカマボコ。綱《つな》みたいなのも作ってたけど一番多いのはね、やっぱり糸満はね、カマボコ型。指輪の注文はよく来ていましたよ。指輪に石をいれたりは、そういうのはなかった。カマボコ型と綱。編んだやつ。あれはどんな風に作ったのかな……。指輪はね、繋ぐときに、白い粉みたいのをつけてやってからね。

それから戦後はアメリカのお金が銀だから、これを溶かしていろいろ作っていたわけよ。溶かして叩いてからね、簪とか指輪に作り変えて。でもやっぱり硬貨を溶かすってのは犯罪だから、人の前では溶かさんわけよ。誰もいないときに。

仁五郎さんが使っていた道具は、ちょっと手元にあるんです。仕上げの磨きに使う棒とか、指輪のサイズを測る道具とかだけは残っているんですけれども。これが、指輪のサイズを調整する道具。これが仕上げをするやつね。カマボコの表面とかを、最後にこれで磨く。これは量り。仁五郎さんが使っていたやつ。

ローマ字を刻印《こくいん》する道具も、仁五郎さんは持っていた。だからたとえば新垣《あらかき》ならAとかね、自分の作った鍵なんかにも印《しるし》を打ってましたからね。自分で作ったものって、すぐ証明できるようにね。鍵はみんな手作りだから。鍵には、やってました。ジーファーに刻印を打つところは、見たことないです。でもとにかく、新しい時代になってからは、自分が作った鍵にはアルファベットのAを。自分が作った証拠としてやってました。僕が小さい頃までは結構作ってましたよ。

仁五郎さんは、鍵を開けるのもできよった。

だから当時はね、夜からはもう仕事に行かないって。やっぱり、いろんなことがあるでしょう。その辺はちょっと、気をつかってやってきたみたい。

僕は十月に東京で、八日間の鍵の講習会を受けてきて。最低限はやっておこうって……。現場はやったことないけど。合鍵を作るのは比較的簡単なもんだから。だけど鍵を開けるってのは難しい。

糸満ロータリーの近くにあった親戚の時計屋にて。右が当時、中学1年生だった元氏

仁五郎さんは修理、修繕、なんでも。傘が折れたらそこを再生して。傘の骨はU字型になってますでしょう？　あれ、よく折れるでしょう？　それをまた元《もと》に。一枚の板みたいな剃刀《かみそり》の鉄板を伸ばして、折れたところに巻いて、補強してから直すとかね。なんでも修理、修繕を。

（隣に座っておられる新垣榮子氏と、目をあわせながら）こっち（新垣榮子氏）は、親から時計屋を継いでいるわけよ。戦後は、糸満ロータリーの近くに二階建ての、瓦の二階建てのおうちを一番地に持っていたから、相当お金を持っていたはずよ。そこの一階で、時計屋やってたから。

みんなに金を貸してから、とれなかったとかなんとか。

この写真はその時計屋さんで、僕のイトコと。戦後の写真。

＊採録日は二〇一三年七月十八日（木）。ご実家と仕事場にて。一部分、新垣榮子氏（故人）が同席。

「うちはもとの屋号は、首里のアンダヤー。クガニヤーってのは、仁王さんに糸満の人がつけた名前だから」

語り・新垣榮子氏（仁王氏の息子の妻、大正四年生まれ）

王様がいなくなったから、首里から糸満へ

あはぁ……。この簪《かんざし》はだいぶ焼けたねー。アメリカは、みんな焼きよった。だからガラガラーなって。これ磨いたらいいのにね……。これは宝物だからね。

（筆者が古道具屋で購入して以来、持ち歩いている短い簪を手にしながら）これは、おばあちゃんのものだね。

こんなのを作るのは仁王《におう》（榮子氏の夫の父親。火鉢のうふおばあの夫）、糸満《いとまん》では仁王（明治九年生まれ）がやってた。その上は分からんさー。

ジーファーを挿したことはない。私たちからちょっと、ひらけているから。いやいやいや、絶対やらない、簪はやらない。戦前の簪は、ここ（髷）からあんまり見えないさーねー、銀の簪が見えないさーねー。あんまり見えたら叱られるから。

簪はね、位《くらい》のある人はこれを挿せるんだけど、位のない人は挿されない。上からの教えで、位のある人は簪を銀で作っていいんだけど、一般の人たちには銀は許さないわけ。首里城からの教え！　本当の平民は、自分で作った竹の簪。竹で、自分で似せて作るの。それは許しおった、首里城の王様がいらっしゃるあいだは。

王様（琉球藩王・尚泰《しょうたい》）は東京に行ったでしょう。（筆者注釈・一八七九年、日本政府は琉球藩を廃し沖縄県を設置する廃藩置県を通達。榮子さんは、これにより琉球藩王が華族として、命じられ、東京に居住するようになったことを言っている）首里城から王様がもういなくなったから、首里城に仕えていた人は、仁王おじさんたちも、もうみんな、生活の基盤がゼロになったわけね。だから沖縄全島に、もともとは首里にいた人たちが（首里城との関わりで生計をたてていた人たちが）必ずいますよ。

新垣《あらかき》家も首里にいたんだけど、仁王おじさんの上の人が、首里城で何をやってたか分からんけれど、「私たちは糸満に行きます」ってことで、糸満に。

沖縄というのはもう、なくなったわけさ。

戦前、家があった場所は（糸満の）上之平《うえのひら》。糸満は八区に分かれていて、上之平は六区。上之平がメインストリートだったわけよ。

仁王おじさんは、簪、指輪、釣り針、時計直し、ヤカン作りなどなんでもしてた。

この仁王という人は、三味線《しゃみせん》も教える。そう。だからうちのお父さん（榮子氏の夫）は三味線も弾きよった。「三味線を弾いたり踊ったりするけど、誰から習ったの？」って聞いたら、「お父さん（仁王さん）」って。

終戦後には、小さい時計のガラスがよく割れててね。でも新しいガラスがなかったわけよ。この割れたガラスをなんで直すかといったらね、（墜落した）飛行機の窓を削って直していたよ。うちのお父さんひとり、時計のうし（直し）を、仁王から習ってるわけさ。

長男は、歯科の技工士になったの。

カンゼーク仕事は、お父さん（夫）はやってない。五男と六男が継いでるわけ。ひとりは、ヤカン作ったり。


仁五郎（新聞に載ったクガニゼーク）はね、見せたら見せたまま、なんでも作りよった。

うちの中に、ぷーきーぷーきーする鞴《ふいご》もあったわけ。うちにね〝ひーふちー〟っていうて、ひーうくぅす（火をおこす）ものよ、これはあった。

で、鉄でできた叩くもの、あれもなにもかもあって。

子供たちは、父親の仕事を毎日見ているから。ええ、だから子供たちがひとりで仕事をしないといけないという立場になったときにはね、仕事を託せるわけさ。それまでは仁王おじさんもいるから、「お父さん、こっちは難しいよ、これはどうするんですか?」って聞けるんだけど、でも、やがて亡くなるときがくるでしょう。そのときは自分の力で考えて、こんなこんなしてって。

（隣にいる新垣元氏に目をやりながら）これが、それとおんなじ。仁五郎のやってるのを見ているから、それとおんなじ。おんなじ家庭にいるものだから、自然とこの子供たちも、こっちはこうして作るんだなって。それで、これ（新垣元氏）は鍵作る。はい、そうですよ。

これが新垣家の成り立ち。

糸満で釣り針を作った仁王さん、クガニヤーと呼ばれる

（サトウキビを搾《しぼ》る歯車《はぐるま》が動く様子の仕草をしてみせながら）お砂糖をとるのに、牛がひいているでしょう。

昔は、キビの茎《くき》が小さかったよ。え、これぐらいしかなかったのよ。これをね、このままではいけないってことで、茎が太い種類のサトウキビに切り替えたのが仁王おじさん。

糸満の人は漁業だけど、照屋《てるや》の人はみんな農業だから、照屋の人を呼んで、「あんたたち来てごらん。こんなこんなしないと、あんたたち発展しないよー」って。それでね、照屋の農家はいまの太茎《たいけい》種《しゅ》、大きなキビを植えるようになったわけ。

太茎種植えるようになって穫るようになったらね（刈り入れたら）、仁王さんは、お砂糖を搾る大きな歯車を自費で注文して。仁王おじさんが責任をもって、茎を噛《か》み砕《くだ》く、大きな鉄輪に切り替えて。この負債が、私たちは大変だった。

仁王さんは急にね、早死にだからね。私が嫁に来るときには、もういない。

結婚する前に行ったり来たりしたとき、この人（仁王氏）はこっちのおじいさんだね、って分かったくらいで。顔の長いおじいちゃんだね、って覚えているだけで。

嫁に来たのは、私が二十二のとき（昭和十二年）。

じゃあ、なんでこの話を知ってるかっていったらね、戦争が終わって、みんな焼けて、土地の区画が分からないで、喜屋武《きゃん》からこんなしておりてきて、照屋に来たらね、照屋の昔の人が、「えい、あんたはどこの子ねー?」っていうから、「はい、私は糸満の新垣《あらかき》の子ですよ」って言ったら、「はぁー、おまえの家は大変立派なとこだよ。あんたのおじいさんがあんなして……」って、キビのことを教えてくれたの。私はこのことを知らなかったから、びっくりして。

昔の照屋の人は、知っているわけよ。照屋では有名なわけよ、首里のアンダヤーって。うちはもともとの屋号は、首里のアンダヤー。油屋《あぶらや》。

クガニヤーってのは、糸満の人がつけた名前だから。もともとは、正式にはアンダヤー。

仁王さんは地域、地域のことをやったの。

照屋だったら、サトウキビ。

上之平《うえのひら》、六区では、釣り針のことを一生懸命。こっちは海人《うみんちゅう》(漁師)だからね。

昔はね、小魚しか捕ってこなかったわけ。で、いまは大きなものを捕るでしょう。この大きな魚を捕る釣り針がなかったわけよ、昔は。釣り針ってのは、みんな小さいさーねー。大きな魚はいるんだけれど、ちょうどいい釣り針がないもんだから捕れないって。そしてね、これではだめだ、大きな釣り針を作らないと大きな魚は捕られないってことを、海人が感じて。ええ。釣り針をね、海人が考えて発明して、仁王おじいのところに持ってきて、「こんなのを作ってください。あんたなら必ずできるから」って仁王おじいに言うたら、「はいはい、作れますよ」と。で、作ったのが、いまの、こんな大きな釣り針。こんなして釣り針を作って、これで大きな魚を捕るようになったわけ。

糸満の人は漁業しか分からない。新垣はね、漁業は分からないから。

クガニヤーっていう屋号は、糸満の人がつけたの。よそにいくとアンダヤー。屋号が違う。地域の人が名前をつけているからね。六区ではクガニーヤー。

なんでも作る仁五郎さん

私は嫁だから、私が知ってる部分しか分からないからさ。

仁五郎さんは、おうちの中にある〝ぷーきーぷーきー（鞴のこと）〟でも作らんといけないし、ほら、鉄板のような大きなのも、お金みたいな小さなものを叩くような仕事もあるでしょう。だから火も使うし、大きな音もでるから、住んでいる家が分かれていた。

私は那覇から嫁に来たから、ただ不思議で仁五郎さんの仕事を見ていただけで、なにも分からない。歳とったから、いま考えて分かったけど。

（米ドル硬貨を見ながら）これはアメリカの五〇〇円でしょう。これでみんな、指輪作って。これはまた仁五郎さん、仁ちゃんが得意。これはもう人気があって忙しい。これで作ったのは仁五郎！お金を焼いてからね。焼いたら軟らかくなるから。あれ作ろうか、これ作ろうか、花咲かそうか、やる人の勝手。これは仁五郎さんの手柄。

この五〇〇円は、みんな確保していたよ、糸満の人はみんな、これを隠しているよ。指輪に化けるから床下に隠している。あはははは。アメリカのこれで、みんな、指輪作ったから。

冬と夏とは肉（指の太さ）が違うわけ。寒いときには指が小さくなる。暑いときは大きくなる。だ

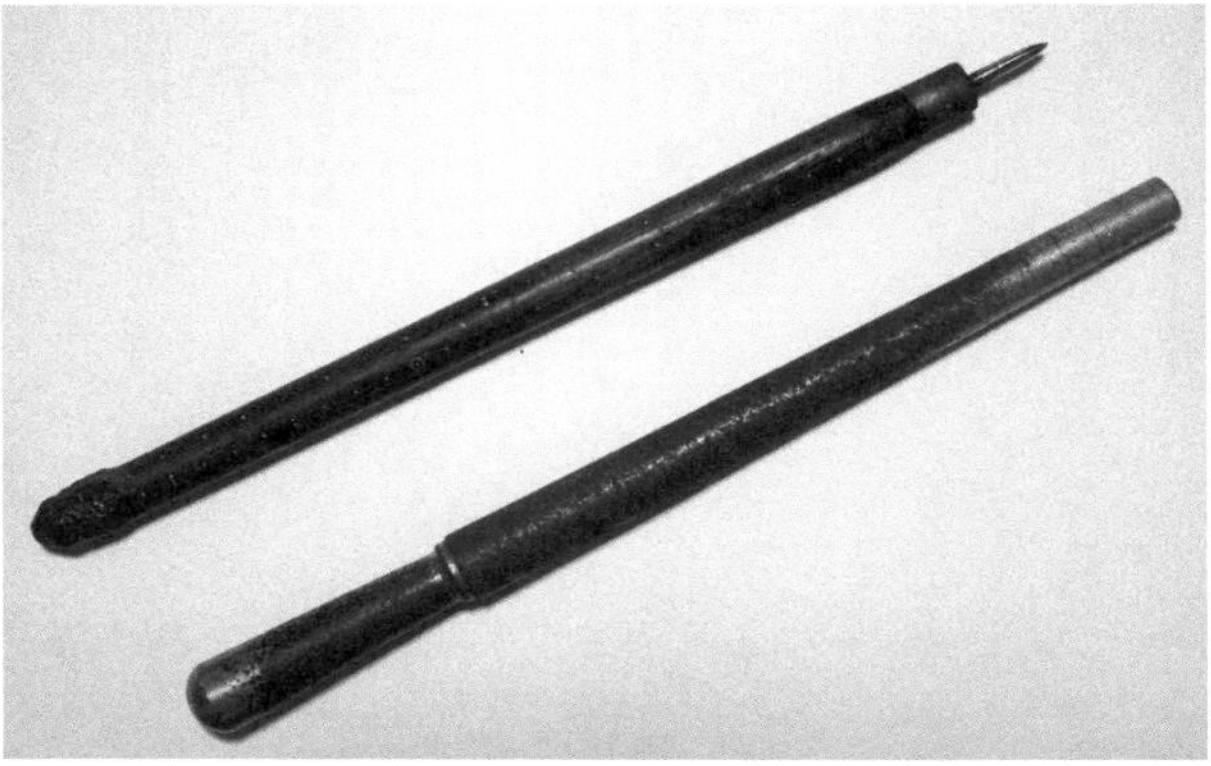

指輪制作の道具。手前の道具で指輪のサイズを調整する。

からこれに指輪入れてトントントンって調整しよった。

仁五郎はね、出張費二〇〇〇円とってから、金庫も開けていた。帳簿に警察から判をもらって、「どこどこの金庫を私は開けました」ということを証明するわけ。「私が開けました」ということを書いて、警察に持って行って、警察で判をもらって。これは戦後、帳簿があったよ。なくなったかねー？ 分からん。

この仁五郎はね、目に見える物は、なんでも作りよった。「これを作りなさい」「はい、はい、作りますよ」って。「はい、はい、はい」って、なんでも作りよった。仁五郎は一番末っ子だから、おうちにいるもんだから、親の仕事をよく見ているから、この人は目で見た物はなんでも作りよった。

また自分で作ったものには必ず印《しるし》つけるわけさー。作った人はね、必ずみんな自分の印をいれよったはずよ。みんな自分の作ったのにはね、自分の名前をいれよった。

この火鉢ね、うふおばあの火鉢はね、アメリカの砲弾。これ、自分たちが材料をあげたのよ。あげたら、今度は仁五郎さんが焼いて、軟らかくして曲げて、まるぐわー（丸く）なってきれいにして。材料をあげるのは私たち。作るのは仁五郎。重たいよ、砲弾は。でも運ぶのは大変なことじゃない。これはね、木炭を焼いてから部屋を暖めるのに上等なのよ。
仁五郎は目で見る物はなんでも、なんでも作りよった。血統だから、この家族はね、だからなにか作りよった。だから血統は大変だねー、ってみているわけよ。

糸満の暮らし

私が那覇から嫁ぐとき、糸満はだいぶ遅れていたよ。那覇は早くから開《ひら》けていたから。那覇の人はもう、あっちはもう近代的な生活しているから。嫁入り前に糸満の暮らしは一応見てから、はあー、こっちはこんなしているねー、って。

だから私はタンスに着物がいっぱい入ってるけど、糸満に来たらつけられない。糸満は、着物の丈も半分。これは糸満独特よ。那覇はこんな、糸満こんな。

糸満の人は、朝起きたらね、裸足《はだし》になって台所におりたら、もう夜、寝るときしか家にあがらない。みんな、裸足。

お父さんたちは海に行って、魚捕ってくるでしょう。女はもう、みんな仕事を持って。夕方五時の夕ご飯のあとに、お父さんたちの船が帰ってくる。でも捕って来た魚はこっちでは消耗できない。だから糸満から、ザルいっぱい魚入れて、あちこち歩いて売るでしょう。で、歩いて売って、お金が貯まっても、この人たちは帰らない。お金、お金、お金。とにかく一生懸命働くのは糸満！　糸満の人は、よく働いているよ。

うふおばあ（明治九年生まれ）は、この人はね、十九のときに結婚して首里からクガニーヤーに、仁王さんに嫁いできたって。

うふおばあは、豆腐ばかり作りよった。ごちそうは豆腐。肉よりは豆腐。焼くのと焼かないのがある。ハタラカー（働き者）だったよ、このおばあ。豆を蒸らしていたのを覚えている。とっても苦労しているよ。

（戦後撮影された踊る女性の写真〔本書口絵⒁⒂〕を見ながら）これは髪を前に結ってるね。これがハイカラ。お洒落。こっちにも髪くびって（結んで）、あっちにも髪くびって、それとおんなじ。ええ、お洒落！

＊採録日は二〇一三年七月十八日（木）、同年八月十三日（火）。ご自宅にて。新垣元氏が同席。

〈最後に〉クガニゼークたちの、ダイナミックな物作り

薬莢、砲弾、戦闘機、米ドル硬貨。戦後は誰もが手に入れたものを巧みに使い、自分たちの技を活かして必要とされるものを作った。博物館や資料館の展示などを通して、人々の逞《たくま》しい姿を、私も知ってはいた。

けれど、砲弾から作られた想像以上にずっしりと重たい火鉢と、細長い小さな薬莢を先端に付けた火箸に触れるとき、それらが、鋭く厳しく語りかけてくるようで、言葉はでてこなかった。

一方で、この同じ火鉢も火箸も、作り手がこれを使う人を思い、丁寧に作り、美しく仕上げられていることに、人の優しさを教えられた。

ジーファーを追いかけるこの日々のなかで私は、沖縄からベトナムへ行った。旅のきっかけは、偶然手にしたベトナムのモン族が作ったという首飾りの装飾が、沖縄の房指輪に物凄く似ていたことだった。少し調べるうちに、この辺りの山々で暮らす黒モン族や赤ザオ族はシルバーワークが得意と知り、当地の銀細工職人に会いたくなり、この旅にでた。

まず首都ハノイから夜行列車に乗り、山間部から流れてくる紅河《ホンガワ》を遡《さかのぼ》り、中国との国境の街、ラオカイを目指す。そうして列車を降りて次には車に揺られに揺られ、ようやく到着したのはベトナム最高峰のファンシパン（海抜三一四三メートル）に見守られている山間部の小さな町。ここを拠点にいくつかの村を、ベトナム語と日本語を操るガイド、モン族の言葉を話せる運転手と三人で訪ねた。

そして私は、この北ベトナムの山旅で、黒モン族の人々が、フランス植民地時代に流通していたピアストルコインを溶かしてプロポーズの際に女性へ渡す丸い櫛を作っていたこと、のちのベトナム戦争後には墜落した戦闘機を材料にしてこの櫛を作っていたことを知った。

暮らす土地を支配しようとするよその国が流通させたコインを溶かし、形を変え、身につけるモノを作る。ここだけを切り取ると黒モン族と沖縄の人々は、海を越え、時を越え、同じことをしていた。同じであることに、胸を突かれた。

糸満の新垣仁王氏と息子の仁五郎氏は、地域の人々にとっていま必要なものを、手元にあるものでなんとかして作ってくれる職人だった。

このふたりの職人に出会えたことで、クガニゼークの働く姿がダイナミックに動き始めた。

仁王氏の息子の妻である新垣栄子さん、そして、仁王氏のひ孫の新垣元さんと、元さんのお母様の宏子さんが、記憶を語ってくださったおかげだ。

鍵作りについても、新垣仁五郎氏の仕事ぶりを聞かせていただけたことで、「金細工またよし」の又吉誠睦氏が金庫を開けたり、トランクの鍵を修理したりしたことは、もしかしたら彼らクガニゼークたちにとっては突飛なことではなかったのではないか、と思うようになった。職人たちの金属を加工、細工する技は、鍵を開ける技に通じるものがあった。そして彼らは人々の求めに応じて腕を振るった、と。

思えば新垣栄子さんが教えてくださった、アンダヤー（油屋）からクガニヤー（金銀細工職人）へと呼び名が変わる経緯も、地域の要に応え、地域に結びついている職人の姿を浮かびあがらせるものだった。

世間が必要としているものと、その人の才能が交わるところに天職はあるというけれど、クガニゼークたちの働く姿は、まさにこれを体現しているようだった。

……ところで、この頃の私は、糸満の仁王氏を追いかける日々と並行して、大阪のクガニゼークの姿も追いかけていた。

そして、とても不思議な縁なのだが、糸満の新垣仁王氏と、大阪のクガニゼーク又吉誠仁《またよしせいじん》氏、このおふたりの人生には交わる瞬間があったことを、後に知ることになった。

II　大阪のクガニゼーク、又吉誠仁氏

和子さんのおじいさん、又吉誠仁氏のこと

ジーファーのなにかに魅かれ追いかける日々のなかで、私は相も変わらず、「金細工またよし」に出入りさせてもらっていた。工房を支え続けている新垣和子《しんがきかずこ》さんは、なんどきも迎えいれてくれ、不安になったり、途方に暮れたりする私の話に耳を傾け、頷き、あるときは気付きを与え、そうして背中を押し続けてくれた。

和子さんが、子供の頃の記憶に残るおじいさんのことを話してくれたこの日も、そんな風だったと思う。仕事場から暖簾《のれん》をくぐった先にある、台所の食卓でのことだった。

「鉄工所に勤めていて、右手の人差し指落としてね。ガラクタ集めていろいろ作るのが得意だったから、器用だったから、自分で作ってた。

花笠《はながさ》作るのは注文があって。踊りの人に言われて、してた気がする。竹を自分で裂いて、あぶって曲げて、刷毛《はけ》に糊つけて銀紙貼って。足と手と口を使ってやってた。

宝塚にも入《い》れたって話を聞いた気がする。市営住宅に移ってから音がだせなくて、ジーファーを作

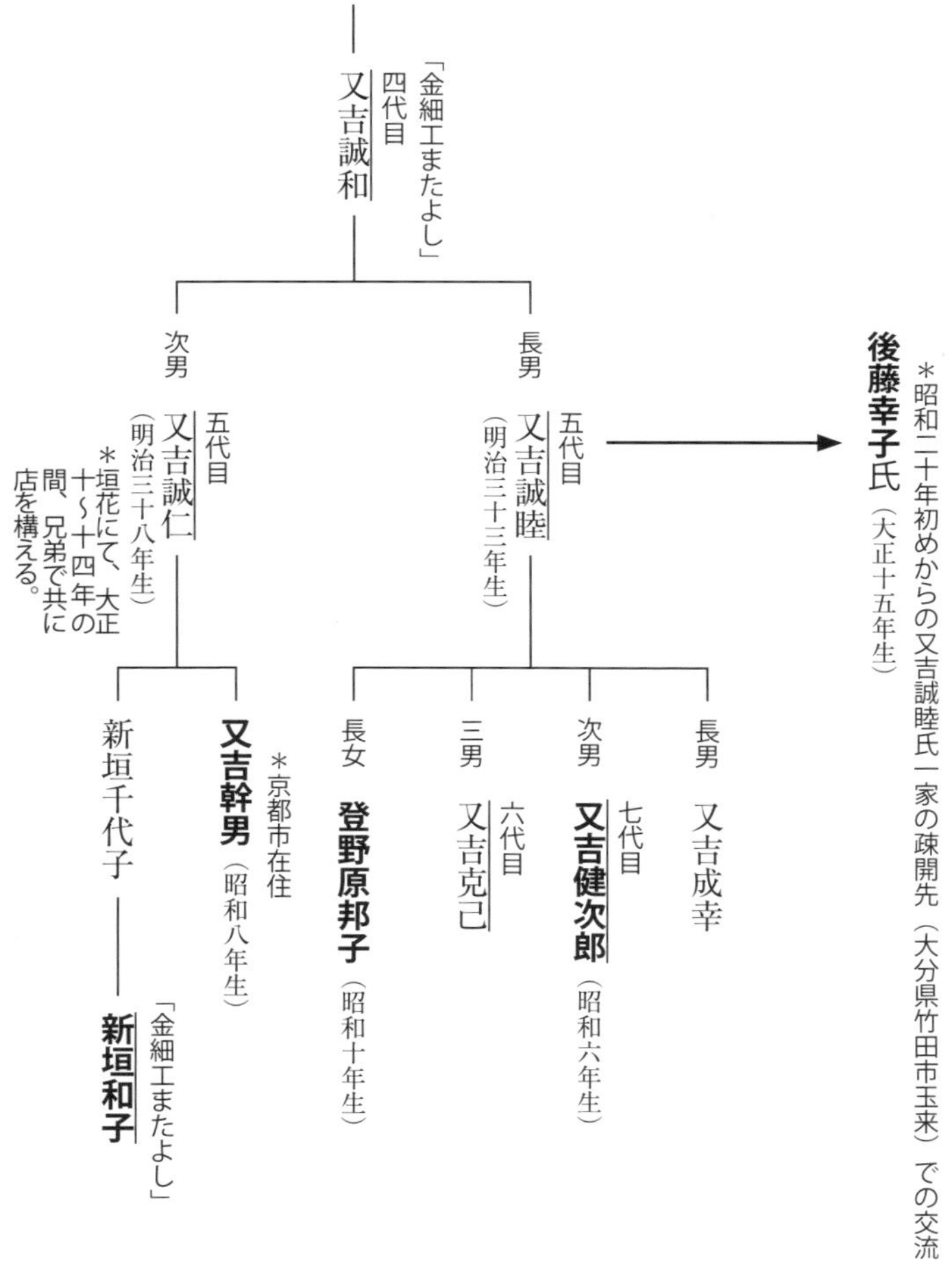

〔本章IIに登場する方々の関係図（敬称略）〕
主な語り手は、又吉誠仁氏の息子の又吉幹男氏、孫の新垣和子氏、「金細工またよし」七代目の又吉健次郎氏、その妹の登野原邦子氏（故人）、又吉誠睦氏一家が疎開した大分でお世話になった後藤家の後藤幸子氏（太字）。クガニゼークは傍線で表記

らなくなったって。琉装のひな人形も作ってた」

大阪で生まれ育った和子さんの胸に残る、大阪のおじいさんの記憶。和子さんがその目で見た、琉球舞踊の小道具などを作る祖父の姿だった。

和子さんの、いまは亡きおじいさんの名は又吉誠仁《またよしせいじん》。誠仁さんは、「金細工またよし」を、戦争を乗り越えいまに繋いだ又吉誠睦氏(*)の弟。

＊又吉誠睦氏は、本書第２章Ⅱで紹介した、新聞に昭和十三年から十八年にかけて金庫修繕の広告を六十一回掲載したクガニゼーク。「金細工またよし」の現当主又吉健次郎氏のお父様。

四半世紀前の夏……。

和子さんは、大阪から旅行で沖縄にやって来た。そうして首里城を訪ねたとき、そういえばこの辺に親戚がいるはず、との話になり、ひょいと「金細工またよし」を訪ねた。これが、和子さんと工房の出会いだった。

そして旅を終え、当たり前だけれども和子さんは大阪の家へ帰った。ところがあの日、工房で抱いてしまった「自分の場所はあそこや！」という感情をどうにも抑えられず、和子さんはまもなく沖縄へ舞い戻る。そしてアパートを探し契約。そうしてから和子さんは、ふたたび「金細工またよし」を訪ねた。

銀を打つ仕事場に、和子さんは座らせてもらった。「……私は、ここにいたことがある」。そう感じ、次にはふっと背にぬくもりを覚えた。おじいさんの誠仁さんと、祖父の兄の誠睦氏のふたりに、見守

琉球王朝時代には、嫁ぐ娘の幸せを願う婚礼指輪として使われた房指輪。指輪に揺れる七つの飾りのひとつ、魚に模様を打つ新垣和子さん。魚には〈食べ物に困らないように〉との願いが込められている。房指輪の写真は本書第5章282頁に。2012年6月13日撮影

られているような気がした。

以来、和子さんは今日まで銀を打ち、沖縄に伝わる房指輪や結び指輪などを作りながら、現当主の又吉健次郎氏と共に、工房を守ってきた。和子さんが門を叩いた当時の「金細工またよし」は、いまのように県内外からお客さんが訪ねてくることはほぼなく、雨戸は閉められたままで、薄暗い工房の片隅に、てんぷら屋のガラス棚みたいなケースがひとつあるだけ、という有り様だった。くわえて棚の中身はふたつ、みっつ、あるかないか。当地の伝統工芸にわりと詳しい沖縄の方ですら、「沖縄にいまはもう銀細工の工房はない」と断言する、そういう状況だったという。

誠睦氏の息子の又吉健次郎氏のもとへ、大阪から誠仁氏の孫の和子さんがやってきて、決して陽が当たる場所とはいえない状況であった「金細工またよし」で働くようになり、時を経て全国から大勢のお客様が訪ねてくる工房になった。このことには、やはりご先祖様の導きとでもいうのだろうか、そういう不思議な力を感じずにはいられない。

『青い海』が教えてくれたこと

又吉兄弟は、明治の世に共に首里で生まれている。

いったい弟の誠仁氏はどういうわけで海を渡り、大阪で暮らすようになったのか。そして、どういうわけで孫の和子さんの記憶にあるように、大阪でジーファーや花笠を作るようになったのだろう。

この問いに最初に答えてくれたのが、工房が所有していた、青い海出版社の『沖縄の郷土月刊誌

『沖縄の郷土月刊誌　青い海　№42』1975年5月号、定価350円

青い海』（以下『青い海』）だった。昭和五十年に発行された四二号に、「ジーファーづくり今昔　又吉誠仁」という見出しの、氏の話し言葉からなる記事が掲載されていたのだ。

記事には、誠仁氏が七歳のときの父の死、親戚の銀細工職人のもとでの奉公、そののちのクガニゼークとしての独立、大正十四年に大阪へでた理由などが、しっかと記されていた。

私の家は守礼の門の下、旧真和志町にありまして、三代続いた細工屋でした。子供心にも父がコツコツとジーファーをつくっているのに興味を持っていたのを覚えています。父は私が七歳の時に急性肺炎で亡くなりましたので、道具などは親戚のものに貸し、兄と私が四代目を継ぐようになった時に、あらためて返してもらったものでした。

学校を卒えると、辻町の端道で細工屋をしていた伯父の又吉松のところに奉公に出ました。ちょうど三年でしたが、みっちり技術を仕込まれて垣花で独立することになったのは、大正十年のことです。

（中略）

ジーファーが良く出たのは大正から昭和の十五年頃まででしょう。繁昌していた私どもの細工屋でしたが、女性の髪型がだんだん和風に変わりつつある。見切りをつけて店を兄にまかせ、大阪に出てきたのが大正十四年です。（後略）

（『沖縄の郷土月刊誌　青い海　No.42』青い海出版社、一九七五年、一二六、一二七頁）

なおこの記事の中で誠仁氏は、大阪へ出たのち、「まったく違うところで働いていたのですが」とも語っている。

でも、記事末尾には「沖縄舞踊用ジーファー製作所」の文字。住所と電話番号も印刷されていた。紆余曲折はあったにせよ、この文章が書かれたとき、又吉誠仁氏は大阪でジーファーを作っていたと、記事は教えてくれた。

二十歳の誠仁さん、沖縄から大阪へ

二〇一三年七月、賑やかに蝉鳴く夏に、私は京都へ向かった。

和子さんが繋いでくださり、京都でお暮らしの誠仁氏のご子息、又吉幹男氏（昭和八年生まれ）にお目にかかれることになったのだ。『青い海』を手にお住まいを訪ねると、記事にあるお父様の言葉を読みながら、覚えていらっしゃることを話してくださった。

「誠仁は、おやじです。（首里の又吉）健次郎さんとこのお父さん（又吉誠睦氏）が長男で、うちのおやじが次男です。明治三十八年生まれで、生まれは首里と聞いています。学校は、小学校までだったと……。小学校までと違うかなー。小学校でて、丁稚《でっち》奉公でね……。

そういう話、あまり聞いてないんですよ。

独立したのは（この記事に）大正十年とありますから、数えで十六のときですね。おやじが沖縄から大阪に出てきたのは二十歳のときですね。いとこと一緒に出てきて、逓信局《ていしんきょく》に入ったらしいですよ。いまの郵便局ですよね。そうしてそこはやっぱり公務員みたいなあれだから、給料が安かったんですよ。昔は、郵便局でもどこでも官庁はみな安くてね。それでいつ頃か知らないけど、近畿車輛というところに入ってね。電車の車両を造っているところへ入って。家もその近くで、おやじは歩いて通ってましたわ」

二十歳で大阪へ出たと、目の前にいらっしゃる息子の幹男氏も、記事中の誠仁氏も共に語るが、はたして氏が大阪へ出た大正十四年の沖縄には、先祖代々が暮らしてきた住み慣れた地を離れる理由となる何かがあったのだろうか。

ここで一度立ち止まり、『教養講座　琉球・沖縄史（改訂版）(1)』という教材を開くと、なるほどと思える背景が浮かび上がってきた。

大正三年、世界的な砂糖不足から、砂糖価格の上昇が始まる。大正九年初頭、砂糖価格は三倍にまで暴騰。沖縄には砂糖成金《なりきん》と呼ばれる者も現れ、沖縄は未曾有の好景気に湧いた。

しかし、ここをピークに砂糖の価格は急落。当時の沖縄県の出荷品は砂糖の他にも泡盛、パナマ帽、畳表、鰹節、漆器などあったが、八割を砂糖が占めていた。よって国際的な糖価の暴落は、沖縄経済に深刻な影響を与えた。

さらに大正十二年には関東大震災が、昭和四年には世界恐慌が日本を襲う。

大正末期から昭和初期にかけての沖縄のこの苦境は、ソテツ地獄と呼ばれるほど過酷なものとなる。農村では、米も芋も口にすることができず、ついには猛毒を持つソテツの実や幹を毒抜きして食べ、命を落とす者もでた。またこの悲惨な事態は、男は漁村の糸満に、女は辻にある遊廓にと、困窮を極めた人々の身売りを引き起こす。さらに海外移民や本土への出稼ぎとして沖縄を出ていく者も多く、ソテツ地獄時代の出稼ぎ者は、年間二万人を超えた、という。

又吉兄弟が丁稚奉公を終え、独立して店を構えたのは、大正十年。砂糖価格の暴落は、既に始まっている。

弟の誠仁氏が沖縄を離れ、大阪へ向かったのは大正十四年だから、まさに、ソテツ地獄のただなかだった。弟は、先祖代々続く家業を兄に託し、自身は海の向こうの大阪で生きることを選んだのだろうか。

もうひとつ、手にしたこの教材には、「これら沖縄県出身労働者は、長時間労働・低賃金・不衛生などの劣悪な労働条件のほかに、「琉球人」として蔑《さげす》まれる差別にも耐《た》えて働かなければならなかった」[(2)]、とあることも記しておく。

幹男氏は戦争前の、大阪での記憶を、こう語られた。

「戦時中には、おやじは軍需工場で上陸用舟艇《じょうりくようしゅうてい》、そういうボートみたいのを作っていたらしいですよ。大阪城の近くですよ。軍需工場が大阪城の周りにはいっぱいあったんですよ。(3)

僕は昭和八年（一九三三年）生まれ。だからあの頃は幼稚園か、小学校一年。……覚えているのは六歳から八歳、そのぐらいからかな。

おやじは三十半ば。おやじは工員ですよ、ちょっと技術をもっとったみたいで、旋盤《せんばん》とかね。旋盤工だったのかな。技術者やったみたいです」


ひたひたと、そしてたしかに、ここにも戦争はやってきた。

大分への疎開

幹男氏の言葉は、ご自身の戦中の疎開の日々へと続いた。


「疎開は大分県の宮砥村《みやどむら》。砥石《といし》の卜ですわ、石偏の。直入郡《なおいりぐん》。いまだったら竹田市《たけたし》。僕らがおった頃は直入郡宮砥村。

バラックよりちょっとましな家を建てて、土地を借りて。で、家の隣に鍛冶屋《かじや》を開業して……、鍛冶をして、それでなんとか生き延びました。刃物とか、農機具を修理したり作ったり。

あの頃、なかったですからね。どういういきさつであんな鍛冶屋したのかしらんけど……、近所に宿屋があって、そこのご主人に勧められて。ほんで道具をみな、一式借りたみたいです。そうでなかったら、大阪からわざわざ持ってきたっていう、そういう記憶はないですからね。

ヤカンを作っていたのは、一番下の三男坊ですわ。いえいえ、おやじの兄弟の三男。あの人は、昔でいうブリキ屋です。ブリキ職人。ヤカンとかね。ひしゃくとか、うーん……、金物で、台所用品、家庭用品みたいなね。三男も大分におったんですわ、宮砥にいたんです。大阪住んでいたときも隣に住んでいて。だから、はっはっはっ（笑）、そうですわ、ほんで、おやじと嫁さん同士が姉妹で。宮砥では隣ではないけど近所でしたね、歩いて二、三分くらいで。

それと、沖縄からも、長男の又吉誠睦一家もこの宮砥に疎開していた。

僕が六年生卒業したときに、終戦だったと思う、たしか。

終戦になったときに僕らはまだ大分におって、三男と、沖縄から疎開してきた長男らは沖縄に帰って。

……大阪に行くにしても、大阪も焼け野原。

で、おやじはなんかまあ鍛冶屋をやってたから。仕事はあったから、戦後もしばらく大分におって。

その日暮らしみたいな感じで、仕事しながら食糧調達に百姓の家へ行って、カボチャをもらって。向こうの百姓の人も優しかったから、なんやしらん、行ったらなんかくれたりしてね。優しかったですよ、ジャガイモやらねー、サツマイモやら。そんなん食べてしのいでましたね。家々を訪ねて、仕事をもらったりもしてました。

大分での生活は、四年か、五年くらいでした。大分を離れたのは、まあ……、生活ができんかったんだろうね、収入がないし。現金の流通がなかった。皆、百姓でね、自給自足でしょ。現金はいらない。だから現金があまり流通していなくて。仕事するとお金じゃなくて、お米くれたりね、野菜くれたり。

だから、僕が学校行くのにお金はどないしてたんだろうって……。授業料払ってたからね。旧制の中学のときは月謝がいったからね。あの時どないして……。僕は下宿していたんですよ、僕ひとり竹田へ出て。親は大変だったと思うんですよ。でも、僕は呑気だからそんなの考えたことなくて。お母さんは専業主婦だったけれど、体が弱いほうだったからね。闇商売でもやっていたんだろうね。たぶんそうだと思う、闇商売。

で、旧制中学に入って丸一年行って、あくる年にいまの三年制の中学ですね、新制中学というのが出来て。僕はこの新制中学を卒業してから、大阪に戻ったから。

……僕らは、大阪で生まれたからね、しゃべることはまあなんともないけど、沖縄から大分へ疎開してきた子らはしゃべりがね、うまいことしゃべれへんかったんやな、みんな寡黙でね。あんまりしゃべらへん。なんか暗い感じで。学校でも、沖縄から疎開してきた子が三、四人おったけどね。クラスにひとりふたり、……しゃべらへんかったなー」

宮砥の人々の記憶に生きる、鍛冶屋の又吉さん

又吉兄弟が疎開した大分県の竹田市には、滝廉太郎が作曲した『荒城の月』で知られる岡城址や、キリシタン洞窟礼拝堂などがあり、大分育ちの私のアルバムには、これらを訪ねたときの子供時代の写真がある。

この、私が育った大分の地に、いま自分が暮らしている沖縄本島から「金細工またよし」の先代一家、それに大阪から次男の誠仁氏一家と三男夫妻が疎開していた。(4)

のみならず、私がいま暮らしているここ沖縄の人々が、あの戦争中、どうやら何人も、大分に身を寄せていたと知った。この事実との出会いは、大分に育ち、沖縄に暮らす私に、自分の無知と無関心とを突きつけた。

いったい沖縄から大分へ、どのくらいの方々が疎開してこられたのだろう。

大分県立図書館を訪ねた。

そして、大分東明《おおいたとうめい》高校郷土史研究部がまとめた資料を開くと、そこには、沖縄で地上戦が始まる直前の一九四五年三月上旬までの、沖縄から九州への疎開者は約六万人余り、という数字があった。このうち、一般疎開と学童疎開とをあわせ七〇〇〇人ほどが、大分へ疎開したと推測されている、ともあった。(5)

ではもう一歩踏み込み、又吉家が身を寄せた竹田周辺に、沖縄からの疎開者は何人いたのか。その

正確な数字は、結局分からなかった。唯一の手がかりは、同資料にある「竹田市周辺の疎開者の帰還は十月末頃であった。竹田駅に集合した帰還者一行は三〇〇人ほどで、これまで親しくつきあってくれた地元民が多数見送りにきてくれた」というくだりだった。(6)

又吉兄弟の兄の子供、又吉健次郎氏（「金細工またよし」七代目）の少年時代の大分疎開の記憶は、映画のようだった。

「一日か二日くらい、福岡県の大牟田《おおむた》で待機して。それから深夜に、大分へ列車で行ってね。列車に乗ったのが深夜でね、凄い雪が降っていてね。……最初に見る、生まれて初めて見る雪でね。あれはしかも夜で、凄く印象的だった。

大分に着いて……。着るものもまったくそのまま。十・十空襲で国頭《くにがみ》行って、あとは、着替えはないからね。半年くらい国頭にいたけど、新しい洋服を着るとかそんなのじゃなかったから。そいでそのまま、大分に行って」

昭和十九年の十・十空襲で那覇が焼けたのち、那覇から沖縄本島の北部に疎開していた又吉誠睦《せいぼく》さん一家が、安全とは決していえない東シナ海を渡り、沖縄から九州へと、二度目の疎開を決行したのは、正月が明けてからのことだった。この冬の、竹田の気温の記録は見つけられなかったが、海辺に位置する大分市の昭和二十年一月の平均気温を見ると、三度だった（気象庁ＨＰ参照）。熊本との県境に近い、竹田界隈の山間部の朝夕の冷えこみは、いかばかりだったか。足先がちぎれるような寒さ。

耳たぶがジンジンと痛む冷気。辛かったろう。

大分市内から、車で一時間ほど走っただろうか。ＪＲ豊肥《ほうひ》本線の玉来《たまらい》駅に到着した。戦争中、和子さんのおじいさん、誠仁氏一家が身を寄せた宮砥の集落は、ここからさらに十キロほど山へと車を走らせたところ、斜面を杉が覆う山あいにあるはずだ。

だが、カーナビに表示される地図によれば、たしかにここが宮砥地区に入ってすぐの場所なはずなのに、あまりにも人影がなく、私は不安になって車を止めた。そうして車道沿いの民家の戸を叩いた。聞けば、たしかにここは宮砥だった。「いまは三〇〇人くらいだけど、戦争前は何千人もおってね。この道は、熊本からの街道だったんです。昔は、旅館が三軒あったんですよ」

ここが宮砥だと分かりほっとした私は、ならばと、一軒ずつ訪ね、事情を伝えながら手がかりを探すという、なんとも心もとない手段にでてみた。すると、人気のなさから半ば諦めてもいたのだが、又吉家のことを覚えていらっしゃる方々に、次々と会えた。

「戦争中は、あの頃は、エノハ（ヤマメ）はおらんで、この川には鯉《こい》とかがおったんよ。鯉捕って汁にしたり。

山では栗とか柿とか採って食べていた。景色もいまと違って、いまは杉がたくさん生えているけど、あの頃は野原だった。みんな、畑とか田んぼをやってるから。（耕すために）牛を飼っていてその餌に草がいるから、そうしていたんよ。

鍛冶屋の又吉さんのことは覚えている。そこの角《かど》にあった。いまの駐在所のところ（昭和十年生まれ）」

「私はこの先の、熊本との県境から昭和二十一年にここに嫁いできたんよ。又吉さんは、そこと向こうに、ふたりおった。

戦争中は配給制だったから、農家も作った米や野菜は全部出して。だけど、少し隠したりしてやっていかんと食べられんかった。姑は情け深い人やったから、運動会のときに向こうの又吉さん、鍛冶屋じゃないよ、向こうに行ってみたら、なんも準備しとらん感じやったけん、お母さんが「はいはい、米だよ」って持っていって。

鍛冶屋の又吉さんはそういうことはなかった。仕事があったからだろうね（昭和二年生まれ）」

記憶は生きもの。戦後七十年を経てもなお記憶はおのおのの胸の内で守られ熟成し、それぞれに生きていた。そしていま私の目の前でするすると、私が育った大分の言葉で、私が追いかけている沖縄のクガニゼーク一家のことが、語られていた。

誠睦一家の疎開先、玉来を訪ねる

大分の竹田へ向かう前、沖縄で又吉健次郎氏から、自分が疎開したのは宮砥よりもいくらか山を下ったところにある玉来《たまらい》だった、と聞いていた。そして、住まわせてもらった家の場所は稲荷《いなり》神社だとも聞いた。

それでまずは、玉来の扇森稲荷《おうぎもり》神社の参道に建つ、土産物屋を訪ねた。店主に事情を伝えると、大正十五年生まれの後藤幸子さんは、ぱっと目をあわせ、語り始めてくださった。

「誠睦さんは、そこに住んでいましたよ。参道の階段の中腹に隠居屋を建てていてね。そこは空いていたので、そこに。沖縄からの疎開者を、空き家とか調べて、役場で割り振りしたんですよ。時代が時代だったから助けあってね。うちは何代も続いているような家だから、古い器とかヤカンとかを貸して。

疎開者は着のみ着のまま。誠睦さんの奥さんなんかも脛《すね》の辺りまでの短い着物を着て。うちは母が農業をしていて米や野菜も作っていたから、奥さんを畑にも連れてって、草抜きとか一緒にして。自給自足。奥さんはよう手伝っていましたよ。

ケン坊（又吉健次郎氏のこと）は鶏小屋に勝手に行って、卵を採ってくるんですよ（笑）。チョロチョロしてわるかったですよ(笑)。わるいっていっても、子供らしいわるさですよ(笑)。卵は、ふたりにひとつ。お母さんが卵を溶いて、それをふたりで半分ずつして。そういう時代でしたよ。

又吉さんたちは山に入って、「これは食べられるんよ」って持ってきて、私たちに教えてくれたんですよ。たとえばヘビをタッタッタッと切って、ぶつ切りにして。私たちは怖くて見ていただけで。

なんでだろうね。覚えているのは夏のことだね。

うちの母も珍しいもんじゃから、誠睦さんにいろいろ習いよったみたいよ。

うちは父はおらんで、母ひとりで自分たちを育てて。又吉さんは下駄を作って。

いまの神社の裏へあがる道は山道だったんだけど、そこにシュロ、こっちではシロって呼ぶんだけど、シロの木がいっぱい生えていて、その幹の毛を採って、綯《な》って、うまいことこう下駄の緒を作って。もらったけど、足が痛くて豆ができた。

桶《おけ》には、竹の輪をはめるんじゃわ。それも器用に作って。お箸《はし》も竹を切って作っていましたよ。

ヒゲの濃い人でね。私たちも言葉を真似しちょったわ。うちとは家族のような感じやったわ。

ケン坊のお兄さんも私も、ここから歩いて竹田の中学校に通っていた。あの頃は、中学校には簡単には入られんかったはず。

戦後、お兄さんが挨拶に来て、黒砂糖持って来てくれてね。立派になっていましたよ。校長になったとか言ってね」

記憶は、大分の人も、沖縄の人も、皆鮮やかだった。

ケン坊こと又吉健次郎氏の妹、登野原（旧姓又吉）邦子さんも、玉来でお世話になった後藤さんのことを、とてもよく覚えていらした。

「お世話になったのは後藤さん。私は終戦後、（沖縄から）訪ねて行きましたよ。私ひとりで大分に行ったよ。後藤さんと、そしておばさんとも会ったしね。結婚するずっと前ね。凄く喜んでからさ。こんなになったんだーって。終戦後しばらくしてから。仕事して、ちょっとお金が大きく入ったもんだから訪ねて行きました。後藤さんはいい人だったからねー。

最初は社務所に泊まったけど、兄さんたちがウーマクー（いたずら）したから動かされて。多分そうだと思うよ（笑）。社務所はお祈りする人たちのね、そういうところだからね。私は小学生なんですよ、玉来小学校に行ってね。

物凄く寒くてね。お風呂がおうちの中になくて、お風呂屋に行くんですけどね、タオルが凍って、うん、凍ってねー。疎開したのは玉来町。直入郡玉来町。

別府《べっぷ》の闇米《やみごめ》売りは、私は小さいから行かなかった。兄さんは行ってるよ。そうして警察に捕まったことがあるさー、長男が。ヤミだから。お母さんが警察と喧嘩してねー。そんな強いお母さんでしたねー。生活ができないから、こんなこともするんだっていう感じで。

父はブリキでね、アイロンなんか作ってましたねー。ヤカンもアイロンも、だいたい形が似ているでしょう。それに取っ手を付けて、成型させてましたね。自分の知恵で作って、売って。終戦後も、そんなでしたよ」

又吉健次郎氏には、玉来での、父の蒸留器造りの記憶もある。

「父は本当に、疎開先で持っていたのが十・十空襲のさなかに持って逃げた三本の金槌だけで。

これで、ヤカンを作ったり、バケツを作ったりして。

父が、どぶろくの蒸留機を造ったっていうのは、そのときなんだよね。父はね、銅のパイプを螺旋《らせん》状にやって。しかも大きさは一メートルくらい。テーブルの高さくらい。

僕が持てるくらいだからね、そのものは軽い。

それを造って、持って行って、米二斗（一斗＝十升）と換えたのを覚えている。蒸留機を売ったのは、次の集落。ひと山越えて持って行って、喜ばれてね。個人が自分の自家用として注文してるんだよね。

あのときのそういう技術を、父がどこでどう習得したのか。まあ、あれだけ王府の金属細工をやってるっていうことはね、そこにはおのずから技術的なものが集積されていったと思うんだよね。疎開先でまったくゼロの状態で、そういうことができるって、昔の職人の凄さだと思う。

闇米を仕入れるのは九重山《くじゅうさん》近くまで行って、農家を訪ねて。なかにはもう胡散臭そうにしてね、嫌われたりしてね。仕入れた闇米は、電車で別府に持って行って、これを売って、なんとか生活して。

そしてねー、別府の闇市に行ったらね、一度は警察にみつかってね。

ヤマトグチは、おふくろもそんなに上手じゃなかったと思うけどね、やりとりやって、仕舞いにはおふくろが腹くくったようにして、「第一ね、私がここにいるのはなぜか。誰が連れてきたんだ。国が連れてきたんじゃないのか。どうやってメシを食えというのよ」って言ったら、警察の方がどうにもできない様子で帰っていって。

いざとなると女性は気が強いからね。もう瀬戸際ですよ。立ち向かう気力はあるよ。もう強いですよ。

引き揚げは翌年の二月ぐらい。佐世保《させぼ》から。そうして帰りはね、アメリカの上陸舟艇《しゅうてい》みたいのだったよ。攻めるときに使う。船じゃなかったですよ、舟艇みたいのに乗って」

こうして終戦の翌年、兄の又吉誠睦氏一家は、九州から、アメリカの統治下の焦土と化した沖縄へ帰った。

誠仁氏、大阪へ戻る

弟の誠仁氏一家は、沖縄ではなく大阪へ戻ることを選ぶ。

疎開先の大分から大阪へ戻った日々を、息子の幹男氏は、こう語られた。

「戦後、姉がね、大阪の西淀川区というところで結婚して、子供もできて。その子供が、和ちゃん（新垣和子氏）。で、僕らはそこを頼って、姉の家にしばらくお世話になって、それから大阪の生活が始まったんです。

ほんで近くに家を借りて、皆、大分から呼んで。

瓦屋の昔の家ですわな。二階を間借りして、しばらく住んでいました。あの辺りは戦争で焼けなかったからね。家が残ってたんです。

で、だんだん落ち着いてきて、今度は借家。平屋の借家を借りて、そこでうちの兄弟は大きくなったんです。西淀川区。それも、和ちゃんとこの近所です」

ところで、幹男氏のお父様、誠仁氏の言葉が残る『青い海』には、「民謡会の大御所でいまでも大阪で活躍しておられる譜久原朝喜《ふくはらちょうき》さんに、舞踊で必要だからぜひつくってほしい、といわれて、昔とった杵柄というか、ぼつぼつ作りはじめたのが昭和三十年ごろでしょうか」とのくだりがある。昭和三十年ということは、誠仁氏は四十九歳。幹男氏も、もう大人になっている。このくだりに心当たりはあるかと伺った。

「西淀川の商店街の中にレコード屋があったんですよ。うん、だから僕らはそこのレコード屋に行って、そこの息子らと夜遊びしとったんですよ。

いまでは有名らしいよ、つねちゃん、いうて。なんか作曲家しよんって。その子と友達だったんですよ。僕はもう働き出しているから二十歳前後。

そうです。家から商店街は近かった。つねちゃんと会いたいんだけどな……、なかなか。その写真もあったけど、探したけどないんですよ。一緒に写っている写真があったんだけどね」

西淀川の商店街にある沖縄のレコード屋とはすなわち、新沖縄民謡の祖とも呼ばれる譜久原朝喜氏

（一九〇三—一九八一）が大阪で興した、沖縄音楽専門レーベル「マルフクレコード」（昭和二年創業）のこと。つねちゃんとは、『芭蕉布』『ゆうなの花』の作曲者、譜久原恒勇《ふくはらつねお》氏のことだ。どうやら大阪の誠睦一家は、親子ともども「マルフクレコード」の譜久原家と懇意にしていたということのよう。

又吉幹男氏は、こう言葉を続けられた。

「おやじとは、ちょっと一緒に住んでたけれど、僕は神戸の方で働くようになって、家を離れて神戸の寮に入って。だから戦後、大阪に帰ってきてからは、おやじがどうして暮らしていたかはしらん。

だから品もん（ジーファー）は見たことあるけど、どうして作ったかは見てないんです。出来たものは見たことあるけど。定年退職して、ほんで暇なもんやから、なにかしようかということで作ったんやと思いますわ。もうあの頃、定年退職して年金もらってましたから。

花笠も見たことはあるけどね、どんな風に作ったかは全然知らないんですよ。モノだけは見たことがある。実際におやじが作ったんかなって、ちょっと半信半疑ではあるんですけど（笑）。

（「沖縄県立博物館・美術館」所蔵の、又吉誠仁氏寄贈ジーファーの写真をご覧になりながら）そうやろうな……。いや、こんなんじゃなかったな……。僕が見たのはアルミでね。アルミで作ったんかな、白っぽい感じでしたね。

沖縄行ったときに博物館に寄るつもりやったけど、ちょうど行ったときが休館日で。娘と行ったんです。もうだいぶん昔やな……、娘が中学卒業したときの春休みに行って。あんまり沖縄のことを……、沖縄の人間なのに、沖縄のこと知らないんですよ」

『青い海』でお父様が、「京都の祇園から注文をいただいたこともある」とおっしゃっていることに触れると、「全然知らない（笑）。全然知らないなー。初めて聞いた。あんまり、おやじとしゃべらへんかったからねー、案外しゃべってないわ」と、静かに言葉を紡がれた。

七十二歳の広告

『青い海』に、見開き二ページの記事が載った三年後。同誌に、氏による広告が掲載された。宣伝しているのは「沖縄舞踊用ジーファー制作所」改め、「沖縄民芸品研究所」！

掲載時、誠仁氏は七十二歳。

製作品目には、ジーファー、花笠、かづら（かんぷー）、舞踊小道具の文字が並ぶ。

七十二歳の誠仁氏は、簪や琉球舞踊に必要な道具の製作に、ここ大阪で取り組んでいたというのだろうか。

広告には、「仕事は真心です。ひとつひとつの作品に私の人生と真心をすべて注ぎこんでおります」の文字。この広告の存在を教えてくれたのもまた、和子さんだった。

「見たときは涙がでそうになったわ」

和子さんがつぶやいた言葉が、いまも耳に残る。広告に刷られている仕事場の写真を見ながら、ここが、祖父が仕事をしていた市営住宅のベランダ、とも教えてくださった。

孫の和子さんには、誠仁氏が、「宝塚歌劇団に納品した」と言っていた記憶が、うっすらと残っているという。

ならばと宝塚歌劇に関する資料を収集している「池田文庫」（大阪府）を訪ねた。すると昭和三十九年の夏に、宝塚歌劇五十周年記念の月組公演において、『日本民族舞踊第七集　琉球八重山編「ユンタ」』というプログラムが披露されていることが分かった。演目には『まみどうま』『網張の目高蟹（アンパルヌメダガマ）』『巻踊り（くいちゃ踊り）』『与那国しょんがね』『鳩間節』『月ぬ美《かい》しゃ』など、二十もが並ぶ。演出・振付は渡辺武雄とあった。

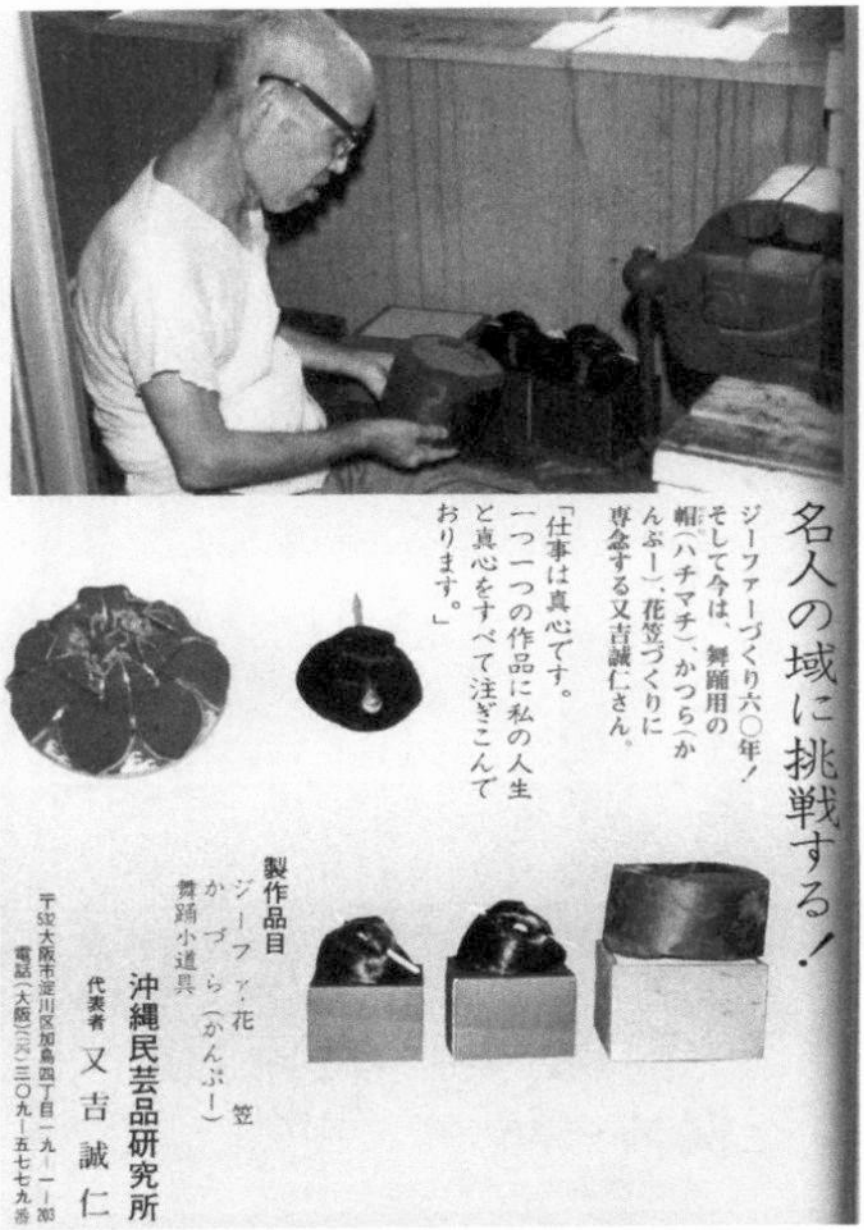
名人の域に挑戦する！
ジーファーづくり六〇年！そして今は、舞踊用の帽（ハチマチ）、かつら（かんぷー）、花笠づくりに専念する又吉誠仁さん。
「仕事は真心です。一つ一つの作品に私の人生と真心をすべて注ぎこんでおります。」
製作品目
ジーファ・花笠
かづら（かんぷー）
舞踊小道具
沖縄民芸品研究所
代表者 又吉誠仁
〒532 大阪市淀川区加島四丁目一九—一—203
電話（大阪）（〇六）三〇九—五七七九番
誠仁氏の広告。『沖縄の郷土月刊誌　青い海　No. 75』1978年8月号、83頁

そしてこの渡辺氏が記したと思われる（表紙には渡辺、とだけ記名）沖縄取材ノートが、「池田文庫」に保管されており、これを閲覧した。現地取材は、沖縄がアメリカの統治下にあった一九六四年六月五日〜

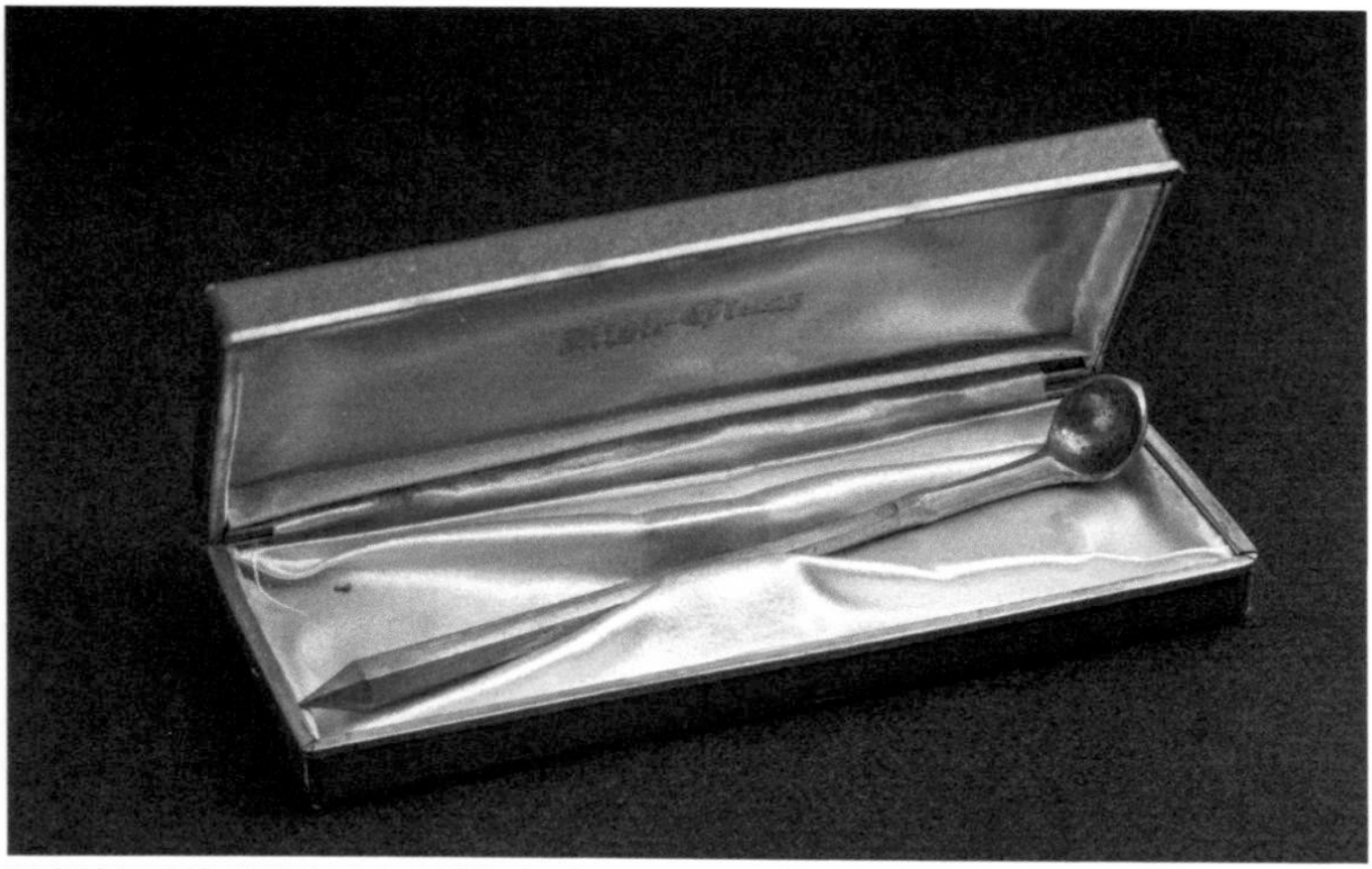

又吉誠仁氏が、昭和54年に寄贈したジーファー。台帳には「大正五、六年〜昭和十年頃の作」との記載（撮影：川畑公平）（沖縄県立博物館・美術館所蔵）

二十五日に行われていた。びっしりと書き込まれたノートは四冊。石垣島や、沖縄本島で観た踊りの動き、衣装の色や形、その着方、そして多くはないけれども簪の挿し方も、絵や文字で記録されていた。

ここからは想像なのだが、この六月の取材ののち、八月から始まるこの公演の準備過程で、大阪に暮らしていた誠仁氏のもとに琉球舞踊の小道具や、ジーファー、カミサシの注文が入ったとしても、不思議ではないのではないか。

那覇市にある「沖縄県立博物館・美術館」には、又吉誠仁氏が、先の広告をだした翌年（一九七九年）に寄贈したジーファーが所蔵されている。箱の蓋をパカリと開けると内部は艶やかなゴールドの布張りで、High-Class の文字。万年筆の箱だろうか。

斜めに納められている誠仁氏のジーファーは、メリハリある形の黄金色の真鍮製。長さは

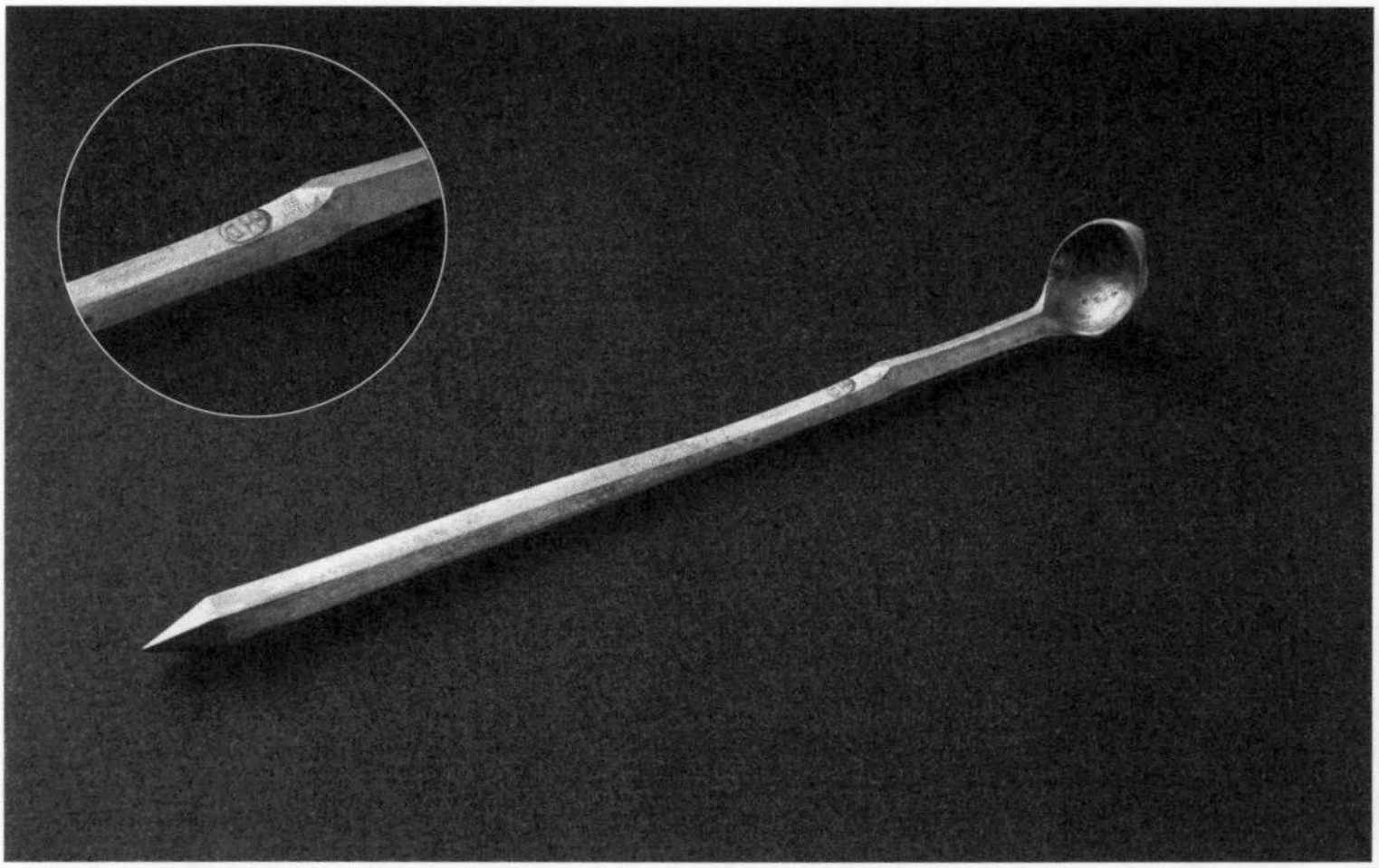

又吉誠仁氏寄贈のジーファー。クビとサオの境目辺りにはマルに吉の刻印。本書口絵(2)の⑪に同じ簪の写真あり（撮影：川畑公平）（沖縄県立博物館・美術館所蔵）

一六・六センチ（五寸）、重さ四七グラム。台帳には「大正五、六年～昭和十年ごろの作」の記載がある。そしてクビとサオの境目辺りには、若き日の又吉兄弟が、自分たちが作ったものに入れていたという「マルに吉の字の刻印」が打たれている[7]。

大阪に暮らしていた誠仁氏は、この日、どういう経緯で、どういう思いで、このジーファーを寄贈しに、博物館へ出向いたのだろうか。

振り返れば誠仁氏の人生には、ジーファーが寄り添い続けた。

十三歳で、親戚のクガニゼークのもとに奉公に出て技を学び、十六歳で独立。店をだして、二十歳まで兄弟で営んだ。

沖縄を離れ大阪へ出てからは簪を打つことはなかったが、疎開中はこれまでに培った金属を扱う技術を活かし、生活。

そして、終戦から十年が経った四十九歳頃のこと。舞踊で必要だからと、「マルフクレコード」の譜久原朝喜氏がジーファーを注文したことを契機に、誠仁氏の言葉を借りれば、ふたたびぼつぼつジーファーを作り始める。先の「沖縄民芸品研究所」の広告は、この日から約三十年が経った七十二歳の誠仁氏が出したもの。誠仁氏は、七十代にしていよいよ精力的にジーファーやカミサシ、琉球舞踊に必要な細工物に、向き合おうとしていたのか。

ここに終戦後、沖縄へ戻り「金細工またよし」を継いだ兄の誠睦氏が、『朝日新聞』の取材に応じた記事がある。記事は一部欠損しており、発行日も不明。だけれども、読める箇所もある。そこには、こう記されていた。

初代は中国でジイファ細工を覚えて帰る。唐行き又吉、と呼ばれる。二代目は琉球王家のお抱えになる。四代目の長男として、彼（又吉誠睦氏）は首里で生まれた。明治三十三年だった。数え十三で、父が死ぬ。小学校をやめ、アダン葉で帽子を編む。貧しい。母はどうしてもジイファをやらしたい。自身（原文ママ）が持てない。お父さんがやってたんだからきっと出来ます、と母が励ます。仕事はきらいではない。ジイファ職人の生活が●だったのにも心ひかれた。十九歳でやり出す。大正七年である。

父の友達に弟子入りする。が、道楽者でろくに教えてくれない。面白くない。一年でやめた。那覇で家を借りた。習わないのに、ぼつぼつ出来よった。アルミのを日に五本造り、小間物屋へ卸す。●とか、銀貨を内緒でつぶして、と客が来た。手間賃が日に五十銭。頭《かぶ》がうまく行かず、苦心した。だれと競争してもと自信がつく。三十歳だった。油が乗る。毎日が忙しい。女たちはみな、ジイファを髪に挿した。

（中略）

戦争が来た。悲しいことに、仕事がなくなる。●●●●である。仕方がない。金庫の修理で、しのぐ。
＊●は判読不能の文字

父親を亡くすと誠睦氏は、小学校を辞めて帽子作りで家計を支えた、とある。

一方で弟の誠仁氏は、『青い海』の記事中で、学校を卒えると、と語っている。誠仁氏は兄の支えで学校を卒業したのだろうか。

大人になった兄弟は、ふたりの店を持つ。

そして経営が苦しくなると、兄に店を託して、弟は大阪へ渡った。だが、次には、疎開先をふたりは同じくする。

兄弟はいつも、呼応しているように見える。

戦後を見れば、兄の誠睦氏は凄まじい速度で変貌する沖縄で、先祖代々続く「金細工またよし」を守り、いまへ繋いだ。

一方弟は、大阪で、大阪の街で生きる沖縄を想う人々が使うジーファーやカミサシ、琉球舞踊の小物製作を始めた。

『フォト・ドキュメンタリー　大阪　ウチナーンチュ』（太田順一、ブレーンセンター、一九九六年）という本を古書で、インターネットで購入した。数多くの写真と共に載せられている聞き書きには、沖縄にルーツがあり、いまは大阪で生きる人々の、読むうちに息苦しくなるような、自分は何者であ

ジーファーづくり今昔

又吉　誠仁

この間、沖縄の親戚のものが来てジーファーを珍らしそうにながめるんです。戦後世代は、もうジーファーも知らなくなったのかと思うと、寂しい思いがいたしましてね。思いつくままにジーファーづくりのお話しをしてみたいのです。

私の家は守礼の門の下、旧真和志町にありまして、三代続いた細工屋でした。子供心にも父がコツコツとジーファーをつくっているのに興味を持っていたのを覚えています。父は私が七才の時に急性肺炎で亡くなりましたので、道具などは親戚のものに貸し、兄と私が四代目を継ぐようになった時に、あらためて返してもらったものでし

学校を卒えると、辻町の端道で細工屋をしていた伯父の又吉松のところに奉公に出ました。ちょうど三年でしたか、みっちり技術を仕込まれて垣花で独立することになったのは、大正一〇年のことです。当時、ジーファーをつくっていたのは、上の倉の比嘉永吉さんをはじめ糸数、島袋、宮里、それに私どもの伯父など一〇余軒でしょうか。大正四〜五年頃でしたか、それまでのナンジャージーファー（銀かんざし）に代って、アンダーヤーの新垣さんがアルミニウム製のジーファーをつくり、評判になったものです。銀より軽いし、安い。鋳型にはめてつくるものですから、量産がききま

郡部や先島の人たちも競って買い求めるようになりました。

私の修業時代は、場所が辻でしたからお客さんは尾類が多い。ジーファーは、ご承知のように階級によって種類も大きさも違います。王家関係は金、士族は銀、平民は角または真鍮、といった具合で。大型のものだと一〇匁以上、辻の女性たちのものは三匁から六匁ぐらいでした。小型のものでしたけど、尾類といっても五千人あまりいますので、ジュリ馬、つまり二十日正月などの前は大変忙がしい思いをしたものでした。

もう少し脇道にそれますが、ジーファーは五百年も前、尚真王時代にとり入れられたといわれているようで、古い歴史をもつ習俗の一つです。これはあくまでも私の想像ですが、耳かきのような部分は、亀の甲に凝したものではないか。鶴は千年、亀は万年といわれるように、亀はめでたいものです。護身用だという説もございますが、ともかく、かっては夫が死ぬと、忌中ということでジーファーの代りに木でつくったものを使っていました。いまや実用性とし

又吉誠仁氏の紹介記事が掲載された『沖縄の郷土月刊誌　青い海　№42』1975年5月号、126、127頁

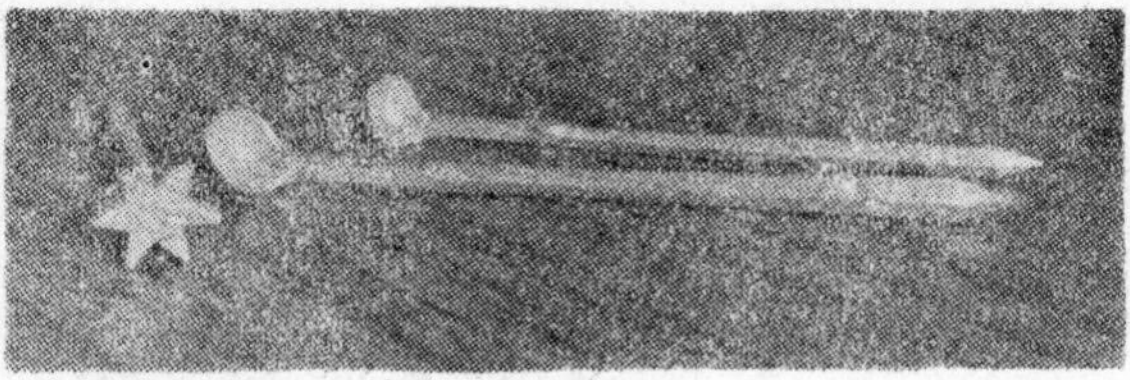

又吉さんの作品

れ去られてしまったようです。

さて、私が独立することになると、それまで家でパナマ帽を編んでいた兄も一緒にすることになり、垣花に小さな細工屋を出します。銀は為替を組んで大阪からとり寄せていましたが、新しくつくるというより打ちかえの依頼が多い。長い間使っていると摩滅しますので、一匁を、足して打ちかえるのです。新しいナンジャージーファーだと二円五〇銭ですが、打ちかえだけなら五〇銭とっていました。それでも一日に五本は打ちかえますので収入は二円五〇銭あります。米が一升で三〇銭、家賃が三円の頃です

垣花を選んだのは、島尻の豊見城、小禄や糸満などから来る人は、垣花を通らないと那覇に出れないという、つまり要所だったからです。明治橋の近くにあって、結構繁昌していました。

ジーファーづくりは、まず銀を溶かしまして、四角の細長い型の中に流し込む。それを金敷《かなし》きといって、金属をきたえる鉄製の台の上で叩いて六角にします。ついで吹《ふい》子《ご》で炭火をおこし、中で熱しては叩きつづけるわけです。

牛の角のジーファーもつくりました。見習い修業中に、となりの前の毛《めーぬもー》にチヌジーファーの細工屋があって、見よう見真似でおぼえていたんですね。角をあぶり、火箸ではさんでは伸ばす。郡部の、田舎の人たちが良く買いに来ていました。安いせいもあって、

「お前たちはチヌジーファーで結構だ」というのが蔑称のように使われていたものです。それもニュウム製が出まわるようになると、だんだんすたれていきます。

戦後の大阪で、私どもがつくったマルに吉の字の刻印のあるジーファーをみせら

ジーファーが良く出たのは大正から昭和の一五年頃まででしょう。繁昌していた私どもの細工屋でしたが、女性の髪型がだんだん和風に変りつつある。見切りをつけて店を兄にまかせ、大阪に出てきたのが大正一四年です。以後全く職種の違うところで働いていたのですが、民謡界の大御所でいまでも大阪で活躍しておられる普久原朝喜さんに、舞踊で必要だからぜひつくってほしい、といわれて、昔とった杵柄《きねづか》というか、ぼつぼつ作りはじめたのが昭和三〇年ごろでしょうか。京都の祇園から注文をいただいたこともあり、ジーファーづくりの楽しみを味わっています。

那覇では私の兄の誠睦、その子供などが今なおつくりつづけているのは嬉しいことです。五代つづいたジーファーづくりの灯を絶やさないでほしい。よしんば観光みやげや舞踊、あるいは料亭の女性たちにしか用いられなくとも、先人の智恵がつくりあげた工芸品を、いつまでも沖縄の誇りとしたいのです。

沖縄舞踊用ジーファー製作所
大阪市淀川区加島町四の一九・一〇二三号
☎〇六（三〇九）五七七九

るかの葛藤と、葛藤を抱えながらの生き様とが詰まっていた。

一方、この本の中の写真には、たとえばパーランクーを手に夜の公園で舞う子供たち、ぱっくりと口を開ける獅子と対峙する子供ら、畳間に立ち三線《さんしん》を手に唄う大人たちと、文字で記されている彼らの生き難さと閉塞感とを打ち返すかのように、大阪で生きる彼ら彼女らの生命力がみなぎっていた。

そしてこの本には、琉球舞踊を舞うために化粧をする、結いあげた髪にジーファーを挿す女たちの写真もあった。彼女たちの髪に挿されているジーファーは、誰が打ち作ったものなのだろうか。

ジーファーは、髪に挿せばそのほとんどが黒髪に隠れる。

でも琉装するときには、ないともう、どうにも落ち着かない。

誠仁氏は大阪で何本、ジーファーを打ったのだろう。

もしかしたら、又吉誠仁氏は、大阪で生きるウチナーンチュたちの自分は沖縄の人であるという心の軸を、縁の下からそっと支える力持ちのひとりだったのではないだろうか。

注

（1）沖縄歴史教育研究会　新城俊昭『教養講座　琉球・沖縄史（改訂版）』二〇一九年、二五七〜二六一頁。
（2）前掲書、二六一頁より抜粋。
（3）ＮＨＫ戦争証言アーカイブス番組「証言記録　市民たちの戦争　ぼくたちは兵器を作った〜大阪砲兵工廠〜」http://cgi2.nhk.or.jp/shogenarchives/bangumi/movie.cgi?das_id=D0001220032_00000より、以下抜粋。

大阪城の東側には、昭和二十年の終戦まで、三十五万坪の敷地に百八十棟もの工場や事務所が並ぶ大阪砲兵工廠があった。最盛期に働いていた人の数は、六万人にのぼります。そして八月十四日に、米空軍が撒いた予告のビラ通りに空襲を受け、多くの人が亡くなった。

（4）疎開時の行政区分は現在とは異なる。現竹田市は戦後三度の合併を重ね、熊本県と宮崎県に接する、大分県南奥に位置する市となっている。沖縄から疎開した又吉家の長男一家は当時の直入郡桜井町に、大阪から疎開した誠仁氏一家らは直入郡宮砥村に入っている。

（5）参考資料は大分県高等学校文化連盟社会部編・発行『社会部紀要　第29号』一九九六年、「戦後50年　沖縄住民の疎開と大分」、（執筆／大分東明高校郷土史研究部）七八、七九頁。

（6）参考資料は、前掲書、八五頁。

（7）久米島の「久米島自然文化センター」にも「吉」の刻印が入ったジーファー（全長一四・八センチ）が収蔵。

Ⅲ　糸満のアルミ簪と大阪のジーファー

又吉誠仁さん、アンダーヤーの新垣さんを語る！

金や銀などで、小間物を作ることを生業《なりわい》とするクガニーヤー。糸満の新垣《あらかき》家が、このクガニーヤーの屋号で、地域の人々から呼ばれるようになる、そのきっかけを作ったのは、明治九年生まれの新垣仁王《あらかきにおう》氏だった。仁王氏の息子に嫁いだ榮子さん（大正四年生まれ）いわく、仁王氏が糸満の漁師たちに頼まれて大きな魚用の釣り針を作ったこと、これが、新垣家が地域の人々からクガニーヤーと呼ばれるようになったことの始まり。

だが、まだ王がいた首里城にわりと近い場所で暮らしていた頃、新垣家のそもそもの屋号はアンダーヤー、つまり油屋だった。（本章Ⅰ参照）

そして、この「アンダーヤーの新垣さん」が、又吉誠仁氏の言葉が紹介された『青い海』の、あの記事に登場する。

大正四〜五年頃でしたか、それまでのナンジャージーファー（銀かんざし）に代わって、アンダーヤーの新垣さんがアルミニウム製のジーファーをつくり、評判になったものです。銀より軽いし、安い。鋳型《いがた》にはめてつくるものですから、量産がききます。やがて、みんながつくるようになって郡部や先島《さきしま》の人たちも競って買い求めるようになりました。

（『沖縄の郷土月刊誌　青い海　№42』青い海出版社、一九七五年、一二六頁）

先祖代々続く金銀細工職人の家に生まれた又吉誠仁氏は取材に応じるなかで、油屋の新垣さんが、（銀ではなく）アルミ製のジーファーを作り、しかもこれが評判になったことも語っていた。

生活とは生々しい。納得がいく類似品が手頃な価格で出回れば、人々が新商品を手に取り試すのは当たり前だ。

アルミ簪の登場。それは、銀塊を玄翁でひたすらに打ってジーファーを作ってきた職人、クガニゼークたちにとって、衝撃的な出来事だっただろう。量産を可能にする鋳型に流すという手法、それによって実現する低価格、さらに素材の特性でもある軽やかさ。しかも作り手はクガニゼークではなく、アンダーヤー（油屋）の新垣さん！

最初のブームが落ち着けば、素材の違いによる耐久性、見栄え、髪への当たりの違いなどから顧客は分かれ、それぞれの道が開けたと想像するが、両者が出会った瞬間は、どうしたって緊張が生じたのではなかろうか。

チヌジーファーから、アルミ簪へ挿し替える

アルミ簪の登場時期は、史料により記述が多少異なる。
たとえば『那覇市史　資料篇　第2巻7　那覇の民俗[*]』には、「明治末期になって、アルミニウムで簪をつくった。値が安いのと軽いので士族も百姓もさすようになって、身分の区別ができなくなった（三八六頁上段）」と、ある。

でも私がここで気になるのは、アルミ簪の正確な登場時期よりも、「身分の区別ができなくなった」、の部分。

一八七九年（明治十二年）に沖縄県が設置され、首里城から王がいなくなり、身分に応じて簪の材やデザインが定められていた「簪の制」は崩壊したのではなかったのか。

明治末期から大正にかけて、男たちの頭上から髷と簪とが消えゆく一方で、なお女たちのジーファーの材は、身分によって厳密に区別されていた、ということなのだろうか。私には、「身分の区別ができなくなった」という表現には、新時代を歓迎する気持ち以外の感情が込められているようにも感じられる。

大阪の又吉氏は、『沖縄の郷土月刊誌　青い海』の記事中で、見習い修行中の十四、五歳のとき（おそらく大正八年頃）、見よう見真似で牛の角《つの》を材としてジーファーを作っていたことを語り、次いで、

「お前たちはチヌ(角)ジーファーで結構だ、という言葉が蔑称のように使われていた」とも言っている。

「それもニュウム製が出まわるようになると、だんだん廃れていきます」と結ぶ。

また『沖縄文化史辞典』（琉球政府文化財保護委員会監修、東京堂出版、昭和四十七年）には、「遊女は角製の簪を挿す定めであるが明治以後銀やアルミ簪にかわるようになった」（一〇四頁）との記述がある。

＊本書第1章Ⅰ（注5）にも彼女たちの簪の材について、参考資料からの抜粋文あり。

そうしてここで思うのは、アルミ簪を手にして、「ああ、うれしい」と、胸をときめかせたかもしれぬ女たちのこと。生まれて初めて金属製の、ひんやりと冷たい簪を手にして、これを髪に挿し、自分の黒髪の中で小さくとも白く輝くジーファーを見つめながら、新しい時代の到来を噛みしめた女たちがいたのでないか。

アルミ簪の登場は、身分と対であったジーファーの材が、縛りから解き放たれ、ついに自由を得た瞬間だったのではなかろうか。アルミ簪の向こうに、次の時代に羽ばたこうとする女たちの姿が、見えるような気がした。


糸満の新垣仁王氏にとって、アルミ簪作りとは、何だったのか。

それは、彼が茎の太いサトウキビに合うようにと導入した新たな歯車や、漁師に求められた大きな釣り針作りの延長線上にあったのだろう。使い手（客）の望みに柔軟に応えようとする職人としての気概。それが、旧習を軽やかに飛び越え、人気を博したアルミ簪を生み出したのではないだろうか。

そっと、手を添える

考えてみれば、大阪の又吉誠仁氏の物作りの姿勢もまた同じだったのではないだろうか。誠仁氏の胸の内には、純粋にジーファーを作りたいという気持ちがあったと思う。けれどその気持ちの背を押したのはやはり、周りの人々のジーファーが必要、という声だったのではないか。

身近な人々の要望に応えてみせる。

そんな職人としての潔い心意気のようなものが、糸満の新垣仁王氏にも、大阪の又吉誠仁氏にも、あったのではないか。

そしてふたりは、大阪と糸満で、ジーファーを作ることで新しい時代に羽ばたこうとする沖縄の女たちの背に、そっと、手を添えたように思えてならない。

第5章

「金細工またよし」七代目又吉健次郎氏、八十八年目の昔語り

これからお読みいただくのは、「金細工またよし」の七代目、又吉健次郎氏（昭和六年生まれ）の昔語り。

又吉さんのここでの語りは、連なり広がる赤瓦屋根の上を走りまわる、健やかな戦前のシーンから始まる。初恋、空襲、疎開、時世に応じて働き方を変える両親の姿。そして、戦後の詩作と友情。八十八歳の今日まで胸の内に留めおき熟成を重ねた、又吉さんの記憶が紡ぐ言葉である。

お話を伺ったのは、二〇一九年の夏の初め。初めて訪ねたあの工房は場所を移し、いまは首里城の日常の通用門として、そして国王死去に伴い王位を継承する世子《せいし》の入城と、聞得大君《きこえおおぎみ》（最高位の神女）の即位儀礼の出立にも使われたという継世門《けいせいもん》に近い、一軒家にあった。

又吉健次郎氏の手元。ジーファーのカブの窪みを作る。2011 年 8 月 17 日撮影

　石畳の小道を少し歩いた先にある工房に又吉さんを訪ねるのは、木曜日の午前中。

　仕事場ではなく、暖簾をくぐった隣の部屋の食卓に落ち着き、工房の新垣《しんがき》和子《かずこ》さんが淹れてくれたお茶で喉を潤しながら、又吉さんの言葉に、耳を傾けた。足元にはたいがい、ラブラドー

「懐かしいねぇー」と、昔を知る年輩のお客様が驚かれることもある、又吉健次郎氏の働く姿。2011年8月17日撮影

ルレトリバーのカンスケ（工房の看板犬）がどたりと横たわっていて、小柄な銀太（チワワとダックスフンドの雑種らしい）は、自分の居場所から時折こちらをちらりと見てはまた、目を閉じている。やがて台所からはヘルパーさんが昼食を準備する音が立ち、少し遅れて、こうばしい香りが流れてきた。

　振り返ってみれば、私は、ジーファーに引き寄せられ、ジーファーを追いかけてきたけれども、もうあれから何年も経ったというのに、いまだ最後の最後の扉を開けられないようなもどかしさのなかにいた。

　又吉健次郎氏は、沖縄にただひとりの、この島に代々続くクガニゼークの家に生まれた現役の職人。「金細工またよし」の七代目。

　もしもいま、あらためて又吉健次郎氏の言葉を素直に聴くことができたなら、ジーファーの核心のようなものに、触れられるのではないか。そう思った。

I　子供の時代

赤瓦屋根と三軒長屋

（十・十空襲前の、那覇の空撮写真を見ながら）一軒家ですよ、うちは。下泉町《しもいずみちょう》（現在の泉崎一丁目と久茂地一丁目辺り）。松田橋ってあるでしょう。その近くに。仲材木店ってないかね？　そうそう、その近く。おやじ（又吉誠睦氏）は、もともとは首里だからね。下泉町の二階屋を借りて。あの頃はね、みんな二階屋なんですよね。長屋、三軒長屋の真ん中に、うち借りてて。

そんときからおやじは金庫とか、おふくろはトランクの修理とか。おやじは、金庫の鍵を開けるのは手探りで探って、鍵を作って。庶民の家に金庫はないでしょう。おやじが鍵を開けに行くのは、田舎の役場の中にある金庫とかね（本書第2章Ⅱ参照）。

小さいときにおやじと一緒に、近くの役場に行って。あんときは、ソーメンチャンプルーが唯一のごちそうでね。お礼にって出されたソーメンチャンプルーが本当においしくってね！　いまはそうでもないけど、そんときはごちそう。おやじと一緒に食べて。一緒に手を引かれて歩いて帰ったのを、いまでも覚えている。

この川沿いの仲材木店は、鹿児島の人だと聞いたけどね。あの頃、こういう店をやっているのは、みんな鹿児島の人だったの。山形通り（百貨店の「山形屋」前の通り）でも、大きい店はみんな鹿児島で。うちなーんちゅはそういう店だす財力もなんにもないしね。

ダンパチ屋（断髪屋）とか時計屋とか、そういうところはウチナーンチュ。ぼくんちは真ん中だから、両隣がダンパチ屋と時計屋。

時計屋さんってのは、座って朝から晩までずーっと、時計の修理やってたんだよね。こう、片目のメガネかけてからね。もう一生懸命。ずーっと朝から晩まで。そいで時計屋の子供たちはみんな優秀でしたよ。

それでうちはカンゼークでしょ、もう片方の隣が、ダンパチ屋。床屋。その床屋にね、あの、えーっと、ちよちゃんっていうのがいてねぇ、ぼくと同期生なんですよ。ぼくの初恋の人。はっはっはっ（笑）。ちゅっちゅっなんかも、やったよ（笑）。はっはっはっ（笑）。だからダンパチ屋はね、ぼくもよく行った（笑）。

おやじもね、仕事するよりも、おしゃべり好きだったんですよ。そしたら家にお客さん来るけど、おやじ、いないんだよね。で、アンマーが「え！　ダンパチ屋にいるから、ケン坊、呼んできて！」って。案の定そこにいる。懐かしいねー。

うちは二階があって。そいで隣は、みんな屋根だったんですよ。屋根と屋根の隙間はこのくらいしか開いてないの。だからね、跳べるのよ。屋根が向こうにもこうあるわけ。だから屋根で遊んでたよ、走りまわって。子供の遊び場だったよ。ほんとに。窓から下りてすぐが屋根。屋根が近所一帯全部繋がってる。ぴょんと跳び越えて。ひとまたぎで隣の屋根に行ける。密集してたの。こう繋がってて。隙間を跳び越えて、隣近所の瓦《かわら》の上で遊んでた、走りまわって（笑）。怒られたよ！　そこでも、どこでも遊んでた。

屋根瓦は、本当の瓦。あの頃、全部瓦なんですよ、那覇のちょっとしたいいところは赤瓦、ほとんど赤瓦。いまの赤瓦だよ。立派だったね。

屋根から川が見えるの。ここでは泳がないよ。ガサミとか、カニは獲るけど。網ぐわぁーやって、そいで橋から吊るしておいて、ガサミが入ったら揚げる。網には、魚の鰓《えら》とかそういうのがあるでしょ？　それを入れといたら、はっはっ（笑）、結構、結構、こんなのが獲れましたよ。

コマ回してね。すーじぐわー（筋道）で。結構、すーじぐわーありましたよ。もちろん普通の土道。近くの子供たちと、コマ回ししてね。

そいでね、コマがだんだん大きくなってね。初めはこのくらいだったんでしょうね、でもだんだん大きくなって。それで仕舞いにはコマに真鍮《しんちゅう》かなんかで、鉄の輪をはめるんですよ。これ専門にやってる店があって。だから鉄の輪みたいのはめ込みに、わざわざ店に行って。それでパチン、パチンって、コマをぶつけて。そうそう。まるでケンカするみたいに。ぶつかるとパチンと飛ばされるからね（笑）。

ダンパチ屋で、時計屋で。ダンパチ屋には彼女（ちよちゃん）がいて、時計屋にも、男だけど同期生がいて……。

でもね、ここではもうジーファーなんかは売れないから、おやじは金庫修理やって……。それでね、ぼくが子供の頃、戦前はね、おふくろは、アンマーはトランクの修理してたの。ほつれたところ全部縫ったり。おやじ以上に、相当仕事やってた、うん。

あの頃は小学校出て、中学に行かない人たちはもう、ヤマト（沖縄県外）に就職。全部ヤマトに。沖縄に就職ってないから、もうもうヤマトで就職するしかない。一般的な会社ってのは、多分なかったはずよ、沖縄に。もう本当に若いのは必ず軍需工場って、みんなヤマトに行くんですよ。

だからおやじは金庫の修理もするけど、トランクの鍵を作ったりね。ほら、みんな船乗って軍事工場に行くでしょう。だからトランクの修繕。革がちょっと破けたから修理するって、おやじのとこに持ってくる。だからトランクがこんなに山積みになって。トランクの鍵とかそういうのは、おやじ。革の修理は全部おふくろがやった。おふくろは一日こんなやって。本当におふくろは目が真っ赤になって、目やにがでるくらい一生懸命やって。

でも、おやじはゆんたく（おしゃべり好き）だからね。隣がダンパチ屋でしょう。ダンパチ屋ってのはほら、みんなの集まりどころでしょう。ゆんたく所だよね。だからおやじはしょっちゅう行って、お客さん来たらアンマーが、「ケン坊、ダンパチ屋におやじ呼んで来い」って（笑）。よく言われた。

これ（戦前に撮影された那覇市の空撮写真）を見ると、おやじとおふくろを思い出す。おやじとおふくろみたいなもんだ、これは。

それでね、終戦後、ヤマトから、九州から帰ってきて（疎開先から沖縄に戻ってきて）、一番会いたかったのはね、やっぱり……、ちよちゃん。ダンパチ屋さんの。ヤマトから帰ってきて、それで終戦後訪ねて聞いたけど、もう分からなかった。ダンパチ屋もどうなったかもう、ね。

えー、懐かしいね。三軒長屋にいたのは八歳くらいのときだよ。

十・十空襲と墓

（ふたたび、戦前の那覇市街地空撮写真を手に）こういうのがね、もう本当、あっという間に全部焼け野原。一望に、見えるんですよ。那覇ってこんな狭いところだったかなーって思ったね。もう本当に、那覇港も、すぐそこに見えるんだね。墓から外に出て見たらね、十・十《じゅうじゅう》空襲終わって墓から外出て見たら、本当に焼け野原なんだよ。

火事があってね、ようやく初めて空襲に気がついた。あ、これは本物だと。それまで演習だと思ってたの。普段こんな演習はないけど、でも。

……凄いよね、いまだったら考えられない。前にも言ったけど、自分のうちの床下に、自分たち用の防空壕掘るのよ。那覇の中心地の家の中に防空壕！　それぐらいの認識！　軍もそれぐらいの認識しかなかったのね。本当に掘りましたよ、ぼく。自分の家の床掘ってね。自分のうちの床下に、床剥《は》いで、穴掘って、防空壕作ってるんだよ。ちょうど家族が入るぐらいに。おうちの中だよ！　床下にだよ（笑）。家焼けたらどうするんだよ。戦争に対する、空襲っていうことにそれぐらいの認識しかなかったの。そしたらそれで本当にやられて、あっという間に。

いい加減だった、もう、本当に時代的に、そういう時代。うちの中に防空壕をって。焼けたらどうする？　はっはっはっ（笑）。結局は使わなかったけどねー。

下泉町の三軒長屋は那覇の真ん中でしょう。いつかやられる、空襲に遭うっていうのをおやじは知っててね、予測していてね。十・十空襲で、事実そうだったよね。それで泊《とまり》の方に小さな家を借りて。丘の、うん、墓に近い場所だったけどね。そこに一軒屋を間借りみたいに。とりあえず本当に避難所みたいな。すぐそばには墓がいっぱいあってね。おやじは、それを知ってて泊に移ったの。

そいでおやじは、下泉町の三軒長屋に歩いて通って、仕事やってたの。自分は朝早く起きて仕事行って、泊に帰ってきて。そんなでしたよ。

それでぼくはあの頃、開南《かいなん》中学校の一年生だったからね。ちょうど八時頃だったから、脚絆《きゃはん》巻いて学校行こうと思ってね。それで脚絆やってるときにどうもおかしいもんだからね。煙が見えるもんだから、おやじがちょっと待てよって。おやじが、これはおかしいからっていうことで、学校はちょっと待ちなさい、と言って。

ようするにもう、そういうのは現実にあるとは思ってないから、空襲の練習、演習と思って、おやじも最初そう思って。でもだんだんおかしくなったよね。そして見たら、港の方、本当に直撃で。本当にもう、港もやられるのもちゃんと見えるようになってから、「あ、これは本物だ」っていうことで、近くの墓に入って。ひとつの墓に何所帯も入っててね。みんな、もうお墓に、墓に避難。家族どころじゃないですよ、もう、全部！　全員！　泊はお墓がいっぱい並んでいたから、全部こじ開けて、それでみんな入ってましたね。もうもう、厨子甕《ずしがめ》（ジーシガーミ、骨壺）をどう片付けたか分からん。

そしたら本当にね、爆弾が落ちるのが分かる。音が、ひゅぅーーーっ！　これは直《ちょく》に、自分の頭の上に直撃だと思ってね。もう震えてたの。直撃と思うくらいに凄い音だったよね。結構、十メートル

米海軍写真資料。1944 年 10 月 10 日撮影。炎上する那覇市の港湾施設。台湾、沖縄攻撃の際に、空母フランクリン（CV-13）の艦載機から撮影（沖縄県公文書館蔵）

から二十メートル……、それくらいのところに爆弾が落ちて。本当に、頭の上に、ジューーーってい
う音が。怖かったですよ。

……。夕暮れまではいかないね、四時か五時くらい。焼け野原見たのが、だいたい五時頃かな。そ
れで墓から出てみたら、那覇市はもう本当に一望……、なんにもない。空襲でやられてなんにもない
の。夕焼けがきれいでね。太陽が真っ赤になって、それで那覇市が一望におさまるくらいに小さな焼
け野原みたいになってね。焼けてて。もう本当に、那覇がね、一望に見える、全部。那覇って、こん
なものだったのか？　こんな狭いかなって。はあー、びっくりしたもんね、あれ。

奥と大分、ふたつの疎開

それからまず（首里の）金城町《きんじょうちょう》行って、親戚一同みんな集めて。これは疎開《そかい》しないと危ないからっ
て、それから……。

この写真見たら思い出す、本当に。昨日今日のことのよう……。

そいでその晩から皆、歩いて。妹が、いや、おふくろが一番末の弟、かっちゃんを背負ってね。何
歳かな？　弟はまだ小さくて。妹はもう歩けて、ぼくと手を繋いで。そいで歩き出して。

六日間かかってね。歩いて六日間かかったよ。道々で休みながら。

そいで、道ゆきで、比謝橋《ひじゃばし》のところへ行ったときにはね、おやじが琉歌《りゅうか》も教えたよ。吉屋《よしや》チルー！
おやじはそういう、ちゃんと勉強してたんだね。

恨む比謝橋や《うらむひじゃばしゃ》　情ない人ぬ《なさきねんふぃとぅぬ》
吾渡さと思て《わんわたさとぅむてぃ》　架けて置きやら《かきてぃうちゃら》(1)

これが比謝橋だよ、って道ゆきで。いまにして思い出したわけ。そういえばそういうことがあったなーと思ってね。

名護《なご》は、大きい街でしたよ。女学校もあったんじゃないかな？　おやじが説明しよった。

奥《おく》（集落）はまだ遠い。

羽地《はねじ》、大宜味村《おおぎみそん》……。それでとにかく奥にたどり着いて。向こうでは凄く歓迎されてね。みんな一軒一軒割り当てられて、うちは比嘉家ってところに。そこに、住まわせてもらってね。住まわせてもらったけどね、奥座敷というより本間の方で、ずっと。もう一緒に。そいでおばさんと娘さんがいて、長男は兵隊でいなくて、親子ふたりのところにぼくらが入ったんだよね。うちは六名か。六名をずっと。奥に行ったら、ヤギの餌の草刈り。世話になっている比嘉さんのところでヤギの草刈り。毎日、草刈りですよ。いまでも、（手を見ながら）ここら辺、指切ってね、ここかな？　うん。カマで。カマの使い方、全然分かんないしね。

ハブもね、悠々と川を泳いでいてね、凄かったですよ。ひと山越えたら、本当にやんばる。

クニブンみたいな、大きい、皮の厚いミカンをよく食べましたよ。いまみたいに黄色いミカンっていうのはなかった。緑で、方言でカーブチャーっていうかな？

奥はね、いい人たちばっかり。

それでぼくは、友だちとずいぶん仲良くなって（笑）、ははは。友だちの妹さんに、すっかり惚れこんじゃって（笑）。

奥に知り合いがいたわけではない。疎開先だったの。割り振られたの。

（那覇から奥は）遠いですねぇ。十・十空襲があって、その日から歩いて、奥に行ってるわけだから、遅くとも十一月には着いてるわけだからね。十二月、一、二で……。何カ月くらい？　奥にいたのは三カ月くらいかな？　それくらいは向こうに世話になって。

いい部落だったよ。世話になった家は、奥の中心にあって。大きな川があって。川が流れていてね、すぅーっと部落を抜けていく。

ほんで正月には川原で豚を、みんな一所帯で一頭くらい潰《つぶ》すの。それで潰して全部塩漬けにして。本当に凄かったよ、川が血で染まるくらい。もう正月はみんなそれやるの。行事みたいになってるからね。ひとつの風景だよね、あの頃の。

それでぼくらが奥から出て、そのあと、奥も空襲……。

ぼくらは十・十空襲でやられて、やんばる行って。でももう沖縄は危ないって、疎開しなきゃだめだよって。

それで那覇に戻って、最後から二番目の疎開船に乗って、九州の大牟田《おおむた》に。東シナ海を行ってね。魚雷《ぎょらい》が怖かったですよ。最後の疎開、ギリギリで。船はね、下の方に、船底の方に……。本当に息苦しい。はあ、もう。そんでいっぱいいるからね。寝るどころじゃない。

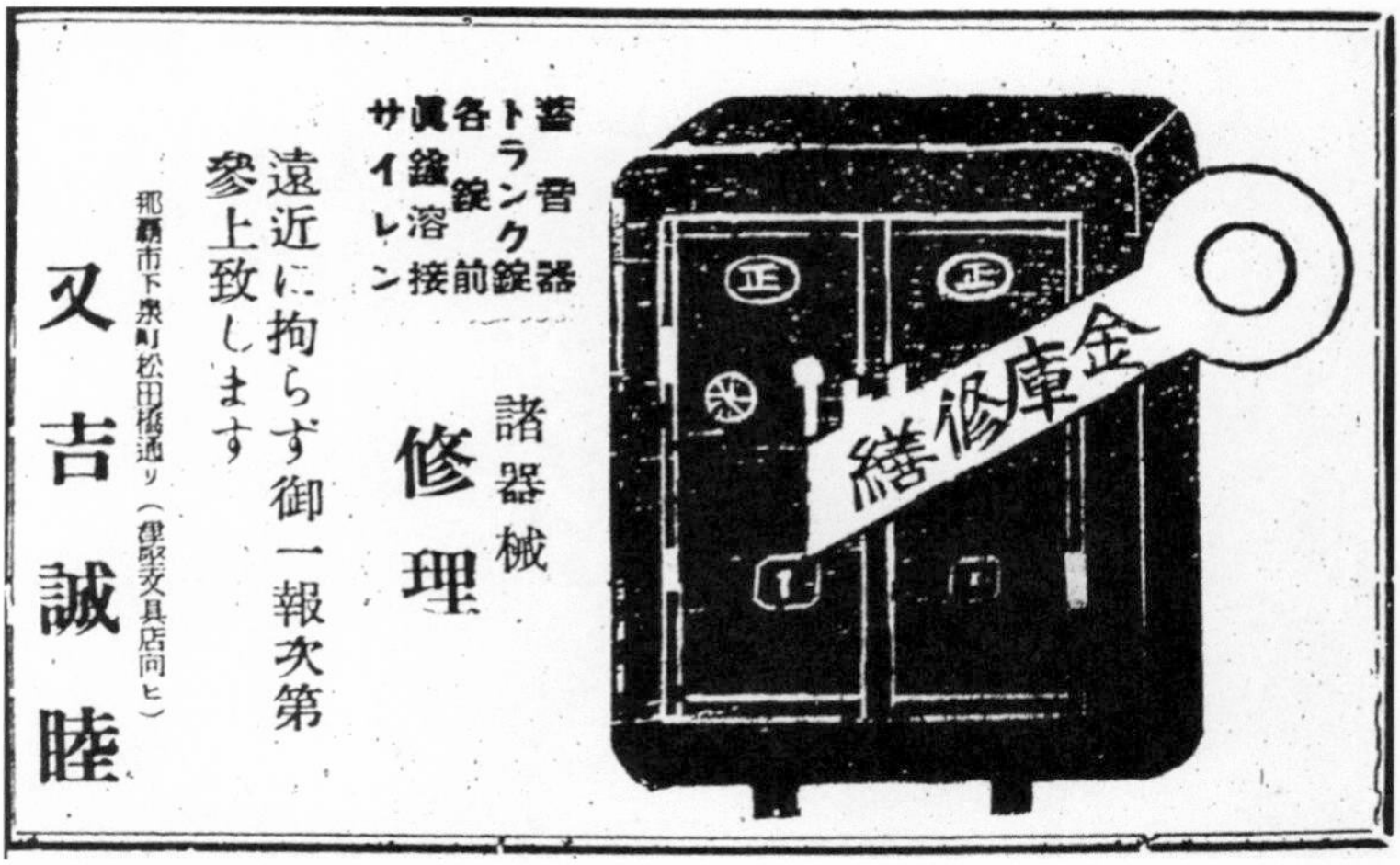

又吉誠睦氏の金庫修繕の広告。本書第２章 98 頁にも広告あり。昭和 14 年 5 月 23 日（火）沖縄日報

この船に乗れたのは奇跡的。最後から二番目の疎開船だからね。

でも奇跡を呼ぶおやじも凄い人だな。

おやじは時代の先を読んでいる。なにかそういう先を読むのが、おやじは凄かったね。一カ月先の、戦況みたいのを判断して、奥から那覇に歩いて戻って。……そいで船乗ってヤマト行って、疎開して。[2] 疎開するって大変だよね。どこに行くかも分からんしね。とにかくって。

おやじっていうのは、凄い人だった。人間的にも凄かったんじゃないかな。たぶん、凄い人だった。

金庫修理の新聞広告だって、ねぇー、やっぱり、あの頃新聞に広告だしてまでやるというのはね。そういうおやじの発想がね、凄いよねー。

一番のカンゼークよ！

＊採録日は二〇一九年六月十三日（木）の午前中。曇天。気温二七度。梅雨明け前。水饅頭持参。

注

（1）比謝橋は、現在の嘉手納町と読谷村の境を流れる比謝川にかかる橋。戦前までは五連続アーチの石橋だった。いまは石碑のみ。
この琉歌を詠んだとされるのは吉屋チルーの呼称でいまなお愛されている、よしや。よしやは一六五〇年にいまの読谷村に生まれ一六六八年に没したといわれる伝説の歌人。幼くして遊郭に身売りして、その境遇のなかで琉歌を残した。恩納ナベと双璧をなす琉歌の二大女流歌人。

本文で紹介した琉歌は「恨めしい比謝橋は、私を渡そうと思って、情けを知らない人が架けておいたのだろうか」とうたう。

（「しまくとぅば読本」制作委員会編集『しまくとぅば読本　中学生』沖縄県文化観光スポーツ部文化振興課、二〇一九年、九二、九三頁参照）
（2）大分での疎開生活は本書第4章Ⅱ参照。

Ⅱ　おやじの世界と、ぼくの進む道

おやじ、濱田先生と出会う

でもほら戦後は、これじゃだめだからって、おやじは壺屋《つぼや》で、進駐軍《しんちゅうぐん》の仕事もやって。一時は、進駐軍相手に指輪を作ったり。

そこでまた濱田庄司《はまだしょうじ》先生（一九七八年没・陶芸家）に出会ったのが、おやじが、もとに戻るきっかけだった。

当時は本当に、おやじは全部、基地関係の仕事やって、結構メシ食ってたんだよね。そう。もう本当に基地関係のですよ。基地関係の仕事やって。

あの頃、軍の仕事をするのは当たり前だから、軍の仕事やらないとメシ食えないんだから。みんな、いろんな仕事やってたよ、軍の、進駐軍のね。

うーん、（おやじは）ちょっとした指輪とかああいうのを。ハブラシの柄《え》を宝石代わりに。あの頃はね、ハブラシの柄は透明だからね。あれを全部ダイヤモンドカットして、それをちゃんと詰めるわけ。はっはっはっ（笑）。おやじがそんなことを。これだったら相手も喜んで。本当、ダイヤモンドカットしていましたよ。それで、それをこう、また銀の輪っか、まあ、そのリングに……。多分、銀貨を溶かしてやったんじゃないかな。純銀なんてないからね。終戦直後だからね。

それで、こんなしてやってるところで濱田先生に会って。

濱田先生が歩いていて、おやじの音聴いて……、先生が、「あんたいったい……?」って。音聴いてだよ、たまたま。濱田先生なんかは壺屋にしょっちゅう出入りしていたから、金城次郎《きんじょうじろう》（二〇〇四年没・陶芸家）なんかとも付き合っていた頃だから。濱田先生が音聴いてから、おやじのとこに寄って来て、「いったいあなたは何者ですか?」って。それでおやじが「何者かって、いやー、自分のうちは、もともと王家の簪や装飾品を作るお抱えの職人で」って言ったら、「あんた、もう一度、琉球人に帰りなさいよ」と。

それで、これがきっかけで、おやじは壺屋引き払って、首里に帰って。

これは、おふくろから聞いた話よ。

おやじも凄いよ。濱田先生に言われて、すぐにそれに応えるっていう。濱田先生の言葉にすぐ応えるような、おやじだった。やっぱり、あったんじゃないかな。代々の仕事は、気にはなってたんだろうね。それでもやっぱり時代は変わってるし、その時代にどうやって生きるかってことも、いつも考えていたしね。

おやじの才気が凄かったなぁ、先を読む目。時代時代の仕事を、自分で作り出していっているからね。ぼくじゃ、とてもできない。

「金細工またよし」五代目又吉誠睦氏と妻のマカ氏（又吉健次郎氏のご両親）

おやじとおふくろ、ふたりの琉歌

（健次郎氏の妹さん〔故人〕が持っておられたご両親の写真をお見せすると）これは戦後、儀保《ぎぼ》にいた頃だねー、たぶん。

わったーアンマー（お母さん）、いい女だったよ。（亡くなったのは）九十八歳だったよ。

アンマーは巨人ファンだからね、トランジスタラジオで。中継を聴いて巨人が負けそうになって、泣きそうになって、「ケン坊や！」って（笑）。

目が悪くなってたけど、ぼくのジーファー触って、「ここがもうちょっと」とかって……。ぼやっとは見えてるよ。ぼやっとは見えてたはず。

（アンマーの琉歌《りゅうか》が書かれた手紙を手に）なぜかこれが、手に入ってね。ほいで、アンマーに聞いたことがある。「これ（この琉歌）、本当に書いたね？」って。「書いたよ」って言ってた。結び指輪（工房で作り続けられている指輪）の琉歌。

むすびかたみたる　結び　かためたる
なんじやいびがにや　銀の指輪
人ぬうなさきで　人の情けで
やまとのぼて　ヤマトへ上り
まぎさある人ぬ　名のある方が
うひちやぎゆみそち　手にとり　眺めてくれ
やまとうまんちゅと　ヤマトの方と
ごゑんむすば　ご縁が結ばれた

芹沢先生からいただける指輪を作れる沖縄の老婆のうたふ

結び指輪

芹沢先生っていうのは、芹沢銈介《せりざわけいすけ》（一九八四年没・染色工芸家）。指輪を作れる沖縄の老婆は、アンマーのこと。

「まぎさある」は、大きい、偉い人（笑）。はっはっはっ（笑）。やまとんちゅうの偉い先生方が買って、「うひちやぎゆみそち」、気持ちをこめて見てくれたってことじゃないかな？　大事に見てくれた、ちゃんと見てくれた。そいで、ヤマトの方とご縁が結ばれた。そういう琉歌。

それで、わったーおやじはというと……。

ふうち吹ち火ばな　吹いて吹き飛ばせ火花
顔《ちら》に吹ちとばち　私の顔にまで火花を舞い上がらせよう
芸ぬ奥ふかさ　芸の奥深さ
道やあぐで　私は進む道を　探しあぐねる

こう、唄うでしょう。それで、これに応えておふくろが、「真心ゆ込みてぃ結ぶ」と、唄で表現する。

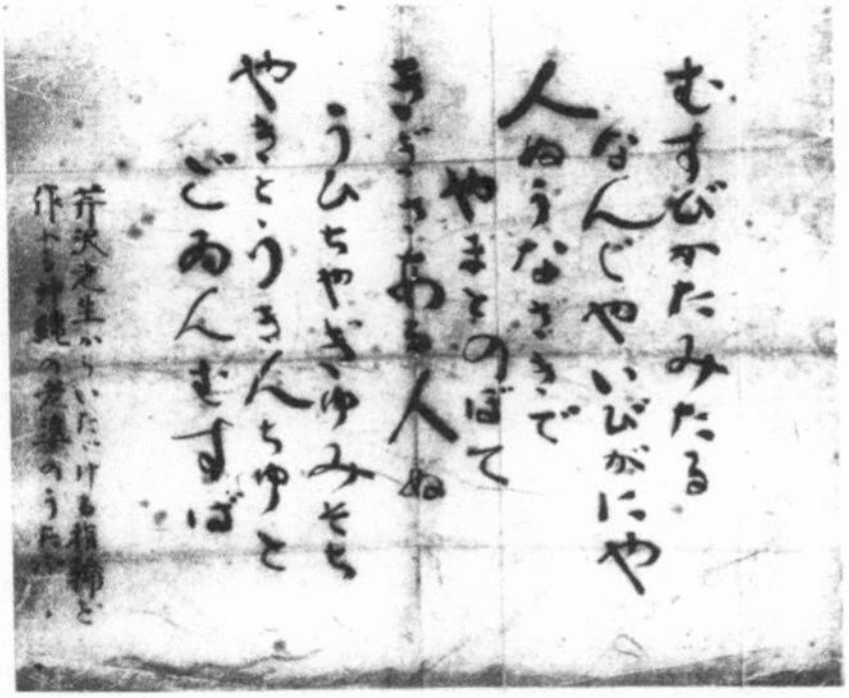
岩手県盛岡市「光原社」に残っていた墨字の琉歌。光原社の関係者がこの琉歌を手に「金細工またよし」を訪ねたことから、琉歌は工房に里帰りした。なお「光原社」は、大正 13 年に宮沢賢治の童話集『注文の多い料理店』を発刊。社名も賢治の手によって名づけられた。

真心ゆ込みてぃ　真心を込めて
結ぶ指輪《いびがに》や　結ぶ　結び指輪
代々《ゆゆ》ぬある限り　家が続く限り
残《ぬく》しぶさぬ　この心と共に残したい

おやじもおふくろも、学、どっちも学がないですよ（笑）。（でもこういう夫婦の琉歌は）普通に生まれてたんでしょうね。
この仕事、やっぱりこういう仕事ってのは人との繋がり、繋がって初めて、結び指輪ができると思うんだよね。うん。作るっていうのは、気持ちを込めて作らないと、結び指輪にならないと思うんですよ。ただ器用に作るもんじゃないと思う。やっぱり二本の線で結ぶっていうのは。カッコイイこと言ってるみたいだけど、本当、ぼく、そう思う。

華やかな、ラジオの時代

（『「ローカルに徹せよ」ラジオ沖縄35年のあゆみ』（株式会社ラジオ沖縄発行、平成七年）に掲載されている社屋の写真を見ながら）はっ、はっ、はっ。あってる、あってる。この辺で、この辺の木陰でぼく、ラジオ番組の原稿書いていたんですよ。ぼくはアナウンサーじゃない、ラジオの民謡番組を作ったり。

でもぼくは、最初は「琉球放送」で働いたんですよ。二十八歳くらいのとき（昭和三十四年頃）。けどその前は嘉手納《かでな》基地で、軍作業みたいのをしたこともあったの。でも、そこのグッピー係がね、そこの社長みたいなのがグッピーが好きで、そのグッピーの世話を任されていたのがいてね。彼がひとりでグッピーの世話してたんだけど、ある日、グッピーが全部死んじゃったの。そしたら社長がグッピー係をクビにするって言うから、「なにを！」って言って、グッピー係と一緒に辞めたの。

それで、いい仕事ないかなって、船越義彰《ふなこしぎしょう》さんに。彼のおうちに行って、「仕事、どっかないですかね？」って相談して。それで彼に紹介されて「琉球放送」に。

船越義彰さんは劇作家でもあり、踊りの評論家でもあり、琉球舞踊の振り付けまでやったんじゃないかな？　そして詩人。あの頃、珊瑚礁《さんごしょう》同人というグループがあって、彼は、そのひとり。

それから、ぼくは「琉球放送」に入って、最初にやったのが組合！　そいで結構ぼく、積極的にやったら、課長に呼ばれてさ、「オマエタチ、組合ってナニカ！」って怒られて。「オマエ、クビだっ！」って言うからね、それで「しかし、こういうことをやらないと、マスコミ自身が組合ってのを作らないで、どうして組合運動の記事ができますか？」ということでね、「だったらいいですよ、辞表書いてぼくは辞めます」って、辞表だして。

それでね、その頃ちょうど別のラジオ局が、「ラジオ沖縄」（一九六〇年開局）ができて。誰か番組作れる人いないかな、ってことで、人を探してたの。ぼくはそのとき「琉球放送」で、深夜放送の色物を書いてたのね。深夜放送だから、口紅をつけながらいろいろ想像するような。そしたら「ラジオ沖縄」が、「琉球放送」は、どんな人がどんなのを書いているって、全部モニターしてたわけ、聴いてたわけ。そしてこの深夜番組を聴いて、「あれはいったい誰が書いたかな？」って言って、どうもぼくらしいってことで。

というところで、ちょうどぼくは、組合のことで問題児になっていて。そういうときに「ラジオ沖縄」に行ったら、お出迎え（笑）。で、「ラジオ沖縄」に行って。

「ラジオ沖縄」は十年。結構長い。

脚本、書きましたよ。もう、書いて。

あの頃は番組作ったら全部新聞で紹介するもんねぇ。作は誰、演出は誰って。又吉健次郎って載ったら、お母さんも喜んで、それ全部切り抜きしてね、置いてあったみたいだけど。

それでね、あの頃はね、あの頃のアナウンスメントは、女子アナなんかも東京に、ＮＨＫの共通語の講習に行かせて勉強させるの。それはそれでやってたんだけど。でもやっぱりぼくには、ぴんとこなかったね。あんとき、なんかおかしいなぁーって……。

ぼくはね、言葉もひとつの文化だしなぁって。

そうかといってアナウンサーに「ウチナーグチしゃべれ」って言っても、しゃべれないから。しゃべれないですよ！　アナウンサーがウチナーンチュでも、ちゃんとしたウチナーグチ、しゃべれないよ。もうこの時分、若い人たちは完全にヤマトグチですよね。

それで芝居の、真喜志康忠《まきしこうちゅう》（二〇一一年没・沖縄芝居役者）のお弟子さんたちを、若手を借りてきて、呼んできて、で、ウチナーグチで番組をやろうって。

島正太郎《しませいたろう》とか、知ってるよね？　中山幸四郎《なかやまこうしろう》、北島角子《きたじますみこ》、亡くなったよね？　島正太郎……。島正太郎なんかもよく一緒に酒ぐゎー飲んだけどね。懐かしいよ、島正太郎。ぼくの『郷土劇場』（というラジオ番組）の常連だったからね。彼とはよく酒ぐゎーも飲んでた。

ウイスキーも結構飲んでたねー。むしろ酒ぐゎーよりもウイスキーの方が多かったよ、うん。ジョニーウォーカー、ブラックなんとかね。あの頃、泡盛ってのはまだそんなに製造されてなかったのね。そいで軍からの流れがあるからねー、軍からの流れでジョニーウォーカーとかそういうのが。

女の劇団、「乙姫劇団」なんかも……。「乙姫劇団」っていう、女性だけの劇団があったんですよ。ヤマトのほら、宝塚みたいな。女が男役をやってね。そいでそこのスターたちとね、もう凄い毛の襟の、凄い衣装着て、「ちょっと飲み行こう」とか言ってね、向こうから誘われて。そいで一緒に行くでしょう、もう、もうこっちは小さくなって。ゴージャスなの。でももう、誰もいないんですよ、本当に。島もいない、北島もいない……。みんな、亡くなった。本当にいなくなってるんですよ、みんな。

兄貴は、ぼくには「酒ぐゎー控えろ！」って。ぼくはよく兄貴に怒られてましたよ。よく、ふたりで碁を打ったり、将棋打ったりもね。兄貴が校長になった頃。兄貴は凄く優秀で、高校の校長なってね。ぼくは尊敬する。ぼくはいつも比較されて。兄貴とは畑が違うからね。かたやマスコミの変な仕事やってるでしょう。兄貴は学校の校長でしょう。ねー。ぼくはいい加減っていうか。マスコミはあれでないとね、マスコミはやっていけないんですよ。そういう、ちょっとはずれた社会性も持ってないとね、うん、ないといかんしね。

給料？「ラジオ沖縄」にいたときは……、どうかなー、給料は。もちろん前借りだから（給料から前借りしているから）、給料ごと引かれるでしょう。そしたらまた女房には、「なんかねー、資金繰りが大変って給料半分しかもらえなかった。ま、あとであげるっていうことだから」って言って、半分渡して。そしたらまた、この前借りした分が、次の給料から引かれるんだよね。そしたらまた借りて。その繰り返し。結局、退職金は一銭もなかった。

もうあの頃は、そういうことやらないとディレクターになれないもんね。そういう時代だった。アナウンサーなんかもう、プロデューサーが引き立てて、遊ばせてあげるぐらいだからね。もうもう本当、ラジオ、テレビ、華やかな頃で。

＊採録日は二〇一九年六月二十日（木）の午前中。ちらほらと蝉鳴く雨の朝。気温二七度。到着した頃には、しっかりとした雨。わらび餅持参。

Ⅲ　言葉もジュリ馬も文化だから

又吉さんのラジオ番組づくり

（一九六一年十二月十四日（木）『琉球新報』掲載のラジオ番組表を見ながら）『民謡の花束』（開局から現在まで続く「ラジオ沖縄」の長寿番組）！　嘉手苅林昌《かでかるりんしょう》、セイグヮー（登川誠仁《のぼりかわせいじん》氏）……。

林昌さんのうちまで行って、そしたら林昌さんが、トートーメー（沖縄で先祖崇拝の対象として大切にされている木製の位牌）が後ろにあって、三線《さんしん》をおもむろに取って、唄い出すんだよね。小さな道の下だったから、埃もいっぱい入ってくる。そいで子供がね、子供も裸足で出入りして、それで三線弾いて。いまでも覚えている。

あれが本当！　ああいう人たちにはね、本当、マイクの前では唄ってほしくなかった。おうちで夕方、唄う。あの頃まではそれがあった。だんだんでも、ステージ立つようになって。ぼくも、交渉に行って会ったわけ……。

ううん。家では録音はできない！　スタジオに来てもらって。セイグヮーなんかも一緒でね。セイグヮーも、ぼくとおんなじ年だったんですよ。それで、同じときに県の功労賞（平成二十四年度　沖縄県功労者表彰）もらって。

『郷土劇』って番組が、これが凄い！　夕方四時からの三十分番組で。中堅クラスの役者を、若手をスタジオに呼んで。週に六回、一回の収録で一週間分録って。それでこれが彼らの唯一みたいな収入源なんですよ。この頃はもう芝居小屋とかなくなっていってたから。

でも、彼らの台本なんかぼくに書けるわけないから、いままで沖縄芝居やってきたのを自分たちで打ち合わせして、自分たちでやりなさいって。ぼくは時間だけチェックして。ちょっと早めにって手でこう合図だして、こうやってみたり（笑）。彼らはぼくの合図を見ながら、自分たちで話を縮めたり。ぼくは編集して三十分に。まあ、なんとかうまくやってましたね。

それでこの『郷土劇』がね、毎日やってたら百姓なんかもね、あの頃、トランジスタってあったでしょう？　畑にトランジスタラジオ持って行って、その時間はね、みんな聴いてた。もう本当に一〇〇％に近いくらい、凄い聴取率《ちょうしゅりつ》だったよ。本当に、畑の中でもトランジスタで聴いてたって。うん、そういうあれでしたね、あの頃は。

（ジュリ馬行列の絵はがき〔本書第1章四五頁〕を見ながら）これ、ジュリ馬行列ね？

これを取材したときにね、婦人会から凄い、猛烈な反対を受けた。ジュリ馬行列は大げさに、公にやることではないって、婦人会から凄く。

しかし、これもひとつの、かつての文化のひとつだからね、ぼくは取材しようと思って全部取材して。ジュリ馬の前に拝《うが》みごとがあるんですよ、辻の、ジュリ（遊女）の拝みごと（祈願）ね。拝みをやってから、ジュリ馬やるんですよ。ゆい、ゆい、ゆい、って。そっから、外人なんかにも話を聞いてインタビューして。外人なんかに英語で「どう思うね？」って聞いて。英語だから……「It's very interesting for me!」なんて言うでしょ。これちょっと入れると全然違うでしょう。番組に現場の雰囲気みたいの出てくるしね。

ぼくは局内っていうよりも、オモテ出るの結構、やってた。

その代わり、局内では本当に綿密に書いてた。だからもう、ぼくの担当であるとないのとでは全然違うんだね。辞めたアナウンサーが、辞めたあと、あの番組の原稿を書いたのは又吉さんだなって、聴いたら、すぐ分かったって言ってた。

又吉さんの、眼鏡とお茶

ああ、ジュリ馬を観ている人は、いっぱいいましたよ、結構いましたよ。外人なんかも結構いたねぇ。それを取材して、音にして。情景はねえ、音でもしっかり出るんですよね。そいでその情景を出しながら、またやってる人、観る人のインタビューなんか入れると、立体的になるでしょう。

で、足りないことはね、自分でしゃべるんですよ。適当に、お客さんになったつもりで補って（笑）。こんなこと書いて大丈夫？　そいでスタジオじゃできないからもうトイレに行って、トイレで、ひとりでしゃべってね（笑）。はっは（笑）。そういう構成じゃないと、立体的に、出てこないでしょう？　その代わりに、自分で実際に見てきてるから。

録音機持って。結構大きかったよ、重いですよ！　こうやって持って、ひとりで行ってた。アシスタントいないもん。録音機に全部おさめて。テープですよ。デンスケ、そうそう、デンスケ！　デンスケっていうの。もう全部自分で。思ったとおりに、思ったとおり。うん、時間は限られているけどね。

（上空を飛ぶ、米軍機の轟音が響く）ぼくは、これが、ぼくにとってはやるべきことだと思うんだよね。ぼくだからっていうよりも、沖縄のラジオ局だからそんなことができる、やるべきことだと思ってるしね。

（和子さんが淹れたお茶をひと口飲み）ぼくはとにかく、「ラジオ沖縄」っていうのは東京にあるわけじゃないだろう、と。だったら、ウチナーグチでいいんじゃないの。方言って文化のひとつだから、ウチナーグチでやろうって。で、アナウンサーしゃべらせたらウチナーグチしゃべれないから、島正太郎とか、劇団の若手を呼んできて。で、ウチナーグチさーね。みんな、やってくれて。みんな、いなくなっているけどね。

発想的には、当然の発想だよね。

＊採録日は二〇一九年六月二十八日（木）の午前中。前日のどしゃぶりからの、晴れ。気温二九度。朝、沖縄県立博物館・美術館のショップで琉球張子を購入。購入時にレジで又吉氏に贈ると伝えたら、店の方が喜んでくれたので、嬉しかった。

Ⅳ　詩と友情

英語と太宰治と詩と、友情

ぼくも一応、戦後、軍作業に行きましたよ。外語学校行って、卒業してその直後、米軍の仕事をやるところを紹介されて。ライカム（琉球米軍司令部／Ryukyu Command headquarters）。琉球ライカムのライブラリーデポ。資料を配布するところ。うん、文書を発信する。

一応、ぼくはそこの試験に受かったんですよ。英語のコンバセーション、会話も筆記も英語。これに受かったもんだからね、じゃあ採用って形で。嘉手納飛行場に行って手続きしなさいって、便りが言ってたのよ。ここに、しばらく勤めて。

ぼくの上司はフィリピン。あの頃、フィリピンの方がウチナーンチュより、英語ができるでしょう。ぼくらの上司はフィリピンだったの、うん。だから英語でしゃべるしかない。結構、仕事、それでやってましたよ。

でね、そこには本がいくらでもあったの。シェイクスピア全集とかがあるんですよね、いっぱいあるから、「これいいですよねー、これ欲しいなっ」て言ったら、「いいよ」って、フィリピンの上司がちょっと千切《ちぎ》るんですよ。ちょっと千切ったらね、もう廃本になる。「いいよ、持って帰んなさい」って。(手で積み重ねた高さを表現しながら)こんなにおうちに持って帰ったよ。こんなたくさんあったよ、シェイクスピア全集が。全部英語で(笑)。外語学校出たから、そういうものに憧れみたいのがあったの。うん、ライカムには、試験受けて入った。ただね、ここは、いっときでした。

ああ、いい給料だった。凄くよかったよ、給料はよかったですよ！　でも、どうもぴんとこないんですよねえ、英語で仕事していることが。それしか仕事がないけどね。でもなんか抵抗を感じてね、辞めた(笑)。

というのは、ぼくはある程度勉強してやってるんだよ、この仕事を。でもあの頃のライカムってのは、フィリピン人が多かったんですよ。さっきも言ったけど上司はみんなフィリピン人なのよ。いや、その上にはアメリカ人だけど、直接の上司はフィリピンだったの。どうも、ぴんとこないんだよね。これはおもしろくないなと。ぴんとこない。ていうのは、フィリピン人だからっていうことじゃなくて……。彼らはアメリカの籍を持っているから、だからぼくたちの上司ということで、これが納得いかなくてね。直接アメリカだったら別だけど、アメリカに仕えているフィリピンに使われているってのがなんか嫌になって、それで辞めて。

それから辞めて、政府へ。これはね、たまたま、ぼくが知ってる人が「ぼくの知り合いが群島政府にいるから紹介するよ」ってことで。「キミ、英語できるから」って紹介されたところが、そこの官房《かんぼう》なんですよね。採用試験があるわけでもなく紹介で。それで群島政府で翻訳の仕事を。沖縄群島政府官房翻訳課に入ったからね。

英語はね、英語を聞いてて興味を持ったの。

疎開で大分行って、沖縄に戻ってから首里高（首里高等学校）入って卒業。

それから首里外語学校（正式名称「首里外国語学校首里分校」一九四八年四月開校。英語教員、翻訳官、通訳官の養成を目的とする六カ月コース）というところに、半年通って。ぼくはそこに入ったんです。

ぼくは、あまり成績はよくないけどね（笑）、英語そのものは好きだったからね。高校の理数科はね、もう全然。試験は白紙状態。その代わり英語と文学の方はまあまあ。

それで高校卒業する段階になって、たぶん高校時代の成績そのままだったら通えなかったけど、担当の先生が全部直してくれたの。だいたい八〇点台に、数学も、全部直してくれたの。あの先生には本当にいまでも恩義を感じている。

本当の成績だったら絶対通らないからね。だいたい二〇点か三〇点。だいたい白紙状態で、試験は白紙で出したもん。

なんか、なんか、抵抗みたいのがあってねー。なんかね、勉強に対して抵抗みたいのがあって。優等生ってのが、あんまり気に食わなかったね（笑）。

そいで洋服もボロボロ。ほんとにボロボロ。自分で千切って。ボロケン、って呼んで。そいでおふくろは、「ケン坊がこんなことしたら私が恥ずかしいからやめてよー」って、いつも言ってた。自分で千切ってボロボロにして。お尻の方なんか生地がバタバタ、バタバタするのよ。ようするにぼくは、あの頃はほら、不良じゃなくて、なんていうんだろう、バンカラ！　バンカラ！　バンカラ全盛時代！　バンカラで下駄はいて。

学校行ったら、応援団長みたいなことやってね。「わせだぁー、わせだぁー、わせだぁー、わせだぁー♪」って歌って。あの頃はまだ学校の応援歌ってないのよ、だから慶応、早稲田の応援歌をそのまま歌ってた。校歌もないし、まだ。だってまだ高校も、出来て三期くらい。ぼくは三期生だから。一期生、二期生ってのは入ってすぐ卒業している。戦後だから。ぼくの頃からようやく落ち着いて三年間勉強したくらいでね。

英語は好きだったね。なんとなく好きだった。

兄貴の影響もある。兄貴は数学の天才だった。中学一年から微積分やってたからね。

家の中に勉強する雰囲気はあったね、兄貴がこうだったたから。

でもぼくは勉強したいっていう意味じゃなくて、ぼくはただ本を読んでるぐらいのこと。本が好きでね。でも、本がない頃だからね。文学的な本は……。教科書がないくらいでしたからね。先生が黒板に書いてそれを写してたの。

（英語の）辞書はあったよ！　きちんとした辞書でね。いまでも覚えているよ、道歩きながら単語覚えて、一日一ページちぎるくらい。それなりにやってた。それで外語学校、首里外語学校卒業。

でね、首里高の同期生がね、みんな優秀だったの。

……それで太宰治、あの頃はもう、太宰治になりきらないとダメだった。そんな風潮があってね。

いや、太宰が流行ったのは、高校卒業してから、それからだ。外語学校行って、その頃からかな？　時代的なやつかな？　そろそろ文学ってなんかってことが分かりかかった頃に太宰治に出会って。そうしたらそういう仲間たちが、船越義彰《ふなこしぎしょう》さんとか、みんなが集まって。太宰を語らないと文学者じゃないという。ははは（笑）。だから青い顔じゃないとダメなんだ！　それで酒飲む。酒飲まないと文学者じゃない、文学は書けない。はっはっは（笑）。太宰治になりきらないとダメだった。ヒゲ生やして酒飲んで、でも、青い顔はしなくちゃいけない。もう本当に結構、太宰治、凄い流行ってましたよ。太宰治を語らないと文学語る資格はないという。はっはっは（笑）。

だから、アンマーに怒られて。

戦後の文学なんてそんなもんだからね。本も限られているからね。いまみたいに自由になんでも買えるとかいうわけではないし、みんなで回し読みするくらいだった。

戦後から解放されて、やっと自分っていうのに気付いて。そうでしょう？　それで文学っていうのが。

（高校の同級生、池田和氏《いけだかず》の『青い球体・沖縄』（沖縄タイムス社）をお渡しすると）ああ、池田和だ！　ぼくの同級生！　ようするに基地問題のことを、あれが詩に書いたのよ。ぼくの同級生だったの……。へー、こんな本があるの？

それであの……、珊瑚礁《さんごしょう》同人！　珊瑚礁同人ってのは、池田和とか船越義彰さんとかが作った詩人のグループ（一九五二年九月発足）で、彼らは新聞に作品を発表してたの。池田和の詩に『有刺鉄線』っていうのなかった？　基地の……。『有刺鉄線』というタイトルで詩を書いたはずよ。その詩の記憶がある。その詩は、中央でもずいぶん評価されたの。
でもぼくはこのグループ（珊瑚礁同人）には入らないで、単独で。新聞社に直接。新聞社にぼくは
……、書いた詩を。ぼくはそこには入らないで、ひとりで詩を書いて。それで新聞社がちゃんと取り
上げてくれて。たぶん載せてくれてたよ。詩を書いて、新報あたりに送ったらちゃんと掲載してくれ
て。ちゃんと囲みで掲載してくれて。それでおふくろが切り取って、まとめてくれて。
「ラジオ沖縄」の頃は、詩は書いていない。アナウンサーがしゃべるくらい、詩に近いくらい。
いんですよ。ひとこと、ひとことが。まあ、あの頃のラジオの台本はもう、ほとんど詩に近
まあ、とにかくあの頃は、ちょっと書いてたね。『にごり酒』とかね。タイトルは覚えてる。酒はほら、
あの頃は生では飲まないからね、ジュースで割ったり、コーラで割ったり、あの頃は、生で飲まなかっ
たよね。だから『にごり酒』……。
……池田和の詩は、『一号線』かもしれないな。『有刺鉄線』じゃなくて。
（『青い球体・沖縄』の奥付を見ながら）あいつは厳しかったよ、人が。一徹だったね。
これ、読ませてくれる？
ぼくもこういうのを、詩を書いたりとか、ちょこちょこやって…。
船越義彰さんは先輩。大正十五年生まれだったかな。義彰さんは、ぼくの親友。ぼくは義彰さんに
は、かわいがられていたよ。……「琉球放送」に入れたのも、義彰さんの紹介。義彰さんに紹介され
て「琉球放送」に入ったからね。彼の顔があったから、ぼくは入れたんです。

ぼくは戦後、ちょこちょこ詩を書いたりしていたものだからね。ライカムとかで働いたあと、五年くらい東京行って沖縄に帰ってきたとき、義彰さんに会って、「どっか仕事場ないですか？」って相談して。ということでラジオ、「琉球放送」紹介されて入ったの。

でも、ラジオ局なんて簡単には入れないでしょう。船越義彰さんとは、そのぐらいのお付き合い。詩とか同人雑誌みたいなことを、同じ時期にやっていたから。ぼくも詩を書く。だから、ぼくがそういうものを持っているってことは、義彰さんは知ってた。それで彼が紹介してくれて、「琉球放送」に入って、いきなりラジオの編成に。

義彰さんは本当に、ぼくにとって、やっちーぐゎー。兄貴なんだよね。

兄貴だから、カンゼークする前、マスコミ辞めるとき、全然違う世界に入ろうとなったときに、さてどうしようかと考えて、でも誰かがやらないといけないということで、でも、どうしようかなーと思ったときに、まず義彰さんに、相談に行ったの。あの頃、義彰さんはね、喘息《ぜんそく》持ちでね……、いつも布団で休んでた。

ぼくは、義彰さんの紹介で「琉球放送」に入れた。

そいでラジオ局辞めるときにも、辞めてカンゼークやろうかってときも、義彰さんに相談に行って。そしたら彼が、「いいじゃないか」と。「キミは詩人でね、詩人でカンゼーク。だから、いい仕事できるから、いいカンゼークになるからやりなさい」って言って。だから、カンゼークやろうかって。

そういう意味で、いろんな意味で、義彰さんはぼくにとっては兄貴。

大城立裕《おおしろたつひろ》（小説家。『カクテル・パーティー』で芥川賞を受賞）さんは何年生まれかな？　大正十五年だったかな（大正十四年生まれ／一九二五年）？　ぼくよりは六つくらい上かな……。そうするともう九十超している？「クガニゼークでやらないとだめだよ」っていうのは、立裕さんに言われたの。「君はカンゼークじゃないよ、クガニゼーク（黄金細工職人）だよ」って、立裕さんに言われた。立裕さん、真剣に言ってたんですよ。工房が石嶺《いしみね》にあったとき、たまたま道ですれ違ったときに。前から知ってるからね、お互い知ってるからね。ですから「キミは」と。

やっぱり繋がってたんだろうねー、みんな。

立裕さんも、大正生まれでしょう。みんな、先輩だからね。

なにかにつけてぼく、相談に行くわけ。

＊採録日は二〇一九年七月五日（木）の午前中。梅雨明けしたものの戻り梅雨で重たい曇天。でも、蝉がシャンシャン、シャンシャン鳴く。通りにはサガリバナが落ちていた。昼食に具沢山の素麺をごちそうになる。

V　アンマーって凄い

おやじのアンマーと、ぼくのおふくろ

ラジオでは公開録音で、あちこちで録音するでしょう。そうして、いろんなイベントやって。だけど、あれはその都度終わっちゃうでしょう。終わるもんね。番組ってのは一瞬で。でもこの仕事ってのは、続けないと意味がない。代々やってるのを終わらせるわけにはいかんでしょう。同時に、おやじの道具ありますよね？　代々伝わっている、ここにある道具。「じゃあ、あなたが使わなかったらこの道具はどうなるの？」って、おふくろが。

おやじも、おんなじことを言われてるんですよ。おやじのアンマー（お母さん。ここでは又吉健次郎氏の祖母）が同じことを、おやじに言ってるんですよ。

おやじもほら、時代の変遷でダンパチ屋（断髪屋（床屋））やろうとした。おやじがまだ若いときに、「ダンパチ屋やる！」って言って、修行にも行って。あのときおやじが「ダンパチ屋やる！」って言うのは当然だよね。このときはもうカタカシラ（男の髷を）結って、カミサシ（男簪）挿す人もいないしね。時代を追いかけて、当然の転換だと思う。

でも、おやじがそう言ったら、「あんたはダンパチ屋やるって言うけど、だったらこの道具をどうするの？」って、ひとこと、アンマーに言われて。怒られて。

で、おやじは、もとに戻って。

ぼくのお婆さんが、おやじを怒ったの！　おやじが、おやじのお母さんに怒られたわけ。はっ、はっ、はっ（笑）。凄いなぁ、お婆さん、凄いなぁ。

だぁー、おやじが「ダンパチ屋やる！」って言ったのは、当然ですよ。新しい髪型になるんだから。時代の変わり目ですから。おやじも目のつけどころがいい。はっ、はっ（笑）。そこがおやじの偉いところ。時代をみる。先を読む。ぼくには、できないことだなぁ。

又吉さんの仕事道具。2020年9月24日撮影

そして、確かにおやじの目のつけどころはいいけど、それを呼び戻したおやじのアンマーも凄いと思うね。

アンマーっていうのは、ええ。

これは残さないといけない、と。だって代々やってるから。この道具って、ようするに代々の……。「やぁー、この道具をちゃーするばぁ？（この先祖代々の道具を、君、どうするの？）」って、アンマーが言う。この言葉で、おやじはカンゼークに戻った。それで、これが残ったの。

道具ってのは、使わなかったらどんどん腐食《ふしょく》していきますよね、錆《さ》びていくんでね。

……アンマーって、凄い人だと思うよ。

ラジオは終わる。その都度、イベントが終わったら終わる。終わって消えていくもの。

でも、結び指輪は、作ったらずっと残るもんね。

出会いで仕事を

（又吉健次郎氏が通っていた甲辰小学校の写真集に載る、校庭に児童が整然と並ぶ写真を見ながら）

こんな大きかったかな？　ここはたぶん校庭だと思うよ。入り口はこの辺じゃなかったかな？　校庭に入ったらすぐ二宮金次郎の、薪担いでる立像がある。たぶん、この辺だったと思う。ここは運動場じゃないかな。うん。へーー。そうそうあの頃はね。へーー。

そいでぼくは最後の、尋常小学校最後の卒業生。

そのあとはもう。

これが鉄橋……、これが（軽便鉄道の）駅。そこら辺までは遊びに行ってたよ。松田橋から那覇駅も近かったんですよ。よく行きましたよ。

おやじはね、よく映画館に行ってた。映画が好きだったの。映画館は、そう遠くはなかったよね。

夕方ね、着物をちゃんと着替えて、すーっと家を出るときがあるから、後ろからついて行くの。途中までついて行って、「おとうさぁーん！」って（笑）。そしたらもう（笑）。「行こう」って（笑）。『エノケンの孫悟空』（一九四〇年公開・エノケンとは、日本の喜劇王とも呼ばれる榎本健一のこと）とかね。うん。おやじは、そういう所へよく行ってたよ。芝居にも何度か連れていかれたことがある。那覇市内だから。

それでなんという……？　ほら。関東軍だっけ？　提灯《ちょうちん》行列みたいなのですよ。南京《なんきん》が陥落するでしょう。それで子供たちもみんな揃って動員されてね。那覇じゅう、提灯行列してまわるの。陥落したときに行列で、子供たちみんな提灯提げて。それで下泉《しもいずみ》から「山形屋」辺りまで、ずーっと歩くの。どこら辺になるかよく分からんけど、市場はよく行きましたよ。反物《たんもの》とかそういうのは、市場がありましたね。あんまーたぁーが大きな傘ぐゎーさしてね。戦前、戦前。傘を立てて反物を。そいで向こうに行って、魚を売ってるとことかね。はっはっはっ。

だいたい商売するのは女。稼ぐのは女。まちぐゎーのアンマーは、だいたいおばぁだったねー。沖縄は本当に女が稼ぐんだよ、働くんだよ。

うちでもアンマーの方が仕事やってたよ。おやじはこういう仕事やってるけど、細かい仕事、トランクの修繕はアンマーがやってた。本当に、目ヤニがでるぐらいやってた。それでおやじは隣で、ダンパチ屋でゆんたく（おしゃべり）やってた。

最近は、アンマー、おやじのことをしょっちゅう思うね。呼ばれてる（笑）。

（弟の又吉克己《またよしかつみ》氏が三十三歳の時、お父様の誠睦氏との写真と共に記事が掲載された新聞（「琉球新報」昭和四十八年十二月九日）を手に）弟は、おやじと仕事やって、おやじに仕事を教わって、かっ

球新報　昭和48年（1973年）12月9日　日曜

この人　この話題

ジーファーづくり・又吉誠睦さん

伝統の技術守り54年

沖縄の伝統文化を守りたい―とジーファーを打ち続ける又吉誠睦さん（右）と五代目をついだ三男・克己さん（左）

本土で高く評価

四百年間も変わることなく沖縄の人々に愛されてきたその魅力その意味に心をひかれる―と、沖縄のかんざし「ジーファー」作りに一生をそそいできた那覇市首里儀保町一の二二、又吉誠睦さん（七七）。その作品は陶芸家の浜田庄司さんら、本土の文化人の中で高く評価され、すたれつつあった「ジーファー」はいま本土で静かなブームを呼びつつある。

王朝時代からの細工師の血ひく

又吉さんは琉球王朝時代から四代続いた「ジーファー」細工師。若いころは衰退の一途をたどるジーファー作りをいやがっていた又吉さんだったが、十三歳のとき父親が他界、周囲のすすめで、いやいやながら始めたのが十九歳。一年間の奉公で細工師の基礎となる火かげんだけをおぼえた。以来、父親の「伝統を残したい」という強い意志にささえられながら、ひたすら「コツコツ」と金、銀や真ちゅうをたたき続けた。

廃藩置県後の衰退期にもいちずに

又吉さんによると沖縄のジーファーは南方から伝来、「カンプー」や「カタカシラ」のゆい髪と共に広まり、約四百年前の一五〇九年ごろに「ジーファー」は金（王族）、銀（士族）、真ちゅう（平民）と身分によって材質を定め、形も一定した―という。明治初期まではジーファー作りは首里の真和志一帯に住み、安定した生活をしていた。しかし廃藩置県後は衰退の一途をたどり、又吉さんが始めたころには、転業者が多く、那覇など細工物がよく売れる地方へと分散、わずか十四、五軒に減っていた。

又吉さんの生活も容易でなく、三十過ぎの働き盛りを迎えると、金融機関に手を伸ばした。暇を見てはジーファー作りは続けたものの、実直者の又吉さんは「お金にはなったが心は満たされなかった」と、いまだに横道にそれたことをくやんでいる。戦後の苦しい時も、又吉さんはいちずにジーファーをたたき続けた。お得意は年寄りと舞踊家だけという限られた需要の中で。

浜田庄司さんから励まされる

その又吉さんを勇気づけたのが沖縄の民芸をこよなく愛している浜田庄司さんだった。「伝統の技術で伝統の品を守ってほしい」と励ます一方、本土の展示会にも作品を送らせ、沖縄のすばらしいジーファーに再び光明をともらせた。いま、民芸ブームにのって本土からの注文が多い。「国際品も多量に出ているようだが私のように数はこなせないが、昔のものを再現する人間もいていいはず。私が習い始めたとき、ジーファーはすでに老化して変形していた。それをできる限り昔のものに戻すのがいまの私の使命だ」と、きょうも小さな仕事場でコツコツと金槌をたたいている。

〝ふいごの火花、顔にかぶりながら〟

心配していた後継ぎも三男の克己さん（三七）が「私にあっている仕事です。とてもおやじのようにはいかんが、続けてみたい」と引き受けてくれ、又吉さんは五代目誕生でホッとしている。又吉さんは「私が好きな仕事を続けていられるのも、浜田さんはじめ本土の偉い文化人の方々の支援と母や妻の支えがあったから。もう年で体力は衰えているが、腕が動く限り打ち続けたい」と語る。その気持ちを―ふうち吹ち火垂面に吹ちとばち長ぬ奥深さ道やあむで―（火吹きを吹き、火花を顔にかぶりながら、奥深い芸の道を踏みしめたい）と琉歌にうたいあげた。

このひと　このわだい

五代目又吉誠睦氏と六代目克己氏の記事。昭和48年12月9日（日）（琉球新報社提供）

ちゃん（弟の又吉克己氏）は、ぼくより先に教わっているから。ぼくはずっとあとだから。ぼくは、弟が「金細工またよし」の仕事を長い間やっていることも知っていたけど、それよりも（ぼくは、かっちゃんが）体調崩して、その印象が強かったのよね。仕事は仕事でしているけど、闘病生活の長さとかそういう印象が強かったの。でも、かっちゃんが、おやじと仕事をやっていたことも知っていた。

昭和四十八年ということは、ぼくは四十いくつ（実際は四十二歳）？　あの頃は、ぼくはうち（実家）にはほとんどいないもんね。やる気もあんまりなかったからね。

間違いなくかっちゃんはオヤジのあとを継いでいるの。それはもう、それは間違いない！

それで、いまにして思うよ。かっちゃん、一生懸命やってるもん。

本当はね、……ゆくゆくはだよ、ぼくは当然、この仕事から離れますよね？　そりゃあもうできないんだから。

それじゃあ誰がやる？　この仕事は、やっぱり終わってほしくないでしょう？

そいで道具が……。やっぱり、おふくろがいて、「この道具どうするね？」って。ぼくも同じなんですよ。ぼくは使わない。そしたらこれ、どうするの？

そうしたら、いやいやいや、いや現実的に。もう八十、もう九十、もう……。座って、お客さんの接待くらいはできるかもしれないけどね。この仕事続けるっていうのはもう。

それでやっぱり、続けてほしい。カンゼークの、この仕事は。これはもうここしかないしね。

結び指輪、房指輪、ジーファー。この三つは残してほしいからね。

ぼくはいつも、ジーファーなんてのは個人がやる仕事じゃないと言ってるの。ジーファーってのは、琉球のひとつの女性の文化でしょう？

それを終わらせる、なくすっていうのは、ジーファーというのがなくなっていくということは、琉球の、ある意味じゃ女性像がなくなるということ。

基《もと》みたいなものが、やっぱりあるべきだろうと。

これはね、ぼくというよりも、こういう仕事だと思うんだよね。カンゼークの仕事ってのは、こういうもんで、だからこういう出会いができる。これがぼくらの仕事だから、大事にしようねえって。出会いで仕事をしているんだよって。こっちから、売りにだしているもんじゃないでしょう？　うん。向こうから、出会いで、やってるからね。

だから本当に、ここに来るお客さんは、みんな大事にしてくれないと。うん。やんばるからも、来てくれたりね。

ああ。やっぱりそれはなんだろう、やっぱりかつての琉球のなにか、……知りたいものがあるんじゃないのかなぁ？　ジーファーとか結び指輪とか、房指輪にしてもね、昔からあったものがここにあるっていうことがね。それで、来てくれるんじゃないかな？

（結婚する娘さんへ渡す房指輪を求めに、お客様がお見えになり、又吉さん、指輪の桐箱に琉歌を書き添える。）

著者（今村）と娘が所有する房指輪。花は娘の名前にちなんで芙蓉に

うちのは、純銀でできているからね、腐食しないんですよ。だからこれは彼女だけのものじゃないと思うんですよ。彼女に子供できますよね、子供にこれを受け継ぎますよね、それで孫が、またひ孫にあげる。

これは本当に腐食しない。ずーっと。黒ずんだりはしますけれどもね、それは磨けば戻るからね。代々残っていくものなんですよ。

ぼくの作品だったら、デザインだったら一代で終わるんだけど、昔からのものだからね、ずっと残ると思うんですよ。また、残してほしいんですよ。

「またよし」の誰が作ったではなくて、琉球の女性だったら、そういうのは代々残してほしい。残してほしいなぁ。ぼくは、これを願うんですよ。

だから令和元年ってここ（桐箱）に記した年月日は、今後非常に意味を持つ。「令和っていつね？」「百年前だねー」って。指輪そのものも純銀だから残っていく。そのときに、令和元年って何年前だろうねと、意味がでてくる。

蝶花咲かち
寿きの桃も
わが身に飾てぃ
果報ゆたぼり

おめでとうございます。

＊採録日は二〇一九年七月十一日（木）の午前中。キリリとした青空ではないものの、気分的には、今日をもって戻り梅雨の梅雨明けとしたいところ。サガリバナは小さな実を膨らませ始めていた。甲辰小学校（明治三十七年創立、昭和十九年十月十日焼失）の記念誌のコピーを持参。

又吉さんは、問う

食卓には、湯飲みとICレコーダー。そして又吉さんと、私。本や地図、写真を広げながら、時代を行きつ戻りつ。お客様がいらしたら又吉さんは工房へ。そうして、ゆっくりと語らわれる。

録音した音声は、次の木曜までに聴き、できる限り、文字に起こす。そうしてそこから生まれた問いは次の木曜に、投げかける。又吉さんはこれに応えてくださり、またひとつひとつ、深まっていった。

「金細工《くがにぜーく》またよし」七代目又吉健次郎氏の、十代後半から二十代にかけての職歴は華やかだった。米軍基地や琉球政府での英文翻訳、ラジオ局でのウチナーグチでの番組制作、じつはほかにも、那覇港での税関勤務、なんと東京は三軒茶屋と吉祥寺での映画館の支配人業務なども加わる。

転職のきっかけは、いつも筋が通っていて、引き金は「誇り」や「正義感」だった。

又吉さんのラジオ番組制作の姿勢には、自分が沖縄の人であることへの「誇り」が満ち満ちていた。一見すると移り気にも見える又吉さんの華麗な職歴の裏には、沖縄への「愛情」と「誇り」という一本の太い鉄筋が走っていた。なにか変わったものがあるとするならば、それは沖縄への思いを強めた、ということだろう。

又吉さんは、いつも、沖縄を思っていた。

又吉さんは工房を閉めない、休まない。いつお客さんが来るか分からないからと、工房を閉めることを嫌う。

そして又吉さんはなんどきも、工房を訪ねてくる県内外の方々とゆっくりと言葉を交わす。銀の指輪や、古い簪などが並べられた玄関先ではなく、奥の、仕事場へと招き入れ、銀を叩く音を聴かせ、ご要望があれば笑顔で写真にも納まる。

だから、仕事は進まない。注文は溜まる。どんどん溜まる。それでも又吉さんは、「遠方から来られる方は旅のスケジュール調整が難しかろう」と、工房を閉めようとはしない。

「金細工またよし」の七代目のバトンを手に握る又吉健次郎氏は、訪ねてきてくださった方々と、房指輪に込められている願い、ジーファーの姿形に対する考え、父や母について思いめぐらすこと、伝わる道具への思いなどについて、丁寧に語らうことを重ねてきた。

今日は買わずに帰られる若いお客さまとも、ゆっくりと語らう。

「自分たちは、出会いで仕事をしているんだよ」

「出会いを大切にしていきたい」

又吉さんはいつもこう、繰り返す。

又吉さんの、口でいうほどは簡単でない「出会いを大切にする気持ち」の源には、「なに」があるのだろう。


「出会い」といえば、船越義彰氏の思い出も印象的だった。詩作を通じてのふたりの出会いは、これでいいのだろうかと自身に問いかけながら生きる姿勢が繋げた縁だったのではないか。この、問い続ける姿勢が背景にあるからこそ、ふたりは互いを信じたのではないか。

そして、この信頼がときに船越氏を動かし、ラジオ局での番組制作部門への就職を取り持ち、のちに、又吉健次郎氏が家業を継ぐその背を押すこととなる「キミは詩人だから、いいカンゼークになる」という言葉を生んだように思えてならない。


「君はカンゼークではないよ、クガニゼークだよ」

作家の大城立裕氏から、こう釘を刺されたと、又吉さんはくすぐったそうに笑った。

でも、ごく最近まで又吉さんは、ご自分のことをクガニゼークとは呼ばなかった。自分を琉球王府との仕事の繋がりが香る言葉、クガニゼークと呼ぶことには抵抗を感じると。

出会いを大切にすること。

自分をクガニゼークと呼べなかったこと。

両者の後ろには又吉さんの、「この島々で生きてきた方々への畏敬の念」が、たっぷりと横たわっていた。

又吉さんは、先輩方が培われた沖縄への、すっくとした「誇り」と共に、生きている。

だから又吉さんは、訪ねてくる方々と語らい、自身が見聞きしてきたことを共有することで、「繋ぐ責任」を果たされようとしているのではないか。

又吉さんが、頬を桃色に染め、目を輝かせて語ってくださる昔語りは、極上の映画のようだった。時に華やかで、時にドラマチック。だから聞き手は、氏が見せてくれる世界にぐいっと引き込まれ、時間旅行へ飛び立ち、笑い、涙を流し、聴き入る。

ジーファーに魅かれ、取材を重ねた八年目にあらためて、又吉さんの言葉を文字として、繰り返し読むうちに、「内から滲む問い」にたどり着いた。

足元にある道を、振り返ったことが、本当にあるのか？

未来を、どうしたいのか？

又吉健次郎氏。2012年10月25日撮影

沖縄にはもう、ジーファーはいらないのか？
ジーファーはもう、舞台用だけでいいのか？

又吉健次郎氏は、問う。

＊ここでご紹介させていただいたのは、又吉健次郎氏に伺ったお話の中の一部です。なお本稿は全文、又吉健次郎氏、およびお弟子さんの新垣和子氏、宮城奈津子氏にもこの内容をご確認いただき、了承をいただいています。代につきましては、工房で所有されている家系図等を参考にしており、新聞記事とは異なる箇所もあります。

第6章　かみがさしくせ

I　ジーファー作りは、何人いた？

姿を消したように見えたクガニゼークたち

ジーファーや指輪を作る職人は、何人いたのだろう。

昭和四十八年冬に掲載された又吉兄弟の兄、当時七十三歳の又吉誠睦氏を紹介する新聞記事にはこう、記されていた。

> 明治初期まではジーファー作りは首里の真和志の一帯に住み、安定した生活をしていた。しかし廃藩置県後は衰退の一途をたどり、又吉さんが始めた頃（筆者注・大正八年頃）には転業者が多く、那覇など細工物がよく売れる地方へと分散、わずか十四、五軒に減っていた。（傍点は著者）
>
> （『琉球新報』昭和四十八年十二月九日）

二年後、弟の又吉誠仁氏は、月刊誌の取材に次のように語る。

当時（筆者注・大正十年）、ジーファーをつくっていたのは、上の倉の比嘉永吉さんをはじめ糸数、島袋、宮里、それに私どもの伯父など十余軒でしょうか。

（『沖縄の郷土月刊誌　青い海　№42』青い海出版社、一九七五年、一二六、一二七頁）

又吉兄弟の両記事をまとめると、明治、大正時代の人数は、次のようになる。

……明治初期までは、ジーファーや指輪を作っていた職人は首里の真和志《まわし》と呼ばれる地域に集まり、穏やかに暮らしていた。けれども大正八年頃には転業者が続き、この仕事を続けることを選んだ職人たちは首里城近くを離れ、客が多い那覇などへと転居。大正十年頃には十余軒に。

では、時計の針を大正から昭和へと進めるとどうか。

大金を呑み込んだまま開かなくなった頑丈な金庫を、又吉誠睦氏が見事開けたことを伝える昭和十三年春の新聞記事（本書第2章II参照）を、「何人いたか？」という視点で読み返してみる。すると、開かずの金庫に「方々の金銀細工」を呼び挑戦させるくだりに目がゆく。戦前の那覇には、方々に複数の彼ら職人がいたということになる。

『坂本万七遺作写真集　沖縄・昭和10年代』（新星図書出版、一九八二年）の解説にも、ジーファー作りの姿が記されている。

クガニゼーク（黄金細工）は、昭和のいつ頃までだったろうか。辻の端道から湿帯門《しったいもん》と呼ぶあたりに、数軒、ならんでいたが、いつのまにか姿を消していた。多分、戦争のため、金、銀の貴金属の提出が叫ばれるようになった頃だと思うのだが……。(傍点は著者)(1)

＊「手細工」という見出しが付けられたこの解説文をまとめたのは、詩人で作家の船越義彰氏。船越氏は、家業を継ぐか否かを迷う若き又吉健次郎氏の背を、そっと押した人物。

端道は、ハタミチと読む。那覇にあった遊郭街の辻《つじ》とその周りとの境ともなる、南東に延びる道のこと。尾類《じゅり》(遊女)たちが暮らす区域を囲む道のひとつ。

昭和の初め頃まで、ジーファーや指輪を作る職人たちは、那覇のこの端道沿いに店を並べていたという。

そして端道といえば、大阪のクガニゼーク又吉誠仁氏(本書第4章Ⅱ参照)は、ここ端道の細工屋に大正七年頃から三年間奉公している。

大正時代の端道での修業時代を、氏は、こんな風に振り返る。

学校を卒えると、辻町の端道で細工屋をしていた伯父の又吉松のところに奉公に出ました。(中略)私の修行時代は、場所が辻でしたからお客さんは尾類が多い。(中略)尾類といっても五千人あまりいますので、ジュリ馬、つまり二十日正月などの前は大変忙しい思いをしたものでした。

(『沖縄の郷土月刊誌　青い海　No.42』青い海出版社、一九七五年、一二六、一二七頁)

端道に、ジーファー作りが集まるのは、自然なことだった。

そして昭和に入り、戦況が厳しさを増すに伴い、那覇の端道に集まっていたクガニゼークたちは、ジーファーをあらたに作ることはもちろん、溶かして打ち直すことも禁じられ、いつの間にか姿を消した。……そう、傍目には見えたのだろう。

刻印という足跡と、写真集に残された働く姿から

言葉とは別のところに、ジーファーを作る職人たちの人数を掴む手がかりを探すとしたら、思い浮かぶのはやはり、刻印《こくいん》。刻印は、ポンチと呼ばれる金属製の印鑑のような道具で打ち込む、小さな印。皆が皆というわけではないが、作ったジーファーに自分だけの印を打ち込む作り手も確かにいた。

「戦後の大阪で、私どもが作ったマルに吉の字の刻印のあるジーファーを見せられ、とてもなつかしく思ったものでした」と、又吉誠仁氏は『沖縄の郷土月刊誌 青い海』で語っている。又吉兄弟がふたり一緒に働いたのは、垣花《かきのはな》に店を構えた大正十年から十四年までの四年間。

誠仁氏は、この兄弟の刻印が入るジーファーを、一九七九年（昭和五十四年）に「沖縄県立博物館・美術館」へ寄贈している（本書第4章二二四、二二五頁参照）。

ちなみに「沖縄県立博物館・美術館」で見せていただいた五八本の金属製のジーファーには、うち一二本に、米粒ほどの小さな刻印が打たれていた。一重の丸、丸と三本線、丸ふたつ、十文字、花弁型……、刻印のデザインは十種類あった。十種類の刻印はもしかしたら、十人のジーファー作りの仕

ジーファーに打たれた
刻印のスケッチ

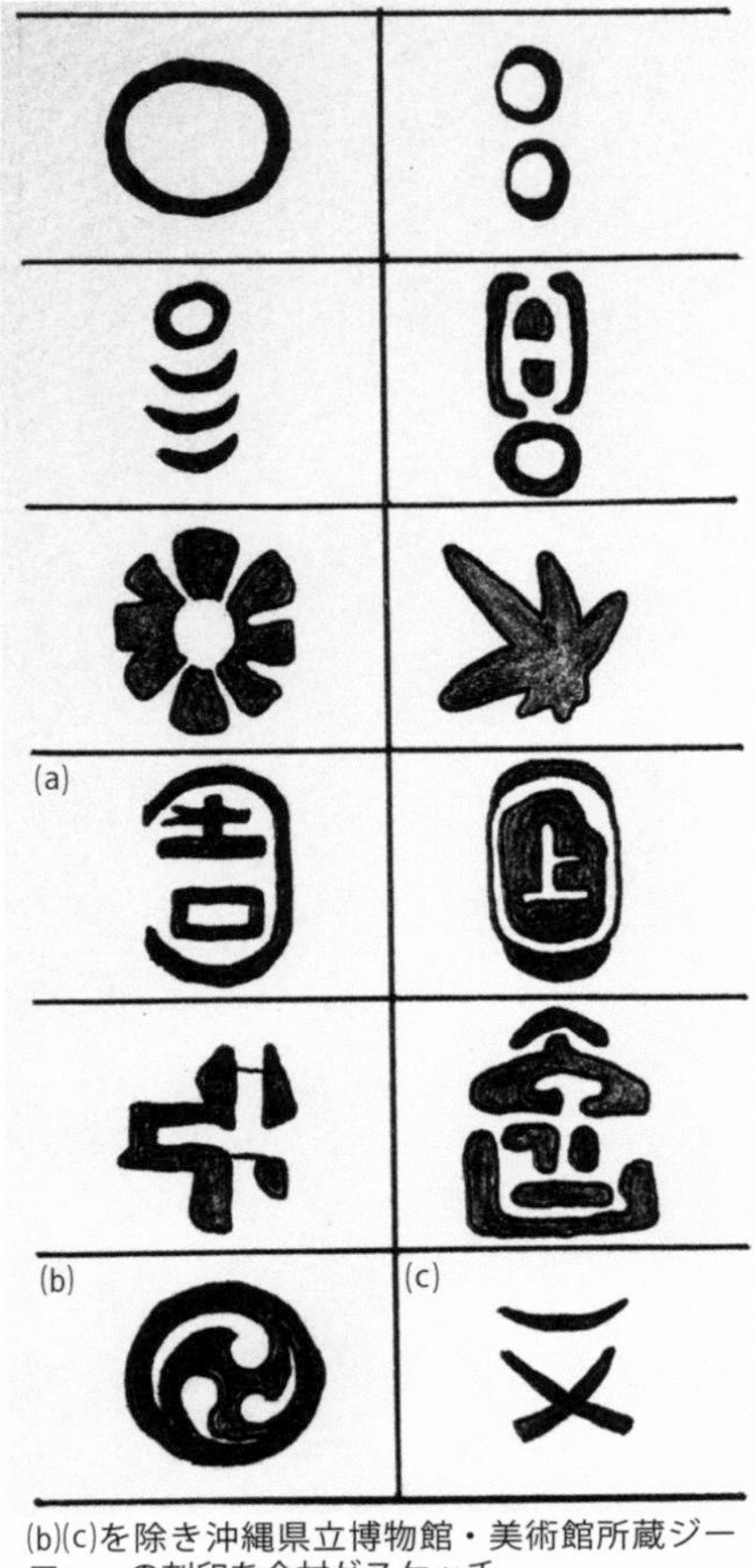

(b)(c)を除き沖縄県立博物館・美術館所蔵ジーファーの刻印を今村がスケッチ
(a)は又吉誠睦・誠仁兄弟作ジーファーの刻印
(b)又吉修所蔵のポンチを銀板に打ちスケッチ
(c)は「茶処 真壁ちなー」所蔵ジーファーの刻印

事の足跡なのではないか。

刻印は、記憶を伺う日々のなかでも、時折話題にでた。

たとえば照屋敏子氏（本書第3章I参照）は、「ポンチはなんにでも打ちます。これは印だから。うちのおじいちゃんは星。（おじいちゃんの刻印は）星だった。スター。（刻印の星は）ふたつくらいだったかひとつだったか、それは覚えていない。現物がないんですよ」と、祖父の又吉誠松氏（明治十七年生まれ）の刻印について教えてくれた。

そして誠松氏の孫で、自身もジーファー作りの職人だった又吉修氏の手元には、祖父から父へ、父から自分へと受け継がれた左巴紋《ひじゃいぐむん》を打つポンチがある（本書第3章II一五二頁）。

この左巴紋のポンチには「又」の字が刻まれていて、私は、これによく似た、「又」の字が刻まれているジーファーを見たことがある。

なお「金細工またよし」の工房の刻印は、（打たぬことも多いのだが）三つの小さな○を三角形の頂点に配したデザイン。

というわけで「マルに吉の字」「星」「左巴紋」「○を三つの三角」、この四つの刻印は、職人の顔と結びついた。

けれども、すべての刻印を職人と一致させることはできなかった。そもそも、刻印がないジーファーの方が多かった。それに刻印は職人ではなく、持ち主の印という可能性もなくはない。はたまた魔除けや何かのメッセージということもありうる。もうひとつ、刻印を打つことが、ある時代の流行だった、ということだって考えられる。

結局、戦前、戦後何人のクガニゼークがいたかは、分からずに終わった。(2) ジーファー作りの姿には、いつもどこか、霞《かすみ》がかっていた。

そして、そういうなかで、昭和十四年と昭和十六年に、沖縄を歩いた写真家が残した、職人の姿が写る写真が一枚だけ、見つかった。

この写真が収められているのが、先に述べた『坂本万七遺作写真集　沖縄・昭和10年代』。モノクロの写真集だ。ここに、「金銀細工師」と文字が添えられた人物写真が一枚、載っていた。

縁側の片隅だろうか。狭い場所に座る眼鏡をかけた男の背後には鞴。足許には、ガサガサのクバ扇がひとつ。向こうの襖《ふすま》には、ぽっこりと穴。はだけた着物からは痩せた胸板がのぞく。仕事道具に囲まれた古老は、なにかを取ろうと手を、前に伸ばしている……。機嫌は、良さそうではない。

仕事の音が聞こえてくるような、場所の匂いまで立ち上がってくるような、生身の職人が写る一枚だった。

そしてこの写真を一目見るなり、祖父も父もジーファーを作る職人だった木脇貞子さん（本書第3章Ⅱ参照）は、「この人はハタミチ（端道）！ いまこの写真見てこんな顔だったかなーって。昭和十年代だったらハタミチだ。この人はハタミチっていってからよ、わったーおじいさんが(3)ね、戦前、小学校の一、二年生のときに連れて行ったのよ、おうちに」と、声をはずませた。

それでなくとも匂いたつような職人の写真に、貞子さんの言葉で、一気に体温が吹き込まれた！

「金銀細工師」『坂本万七遺作写真集　沖縄・昭和 10 年代』より（撮影：坂本万七）

繰り返しになるけれども、ジーファー作りたちの姿は、いつもどこか霞がかかっていた。けれども、私がいま暮らしているこの街に、かつて、確かに彼らはいた。那覇の通りには、彼らが指輪やジーファーを打つ軽やかな玄翁の音がこぼれ、そこを人々は行き交っていた。

注

（1）『坂本万七遺作写真集　沖縄・昭和10年代』新星図書出版、一九八二年、「解説―沖縄・昭和10年代」一九七頁。なおこのページは真栄田義見（那覇市史編集委員）、喜久山添采（元小学校長）、船越義彰（作家）の座談会をもとに船越義彰氏が文章化したもの、との記載あり。

（2）時代を限定せずに、文献の中にクガニゼークのいた足跡を探すと、次のような記述も見つかった。

東恩納寛惇は『南島風土記』（一九五〇）の中で、「（中略）さらに、この界隈（思案橋の近く）には金細工、皮細工などの職人の家が軒を並べていたところがあり、職人町的な景観ももっていたという。

（那覇市企画部市史編集室編集・発行『那覇市史　資料編　第2巻7　那覇の民俗』昭和五十四年、三八一、三八二頁）

合金から金や銀を取り出すことを吹き分け（フチワキ）といい、溶融による方法を用いたが、薬品による方法は明治になって首里城に陸軍分遣隊が来た時に銃工山城某から真和志の黄金細工宮城某に教えたのが始まりだという。（以上宮城喜正氏談）（執筆・宮里朝光）

（『沖縄大百科事典　上巻』沖縄タイムス社、一九八三年、三八四頁）

（3）木脇貞子氏がいう「わったーおじいさん」とは、又吉誠松氏のこと。又吉誠松氏については本書第3章に詳しい。

Ⅱ　異邦人が見た女たちのヘアースタイル

ジーファーの記述こそないけれど、琉球の、大勢の女たちがいる風景が目に浮かぶ文章が、ここにある。

記したのは、英国政府が清国へ送る特命大使を乗せた船に随伴した砲艦ライラ号の艦長、バジル・ホール。大使一行が中国大陸で任務を遂行している間に、バジル・ホールらは海洋探検と銘打ち、琉球にやってきた。そうして那覇の前に広がる湾に停泊《ていはく》。船上から望遠鏡でこちらを覗き記したのがこの文章だった。

少し長くなるが、抜粋して紹介したい。

一八一八年

(前略)

その間吾々は船尾甲板《かんぱん》に据えた卓上の望遠鏡で島人たちを眺めた。石橋は田舎《いなか》から五六本の道路に通ずる通路らしい。而も此側から町へ行く唯一の入口の様に思はれる。橋を渡る人たちは必ず吾々の方を眺め乍《なが》ら通る。さうして呑氣な連中が橋の上にもその附近にも大勢、立つたり座つたりして、こちらを眺めてゐるのである。田舎の方から、一群の女たちが、籠を頭にのせて來るのが見える。彼女たちの外衣は、男物とちがひ、前が開いてゐて帯がない。下には、同じ様に寛やかだが前の開かない下衣—うちかけを着てゐる。長いのは殆ど足まで届くが、丁度膝までのもある。短いのは野良着だらうと吾々は想像した。大部分は上衣を風に吹かせてひらひらと後に、靡《な》びかせてゐる。一人の女は、インドで見る様に子供を尻の上に負つてゐて、子供の兩手は母親の肩に、母親の腕は子供の腰を抱いてゐる。一人の若い婦人《レデー》が船に向つて盛んに犬を吠えさせて興がつてゐる。農婦たちが臼で米をついてゐるのが見える。石橋の架つてゐる流の兩岸には、大勢の人々が衣服の洗濯をしてゐるのが見える。それは印度風の洗濯で、水に浸《つ》けては石の上で打つのである。

（バジル・ホール著、須藤利一訳『大琉球島探検航海記』第一書房、一九八二年、「第一章・アルセスト號及びライラ號更に海岸近くに進む」九月二十一日、四七、四八頁より抜粋）

この九十年後の一九〇八年。アメリカ出身の宣教師が記した言葉が本となる。著者の名はヘンリー・バトラー・シュワルツ。

シュワルツは一八九三年（明治二十六年）に、妻と来日。以降、青森の弘前、東京の銀座、長崎や鹿児島で牧師として暮らした。その折、鹿児島から船に乗り、二晩の航海を経て那覇に来た。日本各地で暮らした彼らしく、いわく「日本の婦人」と比べながら、琉球の女たちの様子を詳しく書き残した。（明治十二年に琉球藩は廃され沖縄県が設置されているが、シュワルツは琉球と記述。紹介する抜粋文の章題も「琉球—忘れられた王国」）

というのも、彼が泊まっていた部屋には、琉球婦人が五、六人で連れ立って押し売りにやって来ていたようなのだ。シュワルツは彼女らのセールス活動を、「西洋の本の押し売りよりはるかにしつこく、何度断っても少しも気落ちせずに、反物をお買いなさい、と繰り返し繰り返し攻撃してくる」と。いよいよ我慢できなくなったときには「カメラを向けると効果がある」とも記している。この島の女たちは、手ごわかったのだろう。シュワルツが書き残した琉球婦人たちは、エネルギッシュで、爽快だ。

彼女たち（著者注・琉球の婦人）は平均して身長が四フィート足らずで、日本の婦人より背が低い。その一番目立つ特徴は、まっすぐな姿勢と角張った幅の広い肩と厚い胸である。これは彼女たちが日常、何でも頭にのせて運ぶという習慣がもたらした結果である。これと全く対蹠《たいしょ》的で、不思議なのが、日本婦人の撫で肩と、前かがみになる癖である。私は本当に馬鹿のように見える琉球の婦人を見たことがない。彼女たちの目はきれいで、非常に音楽的な声をしている。年取った婦人のある者は、しっかりした厳しい顔つきをしており、かつて会ったことのあるアイルランドの婦人を思い出させた。

（H・B・シュワルツ著、島津久大・長岡祥三訳『薩摩国滞在記　宣教師の見た明治の日本』新人物往来社、昭和五十九年、「第六章　琉球―忘れられた王国」九五頁より抜粋）

シュワルツは沖縄の女たちの頭上運搬にも興味を持ち、熱心に書き残している。

彼女たちは、荷物を全部頭の上にのせて両手は自由にしておく。琉球の婦人は、こういうやり方で自分が持ち上げられないような重い物も頭にのせて運ぶのである。男が二人掛かり頭にのせてやった荷物を、女が悠々《ゆうゆう》と運んでゆくのは当たり前の風景である。いったい、どのくらいの重さの物まで実際に運べるのか、興味を抱いて聞いてみると、一三〇斤、すなわち約一七二ポンドの重さを運ぶという話であった。現地では小馬の荷物として一五〇斤入りの砂糖樽《だる》を両側に、それぞれ一箇ずつを背負わせるということであるから、女が小馬の荷のほとんど半分を運ぶわけである。その重量だけではなく、荷物の内容も驚きの種である。身の丈ほどもある大きな壺や、砂糖の樽などを頭の上にうまく釣り合いをとってのせ、両手には何も持たずに道を歩く女をよく見かける。毎朝、女たちが、頭の上に二匹の生きた小豚を入れた籠《かご》をのせて町の市場へやって来る。世界中、どこの国を探しても、琉球の黒い小豚のように、市場までこんなふうに安楽に運ばれる小豚はいないであろう。

このような状況では、琉球の女性が手の込んだ高価な帽子をかぶることは期待できないし、また、実際には頭に何もかぶらないのである。男は女より繊細だと見えて、何種類かの帽子をかぶる。男も女も歩くときは裸足《はだし》である。

（前掲書、一〇八頁より抜粋）　※約一七二ポンド＝約七八キログラム

もっとも、異邦人たちにより書き残された記述は、気持ちがいい描写ばかりでは、なかった。たとえば、時を遡ることとなるが、一八五四年、ロシア使節プチャーチン提督の秘書官として同行して琉球にやってきた作家、イワン・A・ゴンチャローフが書き残した言葉は、なかなか不愉快だった。

私たちは首都に向って村を通り、わが国ではガラス張りの屋内で鉢植えにしてある樹々の間をぬって、歩き続けた。村を出る所に、小さな市場があった。鬼婆のようにさんばら髪の、色の黒い女たちが長い竹の柄を地面にさしこんだ日傘の下で、地面に正座し、煙草や糖蜜菓子や、豆でつくった白いねり粉の塊のようなもの（揚げ豆腐のこと）を、その場で焜炉《こんろ》で焼いて売っていた。女たちの何人かは私たちを見ると、近くの門とか、狭い横町に走りこんでしまい、他の、そうする暇がなかった者は袖で顔を覆っただけであった。何たる醜女どもだ！　これが女とは、母親であり、人妻であるとは！　一体どんな男が彼女たちを嫁にするというのだ？　男たちは美しく姿がよい。（後略）

（イワン・アレクサンドロヴィッチ・ゴンチャローフ著、高野明・島田陽訳『ゴンチャローフ日本渡航記』講談社、二〇〇八年、「第四章　琉球諸島―那覇港　一八五四年一月三十一日から二月九日まで」から「美女のいぬ国?」の三八〇、三八一頁より抜粋）

会う機会があれば、力いっぱい足を踏んづけてやろうと思う。それにしてもゴンチャローフにとって、十日間の琉球滞在で見たこの島の女たちは、どうしたって印象が良くなかったようで、その筆は止まらない。

私たちはその通りを引き続き進み、前方を見ると、――もう一つの思いがけぬ光景に注意を奪われた。それはどうやらもっとも繁華な商店街らしかった。ところが、住民は何をしているのであろうか。驚いて私たちの方を指さしている。ゆとりのあった者は店を閉め、他の者は店を開けっ放しにして四方八方へ逃げて行く。こちらはむなしく彼らに手を振り、お辞儀をし、帽子を振るのみだ。私は、屋根づたいに一人の女があらゆる恐怖の気配を見せて逃げて行くのを目にした。たちまち青い着物の裾が広がり、もじゃもじゃの髪がほどけて、背中に崩れ落ちたほど一目散に遁走して行った。しかし、みんなが逃げおおせたわけではない。残った男たちはうさんくさそうな目つきで私たちを見ていた。女たちは隠れてしまった。商品は最初の市場にあったのとやはり同じものである。ここで私たちは鍛冶場《かじば》を見た。さらに木を挽いている者、質素な布地を染めている者、野菜や、煙草や、いろんな甘い菓子類を売っている者がいた。

（前掲書「第四章　琉球諸島―那覇港　一八五四年一月三十一日から二月九日まで」から「四散する群衆」の三九〇、三九一頁より抜粋）

このゴンチャローフと、ここ琉球で顔を会わせることになったのが、イギリスからやって来て長期滞在中であった医師かつ宣教師のベッテルハイム（ふたりの仲が良くなることはなかった）だ。

当時三十二歳だったベッテルハイムは幼い娘と、途中生まれた乳飲み子を胸に抱く二十五歳の妻を伴い、琉球国からは拒まれるも一八四六年、強引に上陸。以降、八年間をいまの那覇の海辺の寺で過ごし、最後はペリー提督の船で琉球を離れている。(1)

そしてこのベッテルハイムが琉球ロングステイの後半、一八五三年五月八日につけた日記には、なんと、琉球の女性が髪を結い上げる所作が、書き留められていた！

私たちは、最良の聞き手である、二年近く姿を消していた中年の女に会った。私たちは、彼女は全てを投げだしていなくなってしまったと、繰返し聞かされていた。彼女は、思いがけない再会を、私たちと同じように喜んだ。

彼女は髪を結い上げていたので、私はこれが終わるまで待った。濃い鬢《びん》付けをつけたり、光沢のある油でべとついた髪の房に木の櫛《くし》を通したり、(結うのに)必要な膨らみを得るために、いくつかの人造の髪(入髪《イリガン》のこと?)をおき、仕上げには団子の下に、長いピンを差し止めたりする。それは年老いた女性が成し遂げるにはまったくもって重労働である。そうして髪を結い上げてから、私は、彼女がまだゴスペルをおぼえているか確かめる質問をした。(2)

ベッテルハイムの宣教師としての活動の成果やその視点はここではさておき、読めば、長い髪のしっとりとした重みが感じられる、女が髪を結い上げる仕草や、手に取る道具までもが目に浮かぶ日記だった。

ベッテルハイムが日記に記した「長いピン(原文:the long Pin)」とは、ジーファーだろうか。髪を結い上げる所作の一部始終という私的な場面を、これもまた私的なものである日記を通じて目にしてしまったことへの微かな戸惑いを覚えながらも、私は、垣間見た琉球の女の髪を触る仕草がいまと変わらぬものであることが、うれしかった。(3)

注

（1）このくだりの参考資料は以下二冊。
照屋善彦著、山口栄鉄・新川右好訳『英宣教医　ベッテルハイム―琉球伝道の九年間―』人文書院、二〇〇四年。

土屋喬雄・玉城肇訳『ペルリ提督　日本遠征記（一）～（四）』岩波書店、第一刷一九四八年・第七刷一九八二年。

（2）A・P・ジェンキンズ、財団法人沖縄県文化振興会　公文書管理部史料編集室編集『沖縄県史　資料編22 The Journal and Official Correspondence of Bernard Jean Bettelheim 1845-54 PartI（1845-51）近世2』沖縄県教育委員会、二〇〇五年、三九〇頁の英文を日本語訳したものの一部を抜粋。訳文中の括弧内は今村が補足した。

（3）本書口絵⑵⑶掲載の「沖縄県立博物館・美術館」所蔵のジーファー③は、台帳によれば、一九五五年（昭和三十年）十二月十三日寄贈。寄贈者名不明。また「ベッテルハイム夫婦の所持品と思われる」とも記載がある。結局、このジーファーが夫妻の所持品か否かの確認はできなかったが、いくつかの文献資料によればベッテルハイムが琉球の簪に強い関心を抱いていたことは間違いない。

Ⅲ　髪を結い、風を感じる

私の髪が腰まで伸びた。すると不便はでてくるもので、束ねても、座れば毛先をお尻で踏み、炊事をすれば濡らす。だから結わえた毛束をうなじの辺りでぐるぐる巻きに。こうしてきっちりとまとめれば、一見涼しそうだけど、毛髪で織った布を頭にぴたりと巻きつけているようなものだから、じつは蒸す。

ではなぜ高温多湿の現代沖縄で、腰まで髪を伸ばしたのか？

二〇一三年に、「沖縄県立博物館・美術館」で『第四三九回文化講座「きからじとジーファー」』を聴講した。「きからじ」は、首里や那覇の言葉で毛髪の意。

話者の古波蔵《こはぐら》ひろみ氏の語りは分かりやすく、すぐに惹き込まれた。

氏の言葉でなにより心くすぐられたのは、琉球の王族や士族の婦女子の髪型「首里結い」では、結い上げるときに後頭部のうなじの辺りに作る膨らみ（沖縄の言葉で「うしる」）を、右から左へとそっと倒すのだが、左はふっくらとさせたままだから、そこへ右からの風が吹き込み、地肌を風が流れる、とのくだり。

くわえて、着物の上から帯をしめない「ウシンチー」と呼ばれる琉球の着方があると。「ウシンチー」

は沖縄の言葉で、「押し込める」という意味。外からは見えない肌着の腰紐（細紐）にゆとりを持たせておいて、表着《おもてぎ》の、右から来る下前《したまえ》の襟《えり》先を左の腰紐に押し込み、上前《うわまえ》の襟先を右の腰紐に押し込むという着付け。だから、太い帯を締めることはない。いかにも高温多湿な沖縄の夏にふさわしい装い。しかも、沖縄の着物の袖口は縫い閉じがされていない。手首から流れこんだ風は自然に胸元や背へと流れ込む。

古波蔵氏は、この着付けから生まれるたっぷりとした布の流れと、結い上げた髪の流れとがひとつになり、目にも風を感じる、と言う。見る者に涼を贈り、まとう女も涼しい。これが琉球の装いなのだと。

琉装で、風を感じてみたいと思った。

それにはこのゆかしい髪の結い上げ方と着付けを、どなたかにお願いしなければならない。四十過ぎの沖縄県外出身者にはかなり敷居が高く感じられ、躊躇するままに髪だけが伸びていった。

二〇一五年秋から、「金細工《くがにぜーく》またよし」の新垣和子さんたちが、小波則夫《こなみのりお》先生に、琉球の髪結いを習い始めた。このご縁から、和子さんが繋いでくださり、髪を結っていただけることになった。教室に伺うとあの古波蔵ひろみ氏（小波先生の娘さんだった！）もいらして、「せっかくですから琉装もしてみませんか？」とおっしゃった。

髪をほどき、鏡の前に正座する。

小波則夫先生は、国選定保存技術「結髪《けっぱつ》（沖縄伝統芸能）」保持者。お生まれは昭和五年。『文化庁月報（平成24年12月号）』に琉球大学法文学部教授の大城學氏が記した「連載　日本の伝統美と技を

守る人々　選定保存技術保持者編」には、「小波氏が本格的に沖縄伝統芸能と関わりをもったのは、終戦直後です。芝居が好きで、劇団・翁長座に入団したことから始まります。役者をしながら、楽屋では座員の結髪を一手に引き受けていました」とある。

戦後、男性の髪型には今風の短髪が増え、女性も地面に届くほどに髪を長くする人は少なくなった。人々のヘアースタイルが変化するなかで小波先生は、たとえば琉球舞踊家が、かつらを使う場合でも、どう結えば、昔ながらの琉球の髪型に仕上げられるかを追究。いまに伝えてこられた方だ。

小波先生の手が髪に触れ、髪が持ち上げられる。先生の掌《てのひら》にたっぷりと椿油《つばきあぶら》がそそがれ、腰まである髪の生え際から毛先までに、幾度も幾度も馴染ませていく。乾いた髪に椿油はぐんぐんと吸い込まれ、甘い香りと手のぬくもりの中で、暴れ髪はみるみるうちに従順に。

そうして次にはすべての髪を頭のてっぺんの、額《ひたい》の生え際に近い位置で結わえるのだが、これがまた、額の中心のごくわずかな生え際にこそテンションを感じるも、あとはふっくらふんわり。引っ張られる感覚はない。

さて、こうして髪はひとつに結わえられたのだが、琉球のあの髪型にするには、腰まで伸びてもまだ、長さが足りない。それも、長さ約三〇センチ、太さ二センチほどの入髪《イリガン》と呼ばれる人毛の束を、二束足すほど足りない。自分の髪だけで豊かに結い上げるには、地面に届くほどの長さが必要だという。

長く垂れた馬の尻尾のような髪は、思いっきり簡単に書くと、結った根元にぐるりぐるりと巻かれ、髷《まげ》となる。そしてこうして結い上げられた髪の小山にいよいよジーファーを挿すのだが、これがまたいつ挿したか分からぬほどすっと入り、驚かされた。

この日、挿していただいたのは「金細工またよし」の五寸のジーファー。「またよし」のジーファーは、鋳型《いがた》に流しこみヤスリで削り作るのではなく、銀塊を玄翁でひたすらに打つことで形を得ている。打つことで形を得たジーファーは、円錐系のつるりとした研磨棒でただただ擦《こす》り、磨き上げられている。だから、ジーファーの銀の肌は潤いを帯び、角すらも鋭利なのに滑らか。髪を傷つけることもない。こうして作られたジーファーの肌は錆びにくく、時を経て曇っても、磨けば潤いを取り戻し、黒髪や白髪の中でふたたび輝く。

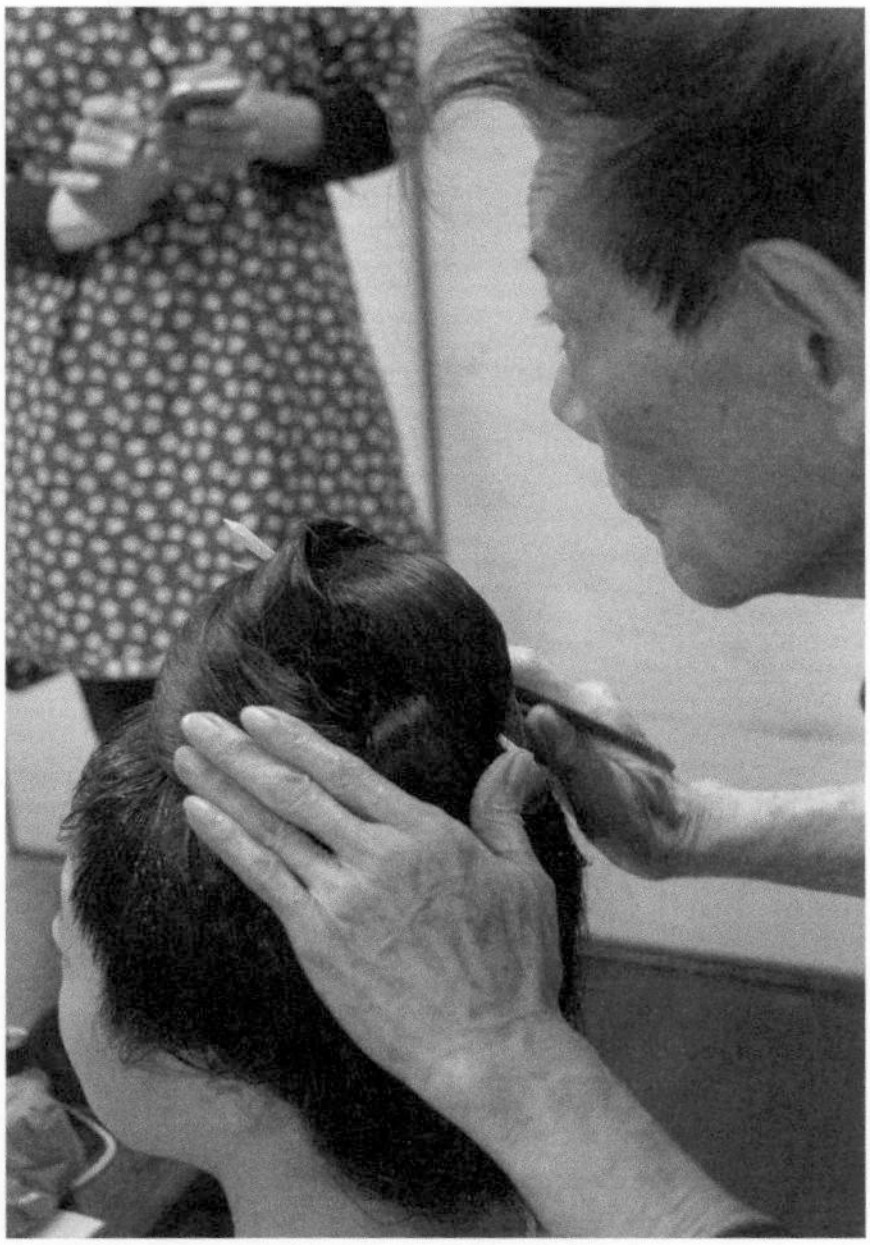
小波則夫氏に髪を結っていただく筆者。2016年1月18日撮影

もうひとつ、ジーファーを髪に挿し腑に落ちたのは、ジーファーの長さが、髪の量に左右されるということ。髪がたっぷりとあるならば（もしくは入髪《イリガン》で補うならば）髷は大きくなり、ジーファーは長くなる。反対に、髪が減り髷が小ぶりになったなら、ジーファーは短くなければおさまりがわるい。だから、かつてクガニゼークのもとにはジーファーの長さを短くするお直し、すなわち「打

ち直し」と呼ばれる仕事が多く舞い込んだという話（本書第3章Ⅰで紹介した又吉誠松氏の仕事の様子）も、よくよく納得がいった。

ところで、頭上高くに結い上げる髷は本来、可動式。髪を結ったいまなら、この意味もよく分かる。小波先生が髪を固定するのは最初の結び、ただ一カ所。いまでこそ舞台でも動きやすいようにと、頭のてっぺん辺りに、髷が動かないようにヘヤーピンで留めるけれど、ひと昔前まで髷は可動式で、しかもこれを頭のどこに据えるかが、お洒落の決め手のひとつであったと。

昭和九年生まれの女性が、「髪の結い方で、この人は素人《しろうと》だね、この人は遊郭にいたね、って分かるんです。髪の結い方、帯の締め方で分かるんです。（髷は）動くんです。ほら、玄人《くろうと》の人が少ーし崩して着物を着るように、髪もちょっと横に傾けているおばさんたちがいたんですよ」と、頭の真ん中ではなく、左眉の延長線上に髷を据える仕草をしてみせながら、話してくださったことを思い出す。

小波先生は、素人目には仕上がったと思える段階に入ったとき、頭上に渦巻く髷に左手をあてがい、私の頭を深くお辞儀させた。と、髪の塊は、先生の掌《てのひら》の中にカパッとひっくり返った。それから髷の下に隠れていた髪の結び目へ向けて、うなじから櫛を入れ整えた。そしてふたたび上体を起こさせ、塊をカポリと頭上に据えた。

この大胆な所作に驚いていると、傍で見守っていた古波蔵氏が、「昔の女性は、歩いてどこかのお宅を訪ねますでしょう、そうするとやはり髪が乱れますから、そのお宅のひんぷん（家屋と門のあいだに設けられる屏風上の壁）の前でこうして髪を整え、ひと呼吸おいて、それから中へ入って行ったのですよ」と。

着付けていただいた姿で、丘の上の首里城へ。たっぷりと雨が降ったあとの晴れ間のこと。南の植物たちは喜々として、その緑は強く鮮やかだった。

東シナ海から吹き上げられた、しっとりとした風が髪の隙間から潜り込み、地肌を流れる。風は首筋を洗い、背へ流れ落ちる。

頭も体も、締め付けるものは、ほぼない。心もとないほどに軽やかだった。

髪を結う光景は、ベッテルハイムが文字に残したあのときも、いまも、同じだった。

異邦人たちが文字で残した女たちも、絵はがきの中を歩く女たちも、写真集の働く女たちも、みんなこんな風に、体に島の空気を感じたのだろうか。

Ⅳ　ジーファーのぬくもり

昭和六年生まれのクガニゼーク、「金細工またよし」七代目又吉健次郎氏。氏が大切に守り抜かれているもののひとつに、板の間に座るという仕事場の風景がある。

又吉健次郎氏の仕事場。2020 年 9 月 24 日撮影

そしてこの風景がなんどきもそこにあることが、沖縄の過去を歩くこの旅に、どれほどの支えとなってくれたことか。

工房の四隅のひとつ。畳半分ほどのスペースが又吉さんの仕事の場。L字の壁の奥には飴色の道具棚。もう片側には使われていない鞴《ふいご》。正面には、水で満たされた小ぶりの壺や、輪切りの切り株から成る銀を打つ金床《かなどこ》が置かれている。

又吉さんは、これらをひょいとまたぎ、今日までずっと共に働いてきた道具たちの真ん中に、あぐらで座す。

そうして、小さな直方体に整えておいた銀塊めがけて、又吉さんはバーナーを手に火を吹きつける。俄かに周りの道具たちは息づき、脈打つ。やがて銀は熱を抱き、耐え切れずオレンジの光を放ち始める。又吉さんが、玄翁の艶やかな柄《え》を握って打つ。音が響く。また、打つ。打たれるたびに銀は圧を受け、押し出されて動き、打たれるごとに少しずつ少しずつ形を変える。そして打つごとに目前の又吉さんの頬もまた熱をはらみ、赤らんでいく。

やがて、その手が止まると、又吉さんの気配はふわりと緩み、道具たちはすとんと静まる。

この、なんどきもここにある又吉さんの働く姿は、写真集に収められた、あるいは出会った方々から語り聞かせてもらったクガニゼークたちを、軽やかに蘇らせてもくれた。

ジーファーに魅かれ追いかけ始めた最初の頃、ベランダに置く、小魚を泳がす水鉢を探して、私は古道具屋へ入った。そのとき、レジ奥の棚に数本、カミサシとジーファーが置かれているのが目に入った。そのうちの一本、ちびた鉛筆のようなジーファーを手にとると、それは拍子抜けするほどに軽かった。表面はぼこぼこと腐食。それでも丁寧に作られたであろう佇まいに魅かれ、私はこれを買った。たしか六〇〇〇円だったと思う。

又吉健次郎氏。2013年1月10日撮影

誰がいつどこで打ち、誰に買われ、どんな女性の髪に挿され、どういう暮らしを共にして、なぜここまで朽ち、この店で売られるに至ったのか。目を凝らしてみると、ジーファーのクキには微かに花の文様が。刻印だろうか。長さは、十センチ弱だった。

それにしても、……沖縄の女たちが髪に挿すジーファーは、なぜ、こうも簡素な姿なのだろう。琉球王国の人々は、アジアの国々と交易を重ね、大いに国を繁栄させてきた。大陸の明《みん》へは一七一回入貢《にゅうこう》を行っているという。そして明代と清代とを合わせると、（私はまだ中国大陸を旅したことすらないのに！）延べ二〇万人が渡航したといわれている。一四一九年〜一五七〇年にはシャム国（現在のタイ王国）へ六二隻（難破船も含めると六六隻）、一四六三年〜一五一一年にはマレー半島のマラッカ王国へ二〇隻を派遣。他にもジャワやスマトラと、琉球は東南アジア諸国へ船を派遣、中継貿易を展開している。（沖縄歴史教育委員会　新城俊昭『教養講座　琉球・沖縄史（改訂版）』二〇一九年、八二頁参照）

ならば、琉球の男たちは、諸外国の女たちの髪飾りを目にする機会があったのではないか。寄港地で目にした髪飾りを、大切な人への土産《みやげ》にと持ち帰る男がひとりふたりいたとしても不思議ではないと私は思う。

琉球は、江戸幕府の将軍の代替わりに慶賀使《けいがし》を、琉球王の代替わりには謝恩使《しゃおんし》と呼ばれる使節を、一六三四年から一八五〇年の間に一八回、派遣している。一〇〇人程度から成るという一行はそのたびに長崎、下関、大阪、京都の大都市を巡り、江戸に一カ月程度滞在した。（前掲書、一二二頁参照）工芸や芸能をこれほどまでに研ぎ澄ませて開花させた人たちが、この道中や江戸滞在で、日本の女たちの髪をまとめるために用いられた笄《こうがい》や、結い上げた髪に挿し飾られた櫛《くし》や簪《かんざし》に興味を抱かなかったということがあるだろうか。

しかも、江戸後期にもなれば、時はまさに簪の時代。文化文政期（一八〇四～一八三〇年以降）には、べっ甲や銀の玉簪、細やかな銀飾りがしゃらしゃらと揺れるびらびら簪、仕掛けが楽しい変わり簪、サンゴやメノウに水晶をあしらった簪、涼やかなガラス製や貴重な象牙の簪、蒔絵をほどこした簪に、二本足の松葉簪と、この時代、江戸の女たちは結い上げた髪に豪奢な簪を大いに挿し飾った。喜多川《きたがわ》歌麿《うたまろ》（一七五三？―一八〇六）の浮世絵に描かれた何本もの簪を挿す美人たちも、この江戸を生きた女たち。琉球からの一行も、浮世絵のモデルとなった女に会ったり、あの美人画を目にしたりすることがあったのではないか。そして簪を、母に、妻に、彼女に、娘にと、買い求める男がいたのではないか。

でも、沖縄の女たちの間で、異国や日本の簪が大いに流行したという記録を見ることはなかった。

それは、昭和の時代も同じこと。

たしかに、戦時中ジーファーを武器に変えるために国に献納したり、時代は変わったと髪を切り、髪にリボンを飾り、パーマをかけることはあった。

けれども彼女たちは、ジーファーの形を大きく変えることは、ついぞしなかった。

芭蕉布の着物をほどき、涼やかなワンピースに仕立て直したとしても、ジーファーを髪に挿し続けることを選んだ女たちは、ワンピースを着てもなお、ジーファーはジーファーのまま、そのまま髪に挿し続けた。この島々の女たちにとってジーファーとは、何だったのか。

沖縄の墓の中には、金属製のジーファーが置かれていることが結構あると聞く。船越義彰氏の著書『なはわらべ行状記―わが憧憬集　タイムス選書14』（沖縄タイムス社、一九八一年）には、ジーファーが登場する幽霊話が載っている。話は、こうだ。

辻（那覇の遊郭街）の、ある娼楼《しょうろう》の、遊女が死んだ。棺には彼女のジイフワァ（原文ママ）を入れなかった。しばらくしてからこれに気づき、慌てて投げ入れると、ジイフワァが死んだ女の鼻を貫いてしまった。以来、その娼楼には、鼻にジイフワァを通した幽霊が出るという。

……結構、怖い。

この昔の幽霊話からは、ジーファーは髪を結い、これを挿していた人が亡くなったら共に墓に入れるのが当たり前、愛用のジーファーを墓に入れ忘れるのは慌てるに値することだと分かる。

ジーファーは持ち主と共に歩む。

主の髪が減れば、身を溶かし長さを変え、短く生まれ変わった姿で、ふたたび共に歳月を重ねる。そして最期を迎えてもなお、次なる旅にまた寄り添う。

モノには、宿る。

思えば博物館で大切に守られ、眠りについているジーファーたちも、こちらから訪ねさえすれば、その囁きに耳を傾けさえすれば、いつだって語り始めた。

沖縄本島の南部、糸満の真壁という集落に、風情ある古民家で沖縄の家庭料理を味わえる『茶処真壁ちなー』という店がある。明治二十四年に建てられた、雨漏りが酷くなっていた赤瓦屋敷を、釘を使わぬ昔ながらの工法で再生させたのは、嫁いでこられた金城正子さん（昭和十九年生まれ）。柱に弾痕が残るこの屋敷は現在、国の登録有形文化財に指定。地域の人々に親しまれている。

金城正子氏の夫の祖母、ウシさんのジーファー。「茶処 真壁ちなー」にて

店の、窓辺に置かれたガラス棚にはジーファーが一本。老朽化して空き家になっていたこの屋敷の修復前、荷物の整理をしていた折に、古い食器棚の奥から姿を現したのだそう。ここで暮らしていた正子さんの夫の祖母、金城ウシさん（明治二十三年生まれ）のジーファーだった。ウシさんのジーファーは今日も、庭を見渡せる窓辺で、調理に接客に忙しく働く正子さんと子供たち、この手料理をいただくお客さんたちを、優しく見守っている。

そして私は、沖縄そばや麩チャンプルーを食べ終わると、帰り際、ガラス棚の中のウシさんのジーファーに、「ごちそうさまでした」と、挨拶。

ジーファーはモノだけれども、あるいは、これを手にした女そのものなのかも知れない、と、そのとき思った。

V　ジーファーに宿る、その力

『おもろさうし』が伝える神の姿

ジーファーは、これを身に付けていた女性そのもの。ここまでは、腑に落ちた。

でも、「女たちにとって、ジーファーとは何だったのか」という問いへの答えには、触れられずにいた。

「金細工またよし」の七代目、又吉健次郎氏は、「ジーファーがなくなること」は、「琉球の女性像がなくなるということ」と言い、それはつまり、「基《もと》みたいなものがなくなるということ」と表現した。

では、「基」とは、なにか。

ジーファーは、長い髪をとめる道具。

それだけでは、ないはずだ。

土曜日の、昼さがり。朝から「しまくとぅば講師養成講座」を受講して帰ってきた夫（那覇生まれ那覇育ち）が波照間永吉《はてるまえいきち》先生(*)の講義内容を記したノートを開き、私の前に、置いた。

＊波照間永吉氏は二〇二一年現在、名桜大学教授（博士（文学））、同大学大学院国際文化研究科国際地域文化専攻（博

士後期課程）研究科長、および同大学の琉球文学大系編集刊行委員会委員長。また「しまくとぅば講師養成講座」を主催する沖縄県しまくとぅば普及センターのセンター長。角川書店発行、外間守善との共編著に『定本琉球国由来記』（一九九七年）、『定本おもろさうし』（二〇〇二年）。著書に『鎌倉芳太郎資料集ノート篇』（全四巻、第四巻のみ麻生伸一と共編、二〇〇四〜二〇一六年、沖縄県立芸術大学附属研究所）ほか多数。

そこには、沖縄最古の歌謡集『おもろさうし』に収められているオモロが一首、記されていた。話を進める前にここで、『おもろさうし（おもろそうし）』についてごく簡単に触れておきたい。『東アジアの歌と文字』（勉誠社、二〇二一年）という本を開くと、「『おもろさうし』は、一五三一年から一六二三年にかけて首里王府によって編纂された神歌集である。『おもろさうし』という名の通り、琉球国内で歌唱されていたオモロと称される神歌を収集、記録した冊子本であり、二十二冊(巻)、一五五四首が現存する」とある。

続けて「オモロとは、古琉球期から近世琉球期にかけて琉球文化圏全体に分布した様々な神歌の一ジャンルであり、一首のオモロからは、信仰対象や祈願の主体、当時の民俗・文化背景などをうかがうことができる」ともあった。(*)

＊真下厚・遠藤耕太郎・波照間永吉編『【アジア遊学２５４】東アジアの歌と文字』勉誠社、二〇二一年、【第Ⅱ部 琉球王国・沖縄における歌と文字】『琉球王国・沖縄における歌と文字――おもろさうし』（執筆／照屋理、七五頁）より抜粋。

では、夫のノートに記されているオモロ（『おもろさうし』巻十―五三四）を読んでみよう。

一　ゑけ　上《あ》がる三日月や
（又）ゑけ　神《かみ》ぎや金真弓《かなまゆみ》
又　ゑけ　上《あ》がる赤星《あかぼし》や
又　ゑけ　神《かみ》ぎや金細矢《かなまゝき》
又　ゑけ　上《あ》がる群《ぼ》れ星《ぼし》や
又　ゑけ　神《かみ》が差《さ》し櫛《くせ》
又　ゑけ　上《あ》がる虹雲《のちくも》
又　ゑけ　神《かみ》が愛《まな》き、帯《おび》

「ゑけ」は、船を漕ぐ櫓《ろ》を押す掛け声。
書店で購入した、外間守善《ほかましゅぜん》校注『おもろさうし（上）』（岩波書店、二〇一七年、三五五頁）を開く。そしてこの脚注に記載されている、五三四番のオモロ（神歌）の大意と解説をまとめると、次のようになる。

ゑけ　上がってくるあの三日月は、
ゑけ　神の立派な弓。

ゑけ　上がってくるあの金星は、
ゑけ　神の立派な矢。
ゑけ　あがってくる群れ星は、
ゑけ　神の差し櫛。
ゑけ　あがってくる横糸のようにたなびく美しい雲は、
ゑけ　神のたいせつにしている美しい帯である。

舟を漕ぎ、夜の海を走るにつれ、めくるめく展開をする夜空が目に浮かぶようだ。そして目の前の光景へすっと手を伸ばして材料を集め、荘厳な神の姿を思い描くこの想像力に、彼らが常から自然とまさに一体となって暮らしていることを感じずにはいられない。

それにしても琉球の神は、なんとお洒落なのだろう！

夜空に上がってくる群星の櫛《くし》を髪に挿すだなんて！

だが、夫によれば波照間先生が講義で話題の中心に据えたのが、この「櫛《くし》」、という言葉だった。ここでは漢字で「櫛」の字を当てているが、この歌謡の原文の平仮名表記（つまり、国指定重要文化財の尚家本『おもろさうし』（沖縄県立博物館・美術館蔵））には、平仮名で「くせ」と記されていると。

＊尚家本『おもろさうし』は、外間守善・波照間永吉編著『定本おもろさうし』（角川学芸出版、平成十四年）にて

写真で見ることができる。

そこで、改めて原文にある平仮名表記の「くせ」に立ち戻り再考すると、「くせ」は、「奇せ」の字を当てることが、ふさわしいのではないか。(*)何十年にわたって研究を積み重ねてきたが、いま改めて考えるとこう思い至ると、波照間先生は講義で言われたというのだ。

＊沖縄の母音はア、イ、ウの三音。エ段はイ段に音変化、オ段はウ段に音変化する。だから、もしも「櫛《くし》」の字を当てはめるのであれば、原文の平仮名は「くし」でなければならない。

「奇《く》せ」という言葉は、「くすり（薬）」や「くすしき縁」に通じるもので、「珍しいもの、不思議な力」の意味を持つ、と波照間先生は指摘。

ならばと、この「奇《く》せ」という言葉に執着して『おもろさうし』のページをめくると、巻十一―五六三番に「寄《く》せ庭」、同巻五九四番に「奇《く》せ鋼《はがね》」とあることに気付く。

そして巻十二―七〇五番のオモロに、目が止まった。

一　阿波根《あはごん》のくせらへや
　襲頂《おそつぢへ》　ゑけ　鳴響《とよ》ま
又　名柄仁屋《ながらにや》　比屋根子《ひやごんし》が
又　羽《はね》　差《さ》しやり　奇《く》せ　差《さ》しやり

外間守善校注『おもろさうし（上）』（岩波書店、二〇一七年、四六六頁）の脚注の大意と解説によると、この歌謡の後半二行の意味は、左のようになるだろう。

（奄美大島の）名柄仁屋様が、（沖縄島の）比屋根子様が、美しい差し羽根を挿していることよ。

脚注には、「寄せ」は「羽」の美称、とも記されていた。

（奄美大島の）名柄仁屋様は、（沖縄島の）比屋根子様は、本当に、頭に美しい鳥の羽根を挿していたのだろうか？

仮にそうだとして、ではなぜ、鳥の「羽」が「寄せ（珍しいもの、不思議な力）」なのだろう。

ここでふたたび、波照間先生の講義に戻る。

波照間先生は、沖縄の組踊《くみおどり》『萬歳敵打《まんざいてぃちうち》』には凶事の予兆として鳥が登場する場面があり、つまり鳥は神の化身のような存在だと言われる。

続けて、だから先に紹介した「神が差しくせ」は、「寄せ《く》」という言葉が持つ「珍しいもの、不思議な力」という意味を思うとき、「神の、美しくあやしい力を持つ不思議な挿し羽根」となるのではないか、と指摘される。

とすると、神の化身である鳥の羽根を髪に挿すとき、そこには人々のどういう思いが、込められているのだろうか。

鳥の羽根を髪に挿す

ここまで書いたところで私は、波照間永吉先生にお目にかかることが叶った。待ち合わせはファーストフード店。夫が受けた講義内容を文字にしたいという厚かましいお願いを許していただけるか、案じて迎えた日だった。

約束の時間に、先生は肩にずっしりと重そうな大きなトートバッグを提げて現れた。

先生はまず、長田須磨《おさだすま》・須山名保子共編、藤井美佐子協力『奄美方言分類辞典　上巻』（笠間書店、昭和五十二年）を取り出された。手書きの文字が印刷されている分厚いこの辞典の付箋が付けられた頁には、こうあった。

zabane ザバネ 名 〔*はね（羽根）上代〕
noro の祭のときのかんざし。〔竹を色糸で巻いた柄にクジャクやシロクジャク、シラサギの羽などがさしてあり、根のところと柄の中ほどのところ等に、絹布に綿をつめた花の形の縫いぐるみの飾りがある。綿の代わりにソテツの hahama を入れてあるものもある。美しいもの。〕（五五二頁）

＊ hahama はソテツの雌花の一部の、実を包む茶色の綿毛のようなもの。毬に詰める（同書下巻、七五九頁、hahamaman 参照）

それから波照間先生はモノクロ写真が載っている付録、九六五頁を開かれた。そこには奄美大島のノロ（神女）の写真が掲載されていた。現在の名瀬市にある大熊《だいくま》という地域のノロ（神女）たちの写真で、なんと、彼女たちの髪には、白い鳥の羽根らしきものが挿されていた！

続けて、九六八頁を開く。重たそうな水晶の玉が連なる飾りの写真の下にある、少々もさもさっとした大きな羽根飾りの写真が目に飛び込む。キャプションには、「クジャクの羽のかんざし noro の祭に使用〔俗〕507 zabane」と、あった。

鳥肌をたてている私の前に、先生はどしりと深緑の布張りの大きな本、『鎌倉芳太郎資料集（ノート篇）第四巻　雑纂篇《ざっさん》』（沖縄県立芸術大学附属研究所、平成二十八年）を置いた。編集は、沖縄県立芸術大学附属研究所芸術・文化学部門、波照間永吉、麻生伸一とある。

鎌倉芳太郎《かまくらよしたろう》氏（一八九八―一九八三）は香川県出身で、大正十年に教師として沖縄本島に赴任。これがきっかけとなり、二十代の鎌倉氏は沖縄や奄美を克明に記録。調査ノート全八一冊（国指定重要文化財）を残した。

四巻からなる『鎌倉芳太郎資料集』には、鎌倉氏が記したこの調査ノート八一冊が活字化して収められ、「美術・工芸」「民俗・宗教」「歴史・文学」「雑纂」と巻を分け刊行されていた。残すこと、伝えることへの気迫が詰まった圧倒される資料集だった。

波照間先生が持ってきてくださった第四巻には、大正十一年二月に宮古・八重山を訪れた際の調査ノートほか二十二冊が収められている。付箋がつけられていたのは、この六五六頁だった。

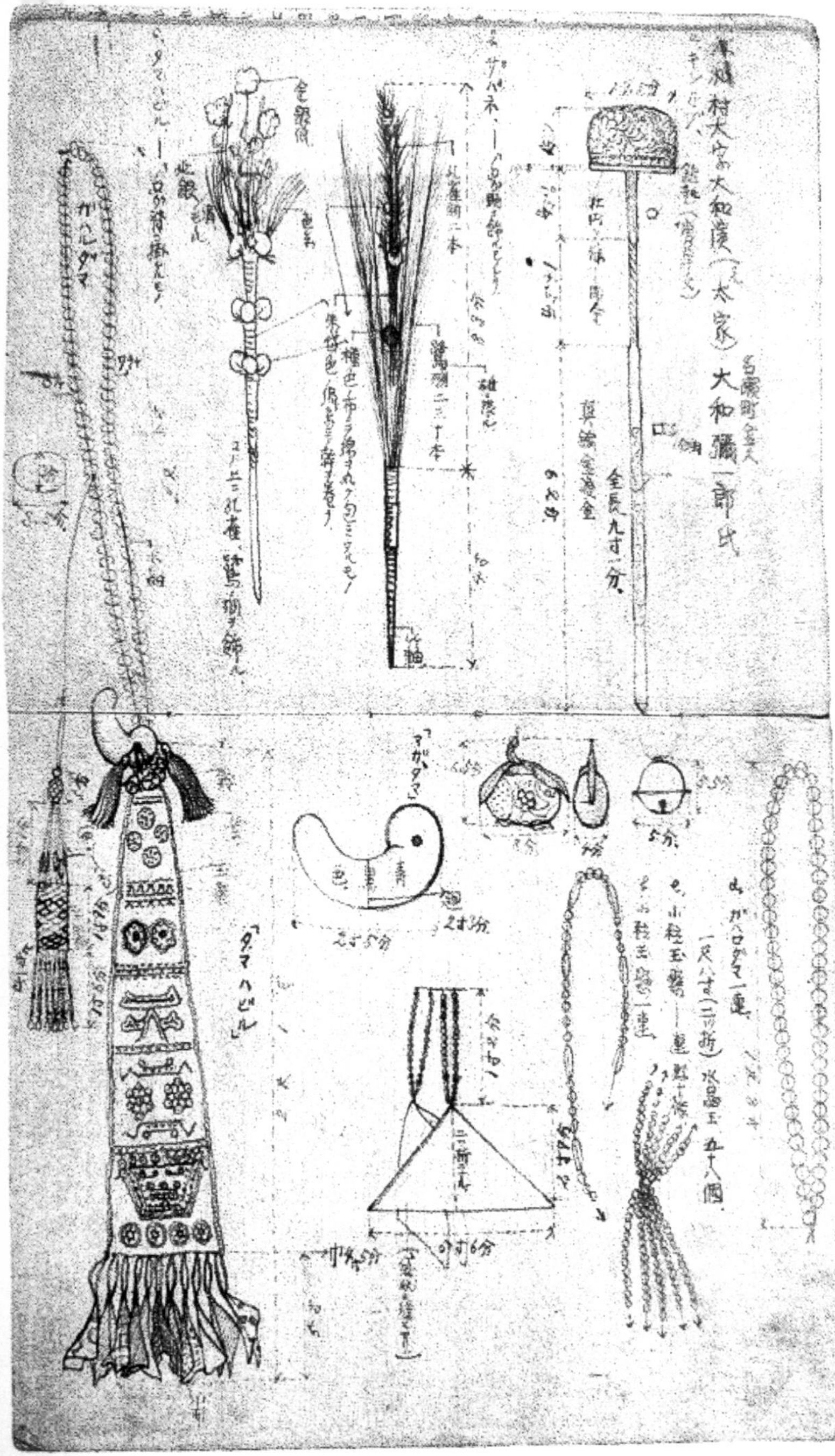

国の重要文化財に指定されている鎌倉芳太郎氏の調査ノートに描かれている、奄美大島大和村大和浜のノロ（神女）の祭具のスケッチ。ここにザバネも描かれていた。（沖縄県立芸術大学附属図書・芸術資料館所蔵、鎌倉芳太郎資料）

重いページを開くと、羽毛まで緻密に描かれた羽根飾りのスケッチが現れた。奄美大島の東シナ海側に位置する、大和村《やまとそん》大和浜《やまとはま》のノロ（神女）の祭具のスケッチだった。

丁寧に描かれた絵の横には、「ザバネー『ノロ』が頭ニ飾ルモノナリ」、との文字。

寸法も記載されている。「4寸83分」とあるから、ということは約三七センチ。長い！　それもそのはず「孔雀羽二本」と「鷲羽二三十本（雄ニ限ル）」を束ねているとある。孔雀《くじゃく》羽はどこで手に入れたのだろうか？　鷲《わし》羽根は、南西諸島に姿を見せる鷲たちの羽根だろうか？

奄美市名瀬大熊のノロ祭り。白い羽根飾りを挿した神女が見える。『奄美　二十世紀の記録』（越間誠、南方新社）より

しかもこの羽根の束のみならず、延銀《のべきん》（銀を叩いて延ばしたもの）、金銀紙、色糸、絹モールなどからなるもうひとつの飾りと組み合わせて使う頭飾りだった。

かなりのボリューム、かつ派手。

私は、こんなにも問いにまっすぐに答えてくれる資料に出会えるとは思っていなかったものだから、眩暈がしてくるようだった。

波照間先生は手を止めず、次にはカラー写真集を示された。南方新社から出ている写真集、越間誠《こしままこと》『奄美　二十世紀の記録　シマの暮らし、忘れえぬ日々』（二〇〇〇年）だった。あらかじめ付箋が付けられたページ（一五八、一五九頁）を開くと、そこには白い羽根飾りを頭に挿した神女たちの写真が載っていた。先生は、「神になっているときに羽根が挿されているのではないか」と、おっしゃった。

そして最後に、「伊波普猷《いはふゆう》の『かざなおり考』は読まれましたか?」と言われ、携帯電話の番号を私に伝えると風のように帰っていかれた。

『かざなおり考』と、王の羽根飾り

これまでに、『おもろさうし』を「奇《く》せ」にこだわり、ぱらぱらとはめくった。

けれど、「鳥」や「羽根」に執着して見直すと、目にとまるオモロは随分と変わる。

巻十―五一三番のオモロには、「風直り」という言葉がでてくる。外間守善校注『おもろさうし（上）』（岩波書店、二〇一七年、三三五～三三七頁）の脚注を確認すると、「風直《かざなお》り」は、「神女の頭に差す鷲《わし》の羽の飾り。鷲は霊鳥で、その羽は風を支配する力があると信じられていたらしい」とある。

だからこのオモロには「鳥の羽根」が、謡われているということになる。読んでみよう。

あけしのが節
一　地天鳴響《ぢとよ》む大主《ぬし》
星《ほし》の形《かた》　もちろちへ　ちよわれ
又　天地鳴響《ちとよ》む若主《わかぬし》
又　やゝの御衣《みしよ》　召《め》しよわちへ

又　星《ほし》の形《かた》の　御《み》きゝ帯《うび》
又　せぢ真剣《まつるぎ》　差《さ》しよわちへ
又　声数《こゑかず》の鳴《な》り清《きよ》ら
又　足下《あもと》　揺《よ》らしよわちへ
又　奥渡《おくと》　しく渡《と》　敷《し》きよわちへ
又　奥渡《おくと》　舞《ま》う渡《と》　踏《ふ》みよわちへ
又　波轟《なみとゞ》ろ　踏《ふ》みよわちへ
又　風直《かざなお》り　差《さ》しよわちへ
又　肝突《きもき》き通《とう》し　先立《さきた》て
又　仏崇《ほとけたか》べ　先立《さきた》て
又　天降《あまお》れ大君《きみ》　先立《さきた》て
又　国降《お》れ大君《きみ》　先立《さきた》て
又　天加那志《がなし》　しぢやけわ
又　天清《てにきよ》らは　しだけわ

脚注にある大意と解説をあわせると、次のような意味になる。

天地に鳴り轟く国王様は、美しい御衣を召し給い、きらきら輝いてましませ。

星の絵入りの帯を締め、霊力を持つ剣（貴人の持つ剣）を差し給いて、音高く数の多い鼓を足下の大地に揺るがして、荒海を踏み敷き、穏やかにし給いて、波轟ろを操り、波を穏やかにし給いて、風直り（神女の頭に挿す鷲の羽根の飾り）を頭に挿し給いて、国王行列に、鳥羽で飾った槍、長柄の円扇を先頭に立てて、天降れ大君（神女名）、国降れ大君（神女名）を先頭にたてて、神は天加那志（国王の美称）、天清ら（国王の美称）を従えて歩むことよ。

ここで、波照間先生に教えていただいた伊波普猷氏の『かざなおり考―羽毛を翳《かざ》す風習』（『伊波普猷全集　第五巻』（平凡社、昭和四十九年、一〇〇〜一二〇頁）を読もう。

伊波氏はこの冒頭で、中山太郎氏が「我が国の神事に古く『一《ひと》つ物《もの》』と称し、祭儀の重要なる位置を占むる者が、山鳥の羽、若くは薄《すすき》、蘆《あし》の類を笠或は身に附けて参列する土俗があった」ことを指摘して、「我が国の一つ物は、（中略）神と人との意を通ずる場合に、鳥の羽毛を挿して神降ろしをしたのが起源であると信じたい」としたことを紹介している。

これを前提に伊波氏は、沖縄を見つめる。

そして伊波氏は巻十一五一三番オモロ、『あけしのが節』を示し、国王は（島津氏の琉球入りの頃まで）、二年に一回の久高島参詣を行っていたこと、そしてこのオモロは、その時の有様を歌ったものと見て差し支えなく、こうした渡海の際にも国王が「風直り（すなわち、神女が頭に挿す鷲の羽の飾り）」を翳《かざ》したことが知れる、と記している。

伊波氏は、『かざなおり考』で、巻十一六六三番のオモロも示している。

たくしたらなつけが節
一　首里《しより》　おわる　てだこが
思《おも》い子の遊《あす》び
見《み》物遊《あす》び
なよればの　見物《みもん》
又　ぐすく　おわる　てだこが
又　鷲《わし》の羽《はね》　差《さ》しよわちへ

外間守善校注『おもろさうし（上）』（岩波書店、二〇一七年、四四三頁）の脚注の大意と解説をもとにまとめると……。

首里、ぐすくにましますの国王の、
思い子（ここでは尚円王の娘）の神遊びは、
実に見事である。
踊る姿（見事な神舞い）の美しいことよ。
霊鳥である鷲の羽根を髪に挿し給うた姿の美しさよ。

ところで、これもまた今回知ったことなのだが、鷲《ワシ》も鷹《タカ》も、タカ目タカ科に属するという。

ちなみに、南西諸島の空を舞うタカ目の鳥たちといえば、ミサゴ科のミサゴ、タカ科のカンムリワシ、アカハラダカ、ツミ、サシバなど。

『おもろさうし』に謡われる、たとえば先程紹介した巻十二—六六三番オモロで謡われる鷲は、どの鳥なのだろう。

鎌倉芳太郎氏がスケッチしたあの鷲の羽根は、正確にはどの鳥の羽根なのか。

那覇市内でも、サシバが両の翼をピンと広げ青空を滑空する姿を見かけることがある。

そして、私は、二十代の頃に数年暮らした石垣島に生息するカンムリワシも思わずにはいられない。

石垣島には、島の方々が大切に唄い継いでいる『鷲《ばし》ぬ鳥《とぅり》節』という八重山古典民謡がある。「ばしぬとぅり」は、石垣島や西表島に生息する「カンムリワシ」を指す。綾《あや》のように美しい羽根をしたカンムリワシの雛《ひな》が元旦の朝に飛び立つ感動を唄う古典民謡だ。

八重山古典民謡に親しんでみたいと三線《さんしん》を手に、最初に習ったのがこの『鷲ぬ鳥節』だった。結局、地域の言葉の発音ができないと唄えないし、八重山ならではのたゆたうような時の流れが体内にしみ込まないと八重山古典民謡は唄えないと痛感して、すぐに諦めてしまったのだが。

ヤシや巨大なシダ植物が育つこの南の島の空を舞うカンムリワシの姿は、とても清々しい。

一方でカンムリワシは、絶滅の危機にある国指定特別天然記念物なのだが、(路面に餌を求めて)車道に並ぶ電信柱の先端にとまる姿は、しばしば見かけられる。身近な鳥だった。

そして、『鷲ぬ鳥節』は祝いの席で、座開き(幕開け)として、必ず唄い舞われる古典民謡だから、石垣島で暮らせば暮らすほどに、カンムリワシへの親しみは一方的に深まっていく。
カンムリワシとは、そういう鳥だった。

髪に挿したジーファーに、降りてくる力

鳥の羽根にこだわり、いろいろと思いを巡らせてきたが、ここで一度、冒頭で紹介させていただいた波照間永吉先生の言葉に戻り、ゑけ、という舟を漕ぐ掛け声が響くオモロ、『おもろさうし』十巻所収五三四番に戻りたい。

波照間先生は、この歌謡の一節は、原文に立ち返ると、次のようになると示された。

又　ゑけ　上《あ》がる群《ぼ》れ星《ぼし》や　　上がってくる群星は
又　ゑけ　神《かみ》の差《さ》し奇《く》せ　　神の力を持つ差し羽

「差《さ》し奇《く》せ」は「差し羽」。すなわち髪に挿す、神の化身である鳥の羽根。
「群《ぼ》れ星《ぼし》」は群星《ぐんせい》の「スバル」。そして「スバル」の語源は「統《す》まる」。つまり「スバル」は、天に散らばる星たちをまとめる力の象徴。

神が、髪に挿すのは、そういうはかりしれない力、強い統率力の象徴であるスバル（群《ぼ》れ星《ぼし》）なのだと、このオモロは謡っているのではないか。そう、波照間先生は指摘された。

思えば「ジーファーとは?」という問いへの答えを求めて、私はずいぶんと背伸びをして、『おもろさうし』を手に取った。正直、分からないことばかりだった。いまも、以前よりは親しみを覚えるようにはなったものの、やはり分からないことばかりだ。

ザバネを追いかけて奄美大島も訪ねてみたかったけれど、それもせぬままになっている。今後、学ぶ機会がもてたとしたら、なんて素敵だろうかと思う。

一方で、オモロやいくつもの資料を教えてくださった波照間先生と出会えたことで、憑き物が落ちたように視界が開けたのも本当だった。

だからもう一度、「ジーファーとは?」という問いに、向き合ってみようと思う。

ジーファーを、髪に挿す。

それはもしかしたら、自分に「力」が舞い降りることを期待してのこと、なのではないか。

この本の始まり(本書第1章I)で触れたように、日本の女たちは平安時代から約七百年間、あまり簪《かんざし》とは縁がなかった。江戸時代に入り、やがて簪の類が登場してからも、簪は自分を美しく飾るための装飾品であり、自己表現の道具であり、富の象徴であり、芸術品であった。

でもたとえば、日本最古の歴史書『古事記』を開けば、あの黄泉《よみ》の国《くに》から逃げるイザナギは、頭に巻いていたツル草の冠《かんむり》や、髪を左右に結ったみずらに挿していた竹製の櫛《くし》を、追いかけてきたモノたちに投げながら逃げた。草の冠や、竹の櫛には「払う力」があった、ということだろうか。

そして『万葉集』には、梅、桜、菖蒲《しょうぶ》、浜木綿《はまゆう》などの花々のみならず、柳《やなぎ》、榊《さかき》、松などのみどり葉を髪に飾る、挿頭花《かざし》を詠む歌がある。挿頭花は、植物たちのパワーをもらう髪飾り。奈良時代には生花を、平安時代には造花を、髪に挿したという。（橋本澄子『日本の髪形と髪飾りの歴史』源流社、二〇〇三年、九五、九六頁）

もうひとつ思い浮かぶのは、子供の頃に聞いた新年にお節料理をいただく祝箸《いわいばし》には、神様が降りていて、共にご飯を食べている、という話。いったい、いつ、どこで、誰から聞いてそう思うようになったのかも分からないのだが、私はずっと、お正月にはこの箸《はし》の先に神さまがいるのかと面白く思いながら食事をしてきた。

では、沖縄の女たちはといえば、彼女たちは「簪の制」から解き放たれてもなお、つい最近まで（舞踊や芝居以外の）日々の暮らしの中で、形をほとんど変えることなくジーファーを髪に挿してきた。琉球国瓦解後しばらくは、ジーファーの材には身分との繋がりが色濃く残っていた。けれども、大正、昭和、平成と時代が移ろうなかで、沖縄の女たちにとってジーファーは、社会的身分を表すものではなくなっていた。とはいえ沖縄の女たちにとって、ジーファーは万が一のときに換金するための財産や、自分をもっと華やかに見せるための装飾品でもなければ、アート作品でもなかったように思える。

もしかしたら、沖縄の女たちにとってジーファーとは、この島で生きる女たちの気持ちを支え、思いを受け止める「祈り」、のようなものだったのではないか。

だから、ありとあらゆるものが変わっていくなかでも、沖縄の人々はジーファーの形を変えようとは、つゆほども思わなかったのではないか。

令和元年十月三十一日未明、首里城が燃えた。テレビ画面の中で、猛り狂う炎に包みこまれている首里城を見つめながら、ああ、こういうことかもと思った。

「金細工またよし」の又吉健次郎さんと出会ってまもない頃、私は、又吉さんから、火事を鎮《しず》めるために髪からジーファァーを抜き、「自身の分身」として火に投げ入れた女性の話を伺ったことがあった。でも九年前の私は、「分身」という言葉を、素直には受け止められなかった。

だが、猛り狂う巨大な炎を前にしたとき、まだ小さかった娘とそこを足しげく散歩した日々が頭をよぎり、いまもし私の髪にジーファァーが挿されているなら、投げ入れ、鎮めたい、と思った。御しがたい出来事を前に、抗《あらが》うすべがないとき、鎮めたいと投じるものが、自分の「分身」であることに、もう違和感は覚えなかった。

ジーファァーは、身につける人の「思い」なのではないか。

だから戦時下で、女たちは我が子や郷里を守れるのならばと、自分の髪に挿しているジーファァーを抜き、差し出すことができた。一方で戦争が終わり、たとえば洋服を着て暮らしていながらも髪からジーファァーを抜くことなく、そのまま挿し続け暮らす方々がいたのではないか。

おばあちゃんから、子供の頃に「ジーファァーは、いざというときには自分自身を守るものでもあるよー」と教えてもらったと語られる方に会ったことがある。その時は、単に「護身用の武器」と受け取ったのだが、これもまた我が身を守る「祈り」に繋がると気付けば、違和感は消えた。

ジーファーは、女たちの「祈り」そのもの。

そして彼女たちの「祈り」は、いま手の中にある暮らしや家族の平穏を思う「ささやかな願い」。

女たちにとってジーファーは、自分に寄り添う「お守り」のような、あたたかい存在だったのではないか。


そう思い至ると、涙がこぼれた。

力が抜け、ふっと体が軽くなった。


この世でも、あの世でも、ジーファーは、女たちの日々に寄り添う力。

ジーファーはいつも女たちと手を携え、彼女たちと歩いてきた。

ジーファーは、沖縄の野の花のよう。

踏みつけられ、踏みつけられても、また咲く野の花。


耳を傾けさえすれば、ジーファーたちはいつでも、穏やかに物語り始める。

これからも、ずっと。

完

謝辞

大切な記憶を、言葉に紡いでくださった皆様。

むかしむかし、
命をかけて大海原を渡り、琉球に上陸して記録した男たち。
手にしたすべての資料とこれを記した方々。
手に触れることができたすべてのジーファーと、
これらを今日まで守ってくださった方々、
いまはもう会えぬこの持ち主たちと、
作られた職人たち。

出会うことが叶い、
背を押してくださった先輩方、
気付きを与えてくださった先生方。
言葉を交わした友人たち。

ボロ雑巾みたいになっていた私に手を差し伸べてくださった南方新社の向原祥隆氏。
最後のひと踏んばりを支え、細やかに整えてくださった編集者の大内喜来氏。

自らの仕事の風景で、
ひと昔前の沖縄と繋いでくださった、
誇り高きクガニゼーク、又吉健次郎氏。

足踏みしてばかりの私に節目ごとに声を掛け、
工房の、大切なご縁の数々に繋げてくださった新垣和子氏。
伝統の重きを思いながら静かに銀と向き合い続ける、弟子の宮城奈津子氏。

それから、家族。

これらのすべての方々に、
そしていまこの本に触れてくださっている皆様に、
私が暮らすこの美しき島々に、
敬意を捧げ、心から感謝いたします。

本文中に未記載の主要参考文献

〔琉球、沖縄を知るために〕

・首里城研究会編『首里城研究 No.5』首里城公園友の会、二〇〇〇年、「金属文化の素描―神女の簪について（1）―」執筆／粟国恭子、二〇〜四〇頁。
・久保智康『日本の美術　琉球の金工　第533号』ぎょうせい、二〇一〇年。
・ラブ・オーシュリ・上原正稔編著『青い目が見た　大琉球』ニライ社、二〇〇〇年。
・沖縄県教育庁文化課編集『沖縄県史料調査シリーズ第4集　沖縄県文化財調査報告書第146集　沖縄の金工品関係資料調査報告書』沖縄県教育委員会、二〇〇八年。
・『沖縄市立郷土博物館　第38回　企画展「沖縄の鍛冶屋」』沖縄市立郷土博物館、二〇一〇年。
・上里隆史『琉日戦争一六〇九　島津氏の琉球侵攻』ボーダーインク、二〇一〇年。
・下嶋哲朗『消えた沖縄女工　一枚の写真を追う』未來社、一九八六年。

〔銀を知るために〕

・権上康男『フランス帝国主義とアジア　インドシナ銀行研究』東京大学出版会、一九八五年。
・三上隆三『NHKブックス636　江戸幕府・破産への道　貨幣改鋳のツケ』日本放送出版協会、一九九二年。

・監修・田中琢『別冊太陽　石見銀山　世界史に刻まれた日本の産業遺跡』平凡社、二〇〇七年。
・村上隆『岩波新書１０８５　金・銀・銅の日本史』岩波書店、二〇一一年。
・竹田和夫編者『アジア遊学１６６　歴史のなかの金・銀・銅―鉱山文化の所産』勉誠出版、二〇一三年。

〔頭髪を知るために〕

・劉香織『朝日選書３９７　断髪　近代東アジアの文化衝突』朝日新聞社、一九九〇年。

〔装飾史を知るために〕

・執筆／露木宏・道明三保子・向後紀代美・村上隆・原典生・加藤定子・飯野一朗・芳賀日向・鶴岡真弓、撮影／高木由利子・熊谷順『聖なる銀　アジアの装身具』ＩＮＡＸ出版、二〇一一年。
・周汛・高春明著、栗白延江訳『中国五千年　女性装飾史』京都書院、一九九三年。
・浜本隆志『白水Ｕブックス　指輪の文化史』白水社、二〇〇五年。

この旅を終えて

この本の取材と執筆をしているうちに、おむつをしていた娘は中学生になり、父は他界。私は白髪が増え、老眼に。

視野を広げれば、この時間は地球で人間という生き物としてどう生きるかを考えさせられる出来事の連続だった。

こういう時間の片隅で、私は勝手に知りたいことを追いかけていた。それは物凄く楽しい時間で、なかなか苦しい時間でもあった。というのも、知りたいことは次々に湧いてくるのに、取材してもなんだか靄が立ち込めていて、どこへ向かっているのか分からないまま。でも、どうしようもなくジーファーに魅かれるからまた取材をする。するとまた疑問が湧く。この繰り返しだった。

書くことは、怖いこと。書いたものを批判されれば胸の奥がキュッと痛む。本当は書きたくて仕方がないくせに、文字にすることの責任に怯えていたとき、「金細工またよし」を訪ねてこられた研究者と、言葉を交わす機会を得た。重ねているこの取材のことをお話しさせていただくと、「ぜひ本にまとめてください」と。「取材は楽しいが、間違うことが怖い」と言うと、「間違ったら直せばいいんです。まずはまとめてください」と返ってきた。この言葉に私は、自分の思い上がりと思い違いを恥じ、また歩き始めた。

こういういくつかの出会いに支えてもらったことで、私は逃げださずに歩けた。

もうひとつ、記しておきたいことがある。

二〇一八年十一月、本書第2章に記した戦前から戦後を生きた女たちの、自分たちの歩む道を選び取っていく姿について、ある方が、なんの肩書きもない私にお話をする場をくださった。この会に向けて準備を重ねた三カ月間は自分を客観視させてくれ、足踏みしがちな自分に鞭を打ってもくれた。

「それで、あなたは沖縄の女性をどう思いましたか?」

この会の質疑応答で、私はこう問われた。そしてこれに私は、「自分と同じだと思う」と、答えていた。

私は、東京で生まれて六歳から大分で育った。十八歳からまた東京で暮らして、二十代後半で石垣島に引っ越し。いまは那覇在住。定住とは縁がない。だからずっと〝あなたはナニモノか〟という問いが苦手だった。でも、たとえば戦前の新聞を読むことで、この島で生きてきた彼女たちの迷いと覚悟を知り、私は、彼女たちに対して勝手に仲間を得たような親しみを覚えていることに気付かされた。

ジーファーの灯《ともしび》を手にゆっくりとこの島の過去を歩く日々での、ひとつひとつの出会いが糧となり、力をもらったように思う。

とはいえ旅の後半も挫折に次ぐ挫折の連続。書き溜めた原稿を横目に出版社に手紙を書くも「本にしましょう」と言ってくれる方にはなかなか出会えず、取材に協力してくださった方々への申し訳ない気持ちと、自分の力不足を実感して、これはもうとんでもなく、みじめな日々だった。

「出版不況を理解していない」「自費出版を拒むけれど、いまはそういう時代ではない」「紙の本にこだわるのは時代遅れ」と、信頼する仲間に発想の古さも指摘された。私もこれが分からないわけではない。多くではないけれどもこの間に私もデジタル書籍を楽しむようにもなり、その良さも知った。

でも、「紙の本はなくなる」と言われれば哀しいし、悔しい。

だって、私の横にいる娘は、毎日、こんなにも無我夢中で本を読んでいるのに！

そんな欝々とした日々のなかにいたある日、スマートフォンにＳＮＳ経由で、面識がない方からメッセージが届いた。〝あなたの本がひょっこり出てきた。おそらく妻が買ったのだろう〟とあった。続けて、〝ページをめくっていたら、一緒に石垣島を旅したときのことが凄く懐かしく思いだされて〟と。……奥さまは二年前に他界された、とのことだった。そして、〝本を手にしたら久しぶりに妻に逢えたみたいな気持ちになった〟と、記されていた。

うれしかったし、励まされた。そして、本って素晴らしい！と思った。


モノには、宿る！


職人の誰かが作り、誰かが髪に挿したジーファーを灯として、いま立っているこの土地の過去を歩く時間旅行は、足元のこの地面に内から湧く温もりをくれた。

温もりの源《みなもと》は、ジーファーに宿る持ち主の思い、家族の思い、作り手が生きたその道のりだった。

そして、私はいま、彼らと、同じ地面を歩いている。

この旅を終え、私は、いままでよりは背筋を伸ばして、ここで暮らしている、といえるようになった。それが、うれしい。

撮影・水野暁子

■著者プロフィール

今村 治華（いまむら・はるか）

1973年東京都生まれ、大分育ち。旧東京水産大学卒業後、旅行会社にて島旅の企画や添乗等を担当。退社後、昆布漁や猪猟を取材して『島を旅する』（南方新社）、2003年からは石垣島で暮らし、『沖縄離島の島あそび島ごはん』（青春出版社）を上梓、共同通信社配信「南の島の大きな恵み」（全24回）を執筆。旅した島は129島。現在は那覇市在住。日本トランスオーシャン航空機内誌にて機内販売特集頁の特産品紹介の取材と執筆を担当。

ジーファーの記《き》憶《おく》
沖縄《おきなわ》の簪《かんざし》と職人《しょくにん》たち

二〇二二年三月二十六日　第一刷発行

著　者　今村治華
発行者　向原祥隆
発行所　株式会社 南方新社
〒八九二―〇八七三
鹿児島市下田町二九二―一
電話　〇九九―二四八―五四五五
振替口座　〇二〇七〇―三―二七九二九
URL http://www.nanpou.com/
e-mail info@nanpou.com

印刷・製本　株式会社 イースト朝日
定価はカバーに表示しています
乱丁・落丁はお取り替えします
ISBN978-4-86124-465-0 C0021
©Imamura Haruka 2022, Printed in Japan

島を旅する

今村治華著　四六判　227 頁　定価（本体 1,600 円＋税）

鹿児島・加計呂麻島で空き家に居つく。
北海道・厚岸小島で昆布漁を手伝う。
沖縄・西表島で猪猟に同行する……。

女ひとり、思いのままに旅を続け、人々と出会う。
島で暮らしてきた人々が語るそれぞれの人生――。
26 歳で会社を辞めて島を旅した、その記録。

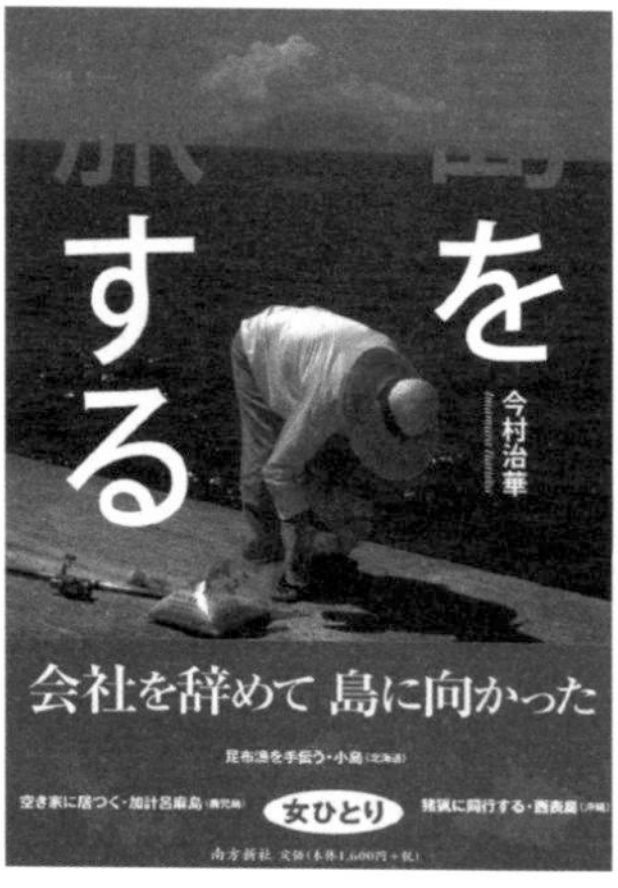

●この本に登場する島

鹿児島県
奄美群島・加計呂麻島
奄美群島・奄美大島
トカラ列島・臥蛇島
トカラ列島・中之島

沖縄県　久高島
八重山諸島・西表島

大分県　姫島

石川県　舳倉島

新潟県　佐渡島

北海道　小島

あまくま あっちゃー！
（あちこち歩いて……）
治華さん、次どこ行くの？
又吉健次郎さん

ご注文は、お近くの書店か直接南方新社まで（送料無料）。
書店にご注文の際は必ず「地方小出版流通センター扱い」とご指定ください。